Werner Eduard Saemann
Das Leben ist kein Honigtöpfchen

Werner Eduard Saemann

Das Leben ist kein Honigtöpfchen

Gesammelte Lebenserinnerungen

Bibliografische Information der Deutschen Nationalbibliothek:
Die Deutsche Nationalbibliothek verzeichnet diese Publikation in
der Deutschen Nationalbibliografie; detaillierte bibliografische
Daten sind im Internet über http://dnb.dnb.de abrufbar.

1 Printauflage | Juni 2015
©2015 by Autor und
Literarische Agentur
HML-Media Nürnberg
Siemensstr. 47, 90459 Nürnberg
www.hmlmedia.de
Covergestaltung:
©2015 by Christof Hallberg, Nürnberg
und Niklas-Philipp Gertl, Wien
Titelfoto: Nach einem Gemälde des Autors
www.ebook-illustration.de
Nachdruck – auch auszugsweise – verboten!
Nachdruckdienst
Agentur HML-Media
Alle Rechte vorbehalten!

Herstellung und Verlag:
BoD – Books on Demand, Norderstedt
ISBN 978-3-7386-1004-8

Dieses Buch ist als E-Book bei Kindle Amazon erhältlich

Inhaltsverzeichnis

Vorwort des Herausgebers...........11
Vorwort des Autors...........12
I. Teil 13
Evakuierungen...........15
Lungenentzündung...........25
Eisschollenfahren...........26
Kinder lockt das Wasser...........27
Kinderliebe...........31
Ganz einfach 33
„Südstadt-Freddy"...........34
Pelzmärtel (1948)...........37
Ringelreihen im Gebirge 40
Ping-Pong...........41
Abschaffung der „Pfötchen"...........42
Mein Sonnenaufgang...........45
Urwaldmusik...........47
Der Betrunkene...........49
Kornett in Würzburg...........51
Gesellenprüfung...........54
Mein Freund Horst 58
Mittagspause...........64
Inge 66
Ski fahren...........70
Gisa...........74
Ida...........78
Rosetta...........80
Der Schlag aus dem Zirkusfilm...........-84
Zu Fuß nach Gunzenhausen 87
Anke 90

Erinnerung an Christian Keysser 92
Lied für Herta..96
Sommerfahrt mit der roten Horex................97
Das erste und das andere Kätzchen............101
Seltsame Sommerferien............................103
Höhlenforscher 107
Zum ersten Mal am Meer 110
Letzte Schneegeschichten........................127
„Miede" und Klein-Pauli...........................130
Tirschenreuth..132

III. Teil 137
Vigo 137
Im neuen Land..139
Der Weihnachtsmann in Tres de Maio 142
Ohne Mittagessen nach Paraquay...............145
Bei den Kaingang....................................149
Die teuerste Goiaba * der Welt...................151
Der Unfall..155
Kleiner Bericht aus fünf Jahren Brasilien...161

III. Teil..168
Balance am Rhein....................................171
Mein Naturdenkmal..................................174
Wartburg (DDR).....................................176
Die rote Ellen...180
Engel..184
Sommerferien in Schweden.......................186
 Auf Sardinien..192
Überfahrt und Ankunft.............................193
Das Fest 196
Das Wiedersehen....................................199
Die "Seekühe" und andere Entdeckungen...201

Die Diaschau	205
Die Cala di Luna	206
Das fremde Boot	207
Große Liebe – Großer Fehler	209
Der Sommerwind	214
Eigener Grund	221
Im Tal der Wunder	232
Frank Americo	237
Ein kleiner Tod	243
Hirnriss	249
Kirchenrenovierungen	250
Das Rehlein	258
Die Hand durchs Gitter	259
Was die Tiere im Stall einander zu sagen hatten	262
Betty	267
Gnadenlos im Recht	271
Malta	275
Idylle	283
Der fünfte Flug	284
In der Provence	287
Mein Weg	295
Curiosa	298
1. Vom König, der die Hosen voll hatte	298
2. Halt, Polizei!	300
3. Jagszenen	302
I. Szene	303
II. Szene	304
III. Szene	304
IV. Szene	305
V. Szene	307

- VI. Szene ... 308
- VII. Szene ... 309
- Vorläufiges Schlusswort zu den Jagdszenen ... 310
  - Moto-Brief an Gisa ... 311
  - An den Deutschen Verkehrsminister ... 313
  - Karls Thron zu ... 316
  - Traumbestimmt ... 320
- Momente ... 321
  - Die Schlange ... 321
  - Überschallte Nacht ... 323
  - In Seenot ... 324
  - Frühlingsabend in Sülzfeld ... 326
- Krisentage ... 328
  - Im Krankenhaus ... 328
  - Nacht ... 328
  - Schiff ahoi! ... 329
  - Verlegt auf die Urologie ... 329
  - Sonntag, den 25.01.2015 ... 330
  - Das war ein verrückter Tag ... 332
  - Neue furchtbare Nächte ... 332
  - Endlich raus aus Coburg ... 333
  - Heute Nacht war die Krise ... 334
  - Von der Liebe ... 336
  - Was soll ich tun? ... 339
  - REHA-Reimchen ... 342
- Meine Krankenhausgeschichte ... 344
  - Vorbei die Zeit des Schreibens ... 345
  - Faschingsdienstag ... 345
- Musische Abende in Sülzfeld ... 347

Vorwort des Herausgebers

Als der Autor dieses Buches mit der Bitte um Veröffentlichung an mich herantrat, wusste ich zunächst mit dem Manuskript nicht viel anzufangen. Was war das eigentlich? Ein Roman? Eine Autobiographie? Oder sollte ich es in Memoiren einreihen

HML-MEDIA-EDITION bringt Belletristik, Krimis, Liebes- und Heimatromane heraus. Auch Sagenbücher und Reisebeschreibungen haben wir bereits veröffentlicht. Also alles, was den Unterhaltungssektor betrifft.

So glaube ich anfangs, dieses recht umfangreiche Buch könnte sich wie ein Fremdkörper in unserem Angebot ausnehmen. Dann aber – während langer Gespräche mit Werner Eduard Saemann habe ich begriffen, dass dieses Buch unser Angebot durchaus bereichert.

Der Autor möchte sein Werk nicht als kommerziell verstanden wissen. In ein Korsett von Regeln und Gepflogenheiten will er sich nicht zwängen lassen. Er möchte erzählen, möchte berichten, plaudern und Erfahrungen weitergeben. Es ist daher ein sehr persönliches Buch und in einer Weise etwas, das zum Lebenswerk des Autors gehört. Daher habe ich das Manuskript so belassen, wie es war, nachdem mir der Autor versicherte, die vermeintliche Unordnung habe ihre Ordnung. Ich glaube es ihm.

Ein kommerzieller Verlag würde dieses Buch kaum verlegen wollen. Daher habe ich mich entschlossen, dieses Werk zu produzieren. Ich weiß, dass ich Werner Eduard Saemann damit einer Herzenswunsch erfülle. Und das ist mir wichtig.

Ich wünsche den Lesern gute Unterhaltung!

Nürnberg, im Juni 2015 Harald M. Landgraf

Vorwort des Autors

*Es ist nichts groß als das Wahre
und das kleinste Wahre ist groß
    Johann Wolfgang von Goethe*

Wenige Wochen vor der Herausgabe der vorliegenden Prosasammlung ist mir in den Briefen des großen Goethe dieses Wort begegnet, das mich nicht mehr loslässt. Ich möchte nicht unbescheiden sein, aber dieser Spruch trifft auch meine Meinung und bestärkt mich nachträglich in der Absicht, in diesem Buch fast ganz auf Phantasiegebilde zu verzichten. - Die Wege und die Situationen, die Menschen, die mir begegnet sind und deren Leben sich mit dem meinen vermischt haben, wollte ich so treu wie möglich wiedergeben und aufbewahren.

Die leider viel zu früh aus dem Leben geschiedene Sängerin und Texterin, Amy Winehouse, sagte von sich: "Alles worüber ich schreibe, habe ich selbst erlebt." - Das gilt auch für mich. Ich wünsche Ihnen viel Freude beim geistigen Wandern durch dieses Buch.

Und zugleich schwebt mein tief empfundener Dank für Herrn Harald M. Landgraf über allem, denn ohne seine liebevolle Arbeit könnten Sie, liebe Leserin und Leser, diese Reise durch mein Buch gar nicht antreten, weil es das nicht gäbe.

Bad Rodach-Sülzfeld im Juni 2015

Werner Eduard Saemann

I. Teil

HEIMAT

Evakuierungen

Die Nachbarn im Hausflur gegenüber haben mir ein schönes Spielzeug geschenkt, ein Blasröhrchen mit Fangkorb oben und leichten Bällchen dazu, alles schön bunt. Durch Anblasen konnte ich das Bällchen zum Schweben bringen und mit dem Körbchen auffangen. Aber andere Leute im Haus sagten zu mir: „Das Spielzeug ist vergiftet - Juden haben es dir geschenkt." Doch meine Mutter meinte: „Spiel nur ruhig damit."

An einem dunklen Morgen ist es laut im Flur. Wir sehen, wie vor unserm Fenster, diese Nachbarn, die immer so freundlich zu mir waren, auf ein Lastauto hinauf und hinein gestoßen werden. Wir sind sehr erschrocken. Diese Familie ist nicht mehr zurück gekommen.

Mein Vater musste zum Militär und in den Krieg. Ich kam in die Schule. Doch das Hindenburg-Schulhaus war bald zerbombt. Dann musste ich fast bis zur Burg hinauf laufen, um in das Schulhaus am Paniers-Platz zu kommen.

Wir wohnen in Wöhrd an der Pegnitz, einem Vorort von Nürnberg und es ist ein kalter Winter im Jahr 1943. Immer öfter heulen jetzt die Sirenen. Meine Mutter mit meinem kleinen Bruder und mir flüchten in den Hauskeller. Draußen pfeifen und krachen die Bomben. Bei jedem Einschlag in der Nähe zittern die Mauern. Das geht fast jede Nacht so. Am Morgen freuen wir Kinder uns über die gold- und silberglänzenden Bombensplitter, die wir sammeln und damit tauschen. Große Haufen von Schutt und zersplittertem Holz liegen auf den Straßen und lassen nur noch schmale Fußwege frei. Da steht frierend ein blondes Mädchen, etwas größer als ich und fleht meine Mutter an, sie mit sich zu nehmen, sie kann ihre Eltern nicht mehr finden. Aber meine Mutter will nicht. Wieder wecken uns die Sirenen. Während meine Mutter mein Brüderchen anzieht, ziehe ich mich wieder aus, hüpfe wie wild herum und schreie: „Heut' kommen sie ganz schlimm, ganz schlimm!" Dabei halte ich mein kleines Wachs-Engelchen mit roter Jacke und blauem Röckchen in der Hand, Lieblingsgeschenk von meiner Tante Marie, und renne barfuß in die Küche hinaus auf die eiskalten Fließen. Meine Mutter geht mir nach und will mich mit einer Ohrfeige wieder zur Vernunft bringen, doch ich hebe den Arm über den Kopf und schwupp, ist das Engelchen davon geflogen. Draußen fallen bereits die Bomben. Ich greine nach meinem Engelchen und wir können nicht mehr über die Straße in den neuen Luftschutzraum gleich gegenüber im Schulhaus. Doch das war unser Glück. Denn erstmals wurden Phosphorbomben abgeworfen. Die brennende Flüssigkeit ist die Treppen hinunter in den Bunker gelaufen. Alle Leute am Eingang sind verbrannt - und wir wären die letzten gewesen - Später haben wir die ganze Wohnung durchsucht, aber das Engelchen blieb verschwunden.

Dann hieß es, wir sollen zum Bahnhof kommen, wir werden evakuiert. Im Zickzack müssen wir schwelende Straßenteile umlaufen, meine Mutter mit Kinderwagen und Gepäck. In einem Kellerfenster liegt eine verkohlte Leiche. Es riecht furchtbar schlecht nach Brand und widerlich süß. Vor dem Bahnhof ist der Schnee glatt getreten. Ein alter Omnibus mit verdeckten Lichtern bringt uns aus der zerbombten Stadt hinaus in die finstere Nacht

Als erstes erinnere ich mich an sehr viel Schnee. Die Dorfkinder bewerfen mich mit Schneeballen und wenn ich hinfalle, reiben sie mir Schnee ins Gesicht. Das nennen sie „Einseifen." Wenn ich nass und frierend heimkomme, schimpft mich meine Mutter: „Du sollst doch nicht streiten mit den andern Kindern, sondern dich vertragen!" Das möchte ich ja. - Bald finde ich Walter; wir waren in Nürnberg in der gleichen Klasse. Dann geht es mir etwas besser.

In unserer ersten Unterkunft, mit einer gemeinsamer Küche, ist es zu eng geworden und der Hausherr wollte meine Mutter begrapschen. Wir müssen umziehen. Doch die Leute sagen: „Es ist eine böse Frau, zu der ihr jetzt kommt." Aber das war sie nicht. Wir bekommen zwei geräumige Zimmer in herrlicher Südlage. Am niedrigen Dach gegenüber gurren die Tauben und dahinter tönt das helle „pling, pling, pling" aus der Dorfschmiede.

Meinem Freund und mir gehören die Wiesen bis hinüber zur Tauber, die sanft und dunkel in weitem Bogen das Dorf von Süden umschließt. Auch die hohen Wälder dahinter, die Rahm, durchstreifen wir. Ich liebe dieses Land - es wird ein Teil meiner Seele. Doch auch Unangenehmes prägt sich mir ein. Es ist Sommer, es gibt viele Fliegen. Aus der Tiefe des großen Hauses höre ich oft ein „Äh, bäh" - Als ich meine Mutter frage, sagt sie: „Das ist nur der Bäh". Aber eines Tages schleiche ich mich doch hinunter. In einem fasst leeren, weiß gefliesten Raum sitzt ein dunkles Etwas schwer auf einem Stuhl. Kopf und Hände ganz mit Tüchern bedeckt und schwarz von Fliegen. Ich höre nur den schweren Atem eines Menschen. Gruseln erfasst mich, dass ich mich schleunigst wieder verziehe.

Erst später erfahre ich, was mit dem vormals starken Mann, mächtigen Bauern und Wirt geschehen war: Nach Feierabend sitzen die Bauern in der Gaststube. Das Radio plärrt: „Sieg, Sieg, Sieg!" Der Wirt sagt so etwas wie, die reden immer von Sieg, dabei wird es von Tag zu Tag schlechter, die Städte werden zerbombt, die Menschen hungern. (wörtlich hat er gesagt: „Alle reden immer vom Vierer, wann endlich kommt der Fünfer?"). Nicht lange, dann wurde er abgeholt in die Kreisstadt. - Eines Nachts hat man ihn zurückgebracht, hingeworfen, gelähmt vom Kopf bis zum Fuß. Sie haben ihn zum Krüppel geschlagen. - Ich frage meine Mutter. „Wer macht denn so was?" Sie sagt nur: „Die Edelmenschen" und „Der Denunziant ist der Schlimmste im Land", das sagt sie auch. Ich verstehe noch nicht alles. Doch ich weiß, dass unsere Wirtin keine böse Frau ist. Trotz des entsetzlichen Leides, das man ihrem Mann und ihr angetan hat, ist sie stolz, aufrecht und hilfsbereit geblieben.

In dieser Zeit brummt und grollt es Nacht für Nacht vom Himmel. Nicht enden wollende Bombergeschwader ziehen über uns. „Die fliegen alle nach Nürnberg", sagen wir und sind starr vor Hilflosigkeit. Dann sehen wir es rot glühen im Osten. „Jetzt brennen sie alles ganz und gar nieder" sagen wir und es schmerzt uns zutiefst.

Es ist Frühjahr geworden. Walter und ich sitzen vor einem Holzschuppen in der Sonne und schnitzen an irgendwas, als wir zusammenzucken. Zwei Tiefflieger sind so dicht über uns geflogen, dass uns die Zähne klappern. Drüben auf der Straße nach Diebach fährt ein rotes Postauto. Schon hören wir das „Rattattattattatt" der Bordwaffen. Das Auto geht in Flammen auf. Wir rennen hinüber. Die Drähte zerschossener Stromleitungen schnellen wie zischende Schlangen mit wilden Bewegungen um sich und versperren uns den Weg. Besser, wir kehren um.

Manchmal wird meine Mutter heimlich von russischen Mädchen besucht, die sind Zwangsarbeiterinnen bei bestimmten Bauern (ich sollte das gar nicht wissen). Eine hieß Natascha, sie erwartete ein Kind. Meine Mutter schenkte ihr Kinderwäsche und sonst was, um ihr eine

Freude zu machen. Eines Nachts kam Natascha und hat schrecklich geweint - sie haben ihr, ihr Kind weggenommen - wahrscheinlich ermordet. Die Mädchen haben meine Mutter verehrt. Bevor sie abtransportiert wurden, kam Natascha noch schnell heraufgesprungen, küsste meine Mutter, segnete sie und drückte ihr zum Dank etwas winziges in die Hand - es war eine Zehe Knoblauch.

Am Abend bevor die letzten deutschen Soldaten fortgingen, feierten sie Abschied im Nachbarhaus. Dort lebten auch „Schneeweißchen und Rosenrot", die beiden Schwestern von Karl und Fritz. Weil ich mit Fritz befreundet war und auch sonst dort ein- und ausging, bin ich auch dabei. Die Soldaten und ihr Hauptmann haben Fritz und mich so betrunken gemacht, dass wir gegen Morgen auf dem mit Sand bestreuten Boden der guten Stube auf allen Vieren herumkriechen. Die Bäuerin haut mit dem Besen auf uns ein, bis wir draußen auf dem Pflaster mit dem Kopf über dem Misthaufen zu liegen kommen. Da dürfen wir uns auskotzen. Nun läuft von der Scheune herauf der Herr Hauptmann vorbei. Ich rufe zu ihm hinüber: „Du altes Nazischwein", so betrunken war ich (er hätte mich glatt erschießen können), aber er lacht nur und geht weiter.

Nur wenige Tage danach schaue ich durchs offene Fenster auf 's Nachbarhaus. Es ist ein sonniger Tag. Plötzlich rauscht etwas durch die Äste der großen Linde vor der Kirche und bricht im Augenblick hinten ins Dach der Nachbarscheune hinein. Sofort quillt Rauch und Feuer heraus. Ich renne, um nach unserer Scheune zu schauen. Auch die hat Feuer gefangen und ich sehe, wie die kleinen Marder quietschend zwischen den Ziegeln herausspringen, um sich zu retten und sich in die Holunderbüsche fallen lassen. Beide Scheunen brennen nieder

- trotz der weißen Fahne, die der Herr Pfarrer mutig vom Kirchturm flattern lässt. Das Feuer greift so schnell auf die Stallungen über, dass wir die Schweine nicht mehr retten können. Nur die Pferde bringen wir noch heraus. Ein Geruch wie im brennenden Wöhrd liegt in der Luft.

Dann kommt eine lange, bange Nacht. Kanonendonner grollt in der Ferne. - Die Eltern meiner Mutter leben inzwischen bei uns. Meine Oma, eine liebe Frau, ist aber seit dem Brand ihrer Wohnung in Nürnberg, nicht mehr richtig in ihren Gedanken. Mein geliebter Opa ist noch rüstig, doch jetzt ein todkranker Mann. Er hat einen riesigen Furunkel am Nacken, eine Eiterbeule, die aufgeplatzt ist und widerlich stinkt. Mit dickem Kopfverband liegt er im Keller auf einem Berg Kartoffeln wie ein Pascha und wir um ihn herum. Schwere Panzer hören wir durchs Dorf rumpeln und quietschen. Dann ist ruckartig Stille. Unverständliche Stimmen dringen zu uns herunter. Plötzlich wird die Kellertüre aufgestoßen. Zwei Soldaten mit vorgehaltenen Gewehren starren uns an. Aufgeregt deutet einer auf den weißen Kopfverband, will fragen, ob das eine Verletzung vom Beschuss her sei. Doch wir schütteln heftig die Köpfe. Trotzdem bringen sie eine Bahre und tragen meinen Großvater vorsichtig hinaus. Wir hören ein Fahrzeug losfahren. Dann wage auch ich mich hinaus. - Oh, da ist was los!

Die Amerikaner sind da - und endlich, endlich ist der Krieg vorbei!

Als wir unseren Opa im Spital in Rothenburg besuchen (es waren nur zehn Kilometer zu laufen), hören wir, dass er operiert worden ist und wenn die Amerikaner nur wenige Tage später gekommen wären, wäre er an Blutvergiftung gestorben.

Es dauert nicht lange, dann spazieren wir Dorfkinder

zwischen den Zelten der amerikanischen Soldaten umher und sind mit „Dschuingamm" und „Schokoleit" bestens vertraut. Viele sprechen Deutsch. Einer fragt mich nach meinem zweiten Vornamen „Eduard", sage ich. Von da an bin ich bei den Amerikanern nur noch der "King Edward" und bin mächtig stolz darauf.

Als mein Großvater geheilt und wieder zuhause ist, hole ich zu meinem gefährlichsten Kinderstreich aus: Wir Knaben träumen von versteckten Waffen und Schmucksachen, die von den flüchtenden deutschen Soldaten in den Wäldern zurückgelassen wurden. Einiges finden wir auch, aber vor allem scharfe Munition. Einmal wollen wir uns selbst etwas zu Essen kochen oben auf unserem Berg, dem Golberg, von dem man freien Blick nach allen Himmelsrichtungen hat. Einer bringt ein Pfännchen mit, ein anderer etwas Butter, mehrere haben Eier geklaut. Ob wir auch Speck hatten, muss ich Walter fragen, der war auch dabei. Nun wollen wir Feuer machen. Aber die paar feuchten Ästchen brennen nicht. Da hab ich die Idee, mit etwas Pulver aus einer geöffneten Leuchtraketenpatrone könnte es angehen. So schnell kann ich die Aluminiumhülse nicht wegwerfen, wie das Pulver sich entzündet. In einer Kettenreaktion geht alles auf einmal los. Wir werden furchtbar geblendet. Ich sehe meine Spielkameraden nur noch als schwarze, schreiende Scherenschnitt-Männchen vor einem weißen Himmel herum hüpfen, wie die in Tinte getauchten bösen Buben im Struwwelpeter. - Mein rechter Zeigefinger tut mir weh. Blut läuft herunter. Ich wickle ihn ein - weiß nicht mehr womit, halte das Bündel mit der linken Hand fest und renne in 's Dorf hinunter.

Mein Großvater, ein Mann der alten Schule, ist allein zuhause. Bevor ich ihm alles erzählen kann, legt er mich erst übers Knie und versohlt mich ordentlich. Ich schreie: „Hol doch bitte die Pfarrers Köchin, sie ist die einzige hier, die verbinden kann!" (das war wie eine höhere Eingebung). Endlich geht er. Ich liege auf dem Bett. Die Frau kommt und legt mir einen schönen Verband an. Meine Eltern waren nicht da.

Hier muss ich nachholen, dass mein Vater unverletzt aus dem Krieg heimgekommen ist. Mit 15 Kameraden war er von ganz hinten am Dnjepr zweimal aus russischer Gefangenschaft ausgebrochen und geflohen. Aber nur fünf sind daheim angekommen. In Nachtmärschen haben sie sich durchgeschlagen, von Beeren und Pilzen haben sie gelebt. Mein Vater hatte den Kompass. Zuletzt erwischte er einen Zug, der ihn bis Ansbach brachte. Als er sich dort in einer Ruine versteckt hielt, hörte er oben fremde Stimmen - das müssen die Amerikaner sein, dachte er. Dann musste er nur noch bis Insingen schleichen. - Eines Nachts hat es bei uns geklopft. Unsere Wirtin weckte meine Mutter. Am Morgen war mein Vater wieder da. Er sagte, dass er mich schon längere Zeit beim Spielen beobachtet hat, ohne dass ich ihn bemerkt habe. Nie hat er aus seinen Kriegserlebnissen eine Heldengeschichte gemacht. Wenn ich ihn nach dem Krieg fragte, sagte er nur: „Krieg ist so furchtbar - das kann man nicht erzählen." Wenn überhaupt etwas, dann hat er die frommen russischen Bauern erwähnt, welche sie, die flüchtenden Feinde, beherbergt, verköstigt und sogar vor Partisanen gewarnt haben.

Frau Krieg, unsere Wirtin, hat ihm geholfen, sich im Sandhof, einem abgelegenen Gehöft, als Knecht zu verdingen, um von den Amerikanern keine Schwierigkeiten zu bekommen.

Nun musste die Pfarrers Köchin mit ihrem Fahrrad weit fahren, über die Tauber, dann noch den Wald hoch, über die dicken Fichtenwurzeln, um meine Vater vom

Sandhof zu holen. Und wo war meine Mutter an diesem verflixten Tag? Die kleine, zierliche Frau hat von früh morgens an, die Pferde vor dem Pflug des Bürgermeisters geführt. Ich weiß nicht, wie sie dazu kam.

So wurden meine Eltern nicht nur mit Schrecken von ihrer Arbeit weg gerufen, sondern auch um ihr nötiges Abendbrot gebracht. Aber wie konnten sie mir jetzt helfen?

Sie setzten mich in ein Leiterwägelchen und zogen mich die zehn langen Kilometer ins Spital nach Rothenburg ob der Tauber. Die Straße führt Hügel auf und Hügel ab. Wo es wieder einmal bergab ging, rannten meine Eltern sogar und wo die Straße sich zur Tauber hin senkt, fragte ich, ob sie nicht noch einmal rennen könnten, das war vorhin so lustig. Da hätten sie mich beinah abgeschellt.

Wenigstens gab es damals noch Brunnen an der Straße, denn ohne Trinken, wäre der Weg für meine Eltern noch leidvoller gewesen. Von weitem roch man schon das Hospital am süßlichen Eitergestank. Für die Zivilbevölkerung gab es kein Penizillin. Als mir der Notverband gelöst wurde, konnte ich den Knochen meines Zeigefingers sehen. Der Arzt schnitt die herabhängenden Hautfetzen ab. Da wurde mein Vater blass und wurde hinausgeleitet. Als ich verbunden war, sahen wir einen Jungen, dem beim Zündeln beide Hände abgerissen worden waren. Der Arzt sagte zu mir: „Ja, es gibt viele, die sind noch viel schlimmer dran, als du." Damit wollte er mich und meine Eltern trösten, die, so müde sie auch waren, mich wieder zurückfahren mussten, in einer langen, stockfinsteren Nacht.

Ich lernte, mit der linken Hand zu essen und mit dem dickem Verband zu schreiben. Dank Kamillentee und lila Kaliumpermanganat wuchsen mein Zeigefinger und die anderen kleinen Schnittwunden ohne zu eitern bald wieder zusammen. Nur das vordere Zeigefingergelenk blieb steif. Trotzdem lernte ich später Trompete und sogar Klarinette spielen. Zu meiner Schande muss ich bekennen: ich bin ich mir nicht sicher, ob ich mich damals bei meinen Eltern überhaupt bedankt habe.

Dann ging diese Zeit in der zweiklassigen Dorfschule für mich schnell zu Ende. Mein Vater, der erst noch einen schweren Küchenherd auf dem Leiterwagen mit dem Fahrrad von Nürnberg nach Insingen geholt hatte, reparierte das leicht beschädigte Häuschen seiner Eltern in Nürnberg in der Gartenstadt selbst. Auch die fünfeckige Brandbombe, die noch in der Wohnzimmerdecke steckte, konnte er herausziehen. Bei unserer Fahrt im offenem Lastwagen nach Nürnberg erinnere ich mich, dass kurz hinter Ansbach ein ganzes Flugzeug kopfüber in einer Wiese steckte.

Der Krieg war vorbei, Gott sei Dank! Doch jetzt kam der Hunger in der Stadt. Einmal hatte mein Vater einen Zentner Weizen „gehamstert". Da haben wir so lange gemahlen, bis alle Kaffeemühlen in unserer Verwandtschaft stumpf waren und der Sack leer, denn unsere Verwandtschaft hielt zusammen. - Mein Vater holte aus unserer ehemaligen Wohnung in Wöhrd, in der Merkelsgasse 7, unter Lebensgefahr noch mehrere Möbel heraus. Das war verboten, deshalb musste ich dabei Schmiere stehen; sicher hatte er auch Angst um mich - im eingestürzten Haus. Es war auch verboten, Lebensmittel aus den Waggons auf dem Rangierbahnhof Gelände zu stehlen, viele taten das, wir aber nicht.

Später hörte ich meinen Vater sagen: „Das waren doch die gesündesten Jahre, als man noch nicht alles zu essen hatte." Aber sein weites, empfindsames Herz war müde geworden nach all den Anstrengungen und Ängsten, die der Krieg ihm gebracht hatte. Mit nur 54 Lebensjahren ist er viel zu früh gestorben, als Polizeiobermeister nach einem schweren Nachtdienst - er, der Ingenieur für Hydraulik, der nicht mehr an seinen alten Arbeitsplatz zurückkehren wollte, zu jenen Kollegen, die ihn an die vorderste Front gebracht hatten, weil er „nicht in der Partei" war.

Über unsere ehemals große und weitreichende Verwandtschaft und Bekanntschaft wäre nur noch zu erwähnen: Bei seinem achtzigsten Geburtstag hat mein lieber Opa im großen Saal in St. Peter vor mehr als hundert Leuten, mit seiner Donnerstimme Gedichte vom Strebela und anderen Nürnberger Mundartdichtern frei deklamiert. - Es war die letzte große, gemeinsame Feier der Daut und der Saemann. Danach wurden unseren Familien durch den natürlichen Tod, aber auch durch Wegzüge, restlos aus Nürnberg „evakuiert." Heute erscheint mir diese große Stadt wie leer, obwohl sie von Menschen und Autos nur so überquillt.

Lungenentzündung

Nach der Zeit in Insingen, im ersten Winter wieder zurück in Nürnberg, schickte mich meine Mutter zu einer Kindererholung ins Pegnitztal.

Verschwommene Bilder von Schneeballschlachten vor finsteren Mauern und braunem Fachwerk tauchen vor mir auf. Sicher war es das ehemalige Schlösschen einer alten Nürnberger Patrizierfamilie. Innen war es eng, düster und roch nicht gut. Bald fiel mir das Herumtollen im schweren Schnee immer schwerer. Eines Nachts, als ich aufs Klo wollte, wurde mir schwindlig und ich fiel, gleich hinter meinem Bett, eine kurze Treppe hinunter.

Durch heftige Stöße und Rütteln werde ich geweckt. Ein Sanitätsauto fährt mich durch die stockfinstere Nacht. „Wo fahren wir denn hin? Was ist das für ein Auto?" frage ich „Ein alter Mercedes – wir fahren nach Nürnberg ins Krankenhaus" sagen die Sanitäter. Das hat so geholpert und gepoltert, dass ich zeitlebens eine schlechte Meinung von Mercedes bekam. Aber wer weiß, wie oft dieser alte Sanitätswagen schon ausrücken musste?

Dann sehe ich mich vor dem ehrwürdigen, alten Herrn Doktor in einem kahlen Zimmer stramm stehen. Ich will doch tapfer sein. Er horcht mich ab und ich höre das Wort "Lungenentzündung". Danach habe ich viel geschlafen - in der Knopfschen Kinderklinik auf der Haller Wiese. Doch bald bin ich bei den leisen und lauten Spielen meiner Zimmergenossen auch mit dabei. Mit aller Kraft schlage ich mit der geschlossenen Faust gegen die Wand über meinem Bett, bis da ein Riss entsteht (der war sicher nur im Putz), doch ich rechnete den Riss meiner großen Kraft zu. Ganz sicher war er ein Zeichen meiner zunehmenden Besserung und baldigen Entlassung.

Eisschollenfahren

Der Ludwig-Donau-Main-Kanal führte damals als ein enger Tunnel unter den vielen Gleisen des

Rangierbahnhofgeländes hindurch nach Gibitzenhof. Rechts und links liefen erhöht schmale Gehwege, durch Eisengitter gesichert, neben dem finsteren Wasser her. Eine trübe, schwankende Glühbirne in der Mitte des langen Tunnels gab nur spärlich Licht.In diesem Winter war es so kalt, dass der Kanal, nicht nur unter freiem Himmel, sondern sogar im Tunnel zufror. Jetzt im Frühjahr bildeten sich hier dicke Eisschollen. Mit einer langen Bohnenstange in Händen staksten wir Jungen damit im Tunnel herum. Mein kleiner Bruder wollte unbedingt auch mitfahren. Ich sagte, er soll immer schön in der Mitte der Eisscholle bleiben und sich an mir festhalten, dass die Scholle nicht kippt und wir ins Wasser fallen.

Ich weiß nicht mehr, wie mein Brüderchen auf die Scholle gekommen ist und auch nicht wie er aus dem Tunnel wieder heraus kam? Dort waren nur steile Wände. Ich weiß nur noch, dass die Sache gut ging und dass ich lernte, wie man von einer auf eine andere Scholle springt. Ein Sturz ins schwarze, kalte Wasser war einfach undenkbar.

Kinder lockt das Wasser

Um auf die Wöhrder Wiese zu kommen, musste ich erst auf die große Brücke über die Pegnitz. Dabei schaute ich immer hinunter, wie die schnelle Strömung die langen Wassergewächse in grünes, langes Haar verwandelt, das endlos unruhig hin und her wogt, schwänzelt und in immer neuen, sich ähnelnden Wellen bewegt wird.

Damals hatten wir Taschentücher aus Stoff in der Hosentasche. Im Sommer, wenn es richtig heiß war, konnte man sein Schnäuztuch (solange es nicht zu sehr benutzt war) an den vier Ecken verknoten und wie eine Mütze über den Kopf ziehen. Wenn die Sonne zu heiß brannte, ließ es sich auch mit Wasser befeuchten. So kühlte es noch besser.

Mein Lieblingsspiel mit dem Taschentuch war, es als Fischnetz zu benutzen. Es gab auf der Wöhrder Wiese viele kleine, saubere Zuflüsse zur Pegnitz, als schmale ausgemauerte Bächlein. Gebückt wateten wir darin, zogen die verknoteten Taschentücher durchs flache Wasser, bis sich winzige Fischlein damit fangen und bewundern ließen. Oft nahmen wir welche in einem Glas mit nach heim (Plastiktüten gab es noch nicht) und dann? - Aber so weit denken Kinder nicht.

Es ist ein sehr heißer Tag, als ein Schulfreund, ein Nachbarmädchen und ich in unserer dunklen, immer kühlen Waschküche mit Wasser plantschen. Dazu haben wir uns nackt ausgezogen, weil wir auf die Idee kamen, uns mit dem Wasserschlauch gegenseitig an zu spritzen. Aber das Mädchen friert schon, bekommt Angst, fängt an zu weinen und rennt heim. Es dauert nicht lange, da kommt ihre Mutter angesaust und macht ein riesiges Theater. Mein Schulfreund wird heim geschickt und ich bekomme eine ordentliche Schelln von meiner Mutter (wie man in Nürnberg eine Ohrfeige nennt). Aber wofür? Das verstand ich nicht.

Inmitten der weiten Wiesenflächen (die Pegnitz war damals noch nicht zum Wöhrder- See angestaut) gab es flach liegende, stille Wassertümpel, die Altwasser. Über der unergründlichen Schwärze schwammen große, runde Blätter, mit gelben, glänzenden, kugelrunden Blüten dazwischen. Meine Mutter hat mir größte Vorsicht vor diesen Tümpeln eingeschärft. Das seien Sümpfe, sagte sie, worin man versinkt und wenn man schwimmen will, verheddern sich die Beine in den Wasserpflanzen und Seerosen- Stängeln und man muss ertrinken.

Also lege ich mich nur auf den Bauch ins flache Gras, so weit vor, dass ich meine blonden Haare im Wasser spiegeln sehe und ich bestaune die schwarze, reglose Tiefe, mit all dem winzigen Getier darin und den schnellen Libellen darüber.

Auch Eis ist Wasser und ebenso stark seine Anziehung auf uns Kinder. Ich bin beim Heetscheln (wo anders sagt man Schleifen oder Rutschen, oder noch anders) auf der zugefrorenen Wöhrder Wiese. In der Nähe einer kleinen Holzbrücke geht es besonders gut. Doch plötzlich breche ich ein. Ich sehe noch, wie ein Mann oben auf der Brücke winkt und mir etwas zuruft - dann bin ich weg.

Ich komme erst wieder zu mir, als ich warm eingepackt in meinem Bett erwache. Wie bin ich da hinein gekommen? Wie hat der unbekannte Retter erfahren, wo ich wohne? Ich bin doch bewusstlos gewesen.

Ein Kindertraum spukt mir noch im Kopf herum: Ich stehe auf der kleinen Brücke, die über den linken Seitenarm der Pegnitz in die Stadt führt. Das Wasser fließt dort flach, dass man den Grund, mit seinen braunen, weißen und roten Steinen, von oben gut sehen kann. Doch in meinem Traum gibt es noch viel mehr darin: Ganze Nester von leuchtenden Edelsteinen und wertvollem Schmuck, Gold und Silber liegen dort unten. Im Traum möchte ich immer dort hin, um diese Schätze zu heben. Aber ich komme nicht dazu, damals nicht, weil wir aus Angst vor Glasscherben, niemals dort hinein getreten sind - und heute nicht, weil ich nicht mehr glauben kann, dass dort Schätze liegen.

Bei einem Familienausflug - es war ein sonniger, fröhlicher Tag - sind wir mit Opa und Oma, Tanten und Cousinchen mit der Straßenbahn bis zur Hohen Marter gefahren. Dort endete damals die Stadt und begann das grüne Land.

Ein Fußweg rechts neben der Straße führt uns nach Stein. Zunächst baut sich zur Linken das Schloss der Faber-Castell klotzig vor uns auf. Dann senkt sich Straße und Weg zur Brücke über die Rednitz. Hier ist es: Mein Blick fällt in die schauerliche Tiefe. Zwischen senkrechten roten, grün und schwarz bemoosten Felsen schießen dunkel wirbelnde Wassermassen mit Gebrüll unter mir hindurch - nur die Brücke schützt mich, um dort unten nicht umzukommen.

Noch oft ist mir dieser Blick, als schaudervolles Bild des unergründlich, mächtigen Stroms des Unbewussten im Traum erschienen. Wir sind dann im Rednitzgrund weiter gewandert bis Deutenbach, um Zieglers zu besuchen. Das kinderlose Ehepaar lebt dort den Sommer über in einem kleinen Häuschen mitten in ihrem Garten voll herrlicher Früchte und Blumen. Satt und voll von süßem Obstkuchen, aber müde, sind wir über Eibach zurückgekehrt.

Eine spätere Begegnung hat mir Versöhnung mit der Urgewalt des Wassers gebracht. Das war bei Insingen an der Tauber. Ich wate im flachen, warmen und klaren Wasser zwischen runden Steinen hinter einem sonnen bestrahlten Mühlengebäude, dessen Fachwerk sich im Mühlteich spiegelt. Ungewollt scheuchen meine Zehen kleine Fische (Mühlkoppen genannt) auf, die sich im aufgewirbelten Schlamm rasch wieder verstecken. Die umstehenden Erlen dämpfen das Sonnenlicht zu einem hellen, lichtdurchfluteten Schattenspiel.

Es ist feierlich still hier am verborgenen Ort, dessen Wärme und Ruhe mich anheimelt.

Kinderliebe

Bald nach dem Krieg haben mich meine Eltern zur Kindererholung mit der Inneren Mission Nürnberg nach Bad Reichenhall geschickt.

Erst kürzlich fand sich eine alte Postkarte wieder, die ich von dort an meine Eltern geschrieben hatte. Die 12 Pfennig(!) Briefmarke trägt den Stempel: „ 22.11.1946".

Tagsüber ging es lustig zu in der „Kurfürstenstraße 36" (so lautete die Adresse der Postkarte). Wir tobten viel im Freien im eigenen Gelände. Mit einem befreundeten Kameraden stieg ich auch in den hohen Bergwald hinauf. Wir sahen ein schlafendes Rehkitz, berührten es aber nicht. Wir rannten so schnell den Wald hinunter, ohne zu stürzen, dass es eine Lust war. Wir staunten und warfen Steine in die rauschende Salzach. In Bad Reichenhall habe ich das Schachspiel gelernt und „Simba der Löwe" gelesen. Doch ich und ein Mädchen wurden krank.

Wir durften wochenlang nicht zu den Anderen, denn wir hatten die Windpocken - und sollten ja nicht daran kratzen, sonst bekämen wir lebenslang Narben davon. Sie und ich waren allein im Krankenzimmer.

Der tägliche, abscheuliche Löffel Lebertran hat uns also nicht vor dieser Krankheit bewahren können. Doch auch die süße Milchsuppe nicht, war so gut, dass ich sie bis heute schmecke. Den ganzen Tag über haben wir zwei uns fröhlich unterhalten, haben Brettspiele gemacht und miteinander gebastelt. Doch wenn es Nacht wurde und die Sterne grün über dem Hohen Staufen funkelten, rückten wir unsere Betten zusammen, um uns zwischen den weißen Stäben hindurch an den Händen zu halten und dann mussten wir weinen - und wussten nicht warum.

In unkörperlicher Verbundenheit lagen wir neben einander, kannten nur unsere Namen, redeten nur noch wenig und hielten uns an den Händen. Im weißen Mondlicht und bei einer schwachen Nachtbeleuchtung waren wir von einem unbekannten Sehnen und Dahinfließen in uns so tief erschüttert, so erfüllt von ungeahnter Freude und Schmerz zugleich, dass wir oft nur leise schluchzten.

Wir versprachen uns ewige Treue - ohne jeden praktischen Gedanken an ein Morgen zu haben. Diese Nächte gingen so undurchschaubar und schicksalhaft vorbei, wie sie gekommen waren.

Sie musste nach Darmstadt und ich in die Gartenstadt nach Nürnberg. Als meine Eltern mich vom Bahnhof abholten, sagten sie befremdet: „Wie red's'n du af amol su ganz anders?" Ich hatte wohl das Rheinhessische etwas zu stark angenommen.

Jahrelang war ich mir sehr sicher, dass ich sie eines Tages wieder sehen. Doch, weil ich ihre Adresse nicht hatte, bin ich nie nach Darmstadt gefahren. Später vergaß ich sogar ihren Namen. - Wie mag es ihr ergangen sein? Ich weiß es nicht und werde es wahrscheinlich niemals erfahren.

Aber in meinen Gedanken und Gefühlen starb sie nur langsam, sehr langsam. Noch heute muss ein schwacher Schimmer von ihr in mir sein, sonst hätte ich nach so langer Zeit diese Zeilen nicht schreiben müssen.

Ein Erwachsener weiß nicht viel von seinem Herzen, was weiß erst ein Kind?

Ganz einfach

Mein guter Opa hat mich zu einem Treffen mit seinen alten Freunden mitgenommen. Wir fahren mit der Straßenbahn nach Mögeldorf. Schon von weitem höre ich Blasmusik. Es ist dort Kirchweihfest in und es geht fröhlich zu. In einem bunt geschmückten Wirtschaftsgarten unter grünen Linden findet mein Opa seine Freunde. Sie spielen Karten miteinander und trinken ein Bier und noch eins. Ich schaue ihnen zu und höre auf ihre Reden. Mein Opa hat mir ein Limo und eine Bratwurst mit Brot bestellt, die ich am Nebentisch verdrücke. Ich horche auf die Blasmusik und sehe die Lichtflecken der Sonne auf Tisch und Gläsern, auf Gesichtern und den glänzenden Instrumenten spielen.

Da ist ein blondes Mädchen in meinem Alter. Wir haben denselben Gedanken, wir laufen zur Bühne und legen die Ellenbogen auf die Bretter, um die Musiker von ganz nah sehen und hören zu können. Es ist laut, doch wir verstehen uns ohne viel Worte.

Wir laufen noch da und dort hin im großen Kirchweihgarten, wie gute Freunde. Das Kartenspiel hat geendet und die alten Herren verabschieden sich. Das Mädchen winkt zu mir herüber und ich zurück. Kaum merklich, lässt mein Opa sich von mir führen.

Wieder daheim, sitzen wir auf der noch sonnen-warmen Treppe zum Garten. Da muss ich meinen Opa etwas fragen: „Sag mal Opa, wenn ich ein Mädchen kennen lerne. Woher weiß ich, ob sie auch eine gute Frau sein wird?"

„Ganz einfach" sagt mein Opa „Du lädst sie zum Backsteinkäs*)-Essen ein. Kaufst einen ganzen Backsteinkäs und stellst ihn noch im Einwickelpapier auf den Tisch. Wenn sie den Käse auspackt und die schmierige Rinde abkratzt, bevor sie dir ein Stück auf den Teller legt, dann wird sie eine gute Frau, die kannst du heiraten. Wenn sie aber den Käse nicht abkratzt und ihn dir ungeputzt vorlegt, dann taugt sie nichts."

Ich hab 's probiert - und die, welche mir den Käse ungeputzt hingestellt hat, trotzdem geliebt - das war mein großer Fehler.

*) *Gibt es heute nicht mehr. Übrig geblieben sind nur die kleinen Limburger oder Romadur, geschmacklich kein Vergleich zu einem saftigen Backsteinkäs.*

„Südstadt-Freddy"

Fast hätte ich ihn vergessen, den Freddy aus der Gartenstadt. Wenn nicht ein Lied der unnachahmlichen „Frankenbänd" mit dem gleichen Titel, mir die schrille Szene erneut in die Erinnerung gebracht hätte.

Es war in den ersten Jahren nach dem Krieg. Westlich des alten Ludwig-Donau-Main-Kanals, wo Nürnberg im Süden am Wald endet, dehnte sich eine weite Heidelandschaft. Die Amerikaner hatten dort mit sinnlosen Bombardierungen Bombentrichter neben Bombentrichter gesetzt. Anfangs waren diese kreisrunden Trichter aus reinem, hellem Sand. Wenn wir im Sommer nach dem

Baden frierend aus dem dunklen Wasser des Kanals bei der Steinernen Brücke stiegen, rannten wir in einen der Bombentrichter - man wurde nirgends schneller trocken, als hier, wenn man sich splitternackt im glühheißen Sand wälzen konnte.

Dabei fand ich einen beinernen Pfriem, den ich für einen Gegenstand aus Großmutters Nähkästchen hielt. Warf ihn aber nie weg. Viele Jahre später sah ich im Mainfränkischen Museum einen ähnlichen Pfriem und es stellte sich heraus, dass der meine, ein steinzeitliches Werkzeug von gut 20.000 Jahren Alter ist. Ich ließ ihn in Gold fassen und trage ihn gelegentlich statt Krawatte.

Schon bald sammelte sich Grundwasser in den Bombentrichtern. Der weiße Sand begrünte sich von oben und unten mehr und mehr. Schon quakten Frösche, Libellen schwirrten, sichtbares Leben entstand im grünen Morast. Heute würde man sagen, ein Biotop lag neben dem anderen. Auch die Heide war bald keine beherrschend freie Fläche mehr. Erste kleine Inseln von jungen Birken, Erlen und Föhren breiteten sich aus. Doch es gab auch Stellen, die noch den weißen Sand zeigten.

Dort, zu der Zeit, ist es geschehen: Mit meinem kleinen Bruder an der Hand und einigen Kindern aus der Nachbarschaft im Gefolge, sind wir zu einem unserer beliebten Abenteuer-Spaziergänge in die Heide gestapft. Eine wichtige Rolle spielte dabei ein alter, scharfer Säbel - von dem ich nicht mehr weiß, woher und wozu ich ihn hatte. Hinter der Heide in Richtung Eibach war vor Kurzem ein großes Waldstück abgeholzt worden. Frisch gefällte Kiefernstämme lagen kreuz und quer übereinander.

Natürlich versuchten wir uns im Balancieren. Bald konnten wir es so gut, dass wir von einem auf einen anderen Stamm hinüberspringen und uns immer weiter so fortbewegen konnten ohne den Erdboden zu berühren. Für meinen kleinen Bruder war das zu schwirig, er musste am Boden bleiben. Doch dann tauchte jemand auf, der unser Vergnügen rasch beendete.

Einige sagten: „Au weh, der Freddy"- und schon rannten sie weg. Auch ich hatte schlechtes über Freddy gehört, auch dass er Mädchen in seine Verstecke hineingezogen haben soll. Aber ich kannte ihn bisher nicht. Mit meinem kleinen Bruder an der Hand, konnte ich nicht weglaufen. - Freddy kam wild schreiend auf uns zu und drohte:„Er werde sich an der Bande rächen, die ihm sein Lager zerstört haben." „Wir haben dein Lager nicht zerstört. Wir wissen gar nicht wo es ist." rief ich ihm entgegen. Aber er wollte nicht hören und seine Gesten waren eindeutig, mich, als Anführer, wollte er für die vermeintliche Untat zur Rechenschaft ziehen. Da schoss es mir durch den Kopf: Ich habe doch den Säbel, mit dem kann ich mich verteidigen. Aber bei der Wut, mit der Freddy auf mich zukam, wäre ich gezwungen gewesen, ihn schwer zu verletzten. - Also sprang ich auf einen Baumstamm und warf den scharfen Säbel weg, so weit ich werfen konnte. Freddy holte ihn nicht. Er ging auf mich zu, riss mich herunter und begann auf mich einzuschlagen.

Als 13-Jähriger hatte ich keine Chance gegen diesen gewalttätigen, kräftigen jungen Mann. Er schlug mich, bis ich zu Boden ging und schleppte mich unter Stößen dorthin, wo sich sein angeblich zerstörtes Lager am Rand eines Bombentrichters befand. Die anderen zwang er, sich ringsum in den Sand zu setzen. Mit erneuten Fausthieben demonstrierte er an mir, was er mit denen macht, die sein Lager zerstören. Dann setzte er sich und redete wichtigtuerisch auf uns ein. Ich stand seitlich hinter ihm. Neben mir lag sein eiserner Spaten. Der trieb meine Gedanken an: Wenn ich ihm diesen Spaten über den Kopf ziehe, tut er mir nichts mehr, dieser Freddy. - Aber was dann? Soll ich seinetwegen zum Mörder werden? - oder er zuletzt an mir, wenn ich ihn nicht richtig treffe? - Ein zweites Mal konnte ich mich beherrschen - und habe den Spaten nicht angerührt.

Mein Gesicht war inzwischen angeschwollen und begann zu schmerzen. Obwohl ich gedemütigt worden war, überkam mich ein Gefühl wie Sieg.

Irgendwann, verlor Freddy sein Interesse an mir und uns und ließ uns laufen.

Schon von weitem hörte ich meine Mutter rufen. Die Kinder, die geflohen waren, hatten sie benachrichtigt. Sie lief uns entgegen durch die Heide und war schrecklich aufgeregt. Zuerst riss sie mein Brüderchen an sich, dann überhäufte sie mich mit Vorwürfen. Ich kam nicht dazu, ihr das Geschehene zu erklären. Sie gab allein mir die Schuld. Die andern schwiegen. Sie tat mir weh, ähnlich wie Freddy, nur tiefer.

Pelzmärtel (1948)

Im Nürnberg meiner Jugendzeit wurde der Martinstag als etwas wildes, urtümliches begangen. Festlich feierliche Abende mit rotem Bischofsmantel und Geschenken waren uns unbekannt. Den „Pelzmärtel" stellte man sich als altfränkische dunkle Gestalt vor, bei der ein rauher Pelz den Reitermantel des heiligen Martin von Tours völlig überdeckte. Ich erinnere mich, dass mein Vater, auf Drängen meiner Mutter, sich auch einmal in einen grimmigen "Pelzmärtel" verkleiden musste. Aber - mein kleiner Bruder erkannte ihn an seinen Hausschuhen. So endete die allerorts beliebte „Erziehungsmaßnahme" bei uns mit einem großen Gelächter.

In der roten Gartenstadt, wo wir wohnten, hat die Jugend ihr eigenes, wie ich meine, besonders grobes, Verständnis vom „Pelzmärtel".

Als es dunkel wird an jenem 11. November, rotten sich kleine Scharen Jugendlicher zusammen, um ohne Lärm, aber mit viel Übermut durch die Straßen und schmalen Gartenwege, die „Gängerla" zu ziehen. Stärkere Burschen hängen Gartentürchen aus, vertauschen und verschleppen sie. Beliebt ist auch das „Glockenputzen". Man drückt den Klingelknopf und setzt ihn schnell mit einem angespitzten, winzigen Holzspreißel fest: Das gibt ein Dauerläuten, das die Leute so leicht nicht abstellen können.

Diesmal ist auch Gorch, mein kleiner Bruder, mit dabei. Wir schließen uns einer Schar an, die – wie ich nicht gleich merke – Gartentürchen aushebt und zum Kanal schleppt, um sie im Schleusenbecken zu versenken, wo sie mit lautem „Platsch" in der Tiefe aufschlagen. Das finden sie besonders lustig. Doch bald tauchen erste verärgerte Nachbarn auf und die Rotte flüchtet in Richtung Schulhaus. Wir zwei hinterher. Dort gibt es keine Vorgärten. Jetzt sind die Klingelpartien angesagt. Immer dunkler werden die Straßen, denn größere Burschen haben, mit ein paar kräftigen Fußtritten gegen die gusseisernen Pfähle der Gaslaternen, die Straßenbeleuchtung gelöscht. Gespenstisch hört man das Getrappel vieler finsterer Gestalten durch die nächtliche Siedlung. Ich habe Mühe mitzuhalten, denn mein kleiner Bruder lässt sich mehr ziehen, als selbst seine Beinchen zu gebrauchen. In der Minerva-Straße haben wir den Anschluss zur Gruppe verloren – den Letzten beißen die Hunde.

Wo heute eine hell erleuchtete zweispurige Autostraße vorbeiführt, war es damals stockdunkel. Dort griff mich ein erwachsener Mann von hinten an, schlug mich zu Boden und traktierte mich mit den Füßen. Hemmungslos ließ er seine Wut über die Pelzmärtelstreiche der Jugend, oder was sonst noch bei ihm mitschwang, an mir aus. Scheußlich, wie ich am Boden liege, mich nicht wehren kann und mein kleiner Bruder muss hilflos zusehen. Zum Glück kamen Leute dazu, die den Schläger von mir weg drängten.

Daheim wurde ich nicht bedauert, im Gegenteil, es hieß: „Warum bist du da mit gegangen?" Obwohl mir noch alles weh tat, schlich ich am andern Morgen zur Kanalschleuse. Männer und Frauen fischten mit langen Bohnenstangen und Krakelhaken unter lautem Schimpfen nach ihren Gartentürchen. Ich wagte einen Blick in die finstere Tiefe: die Leute hatten wirklich Mühe, ihre Gartentürchen herauf zu ziehen - und dann ihr eigenes wieder zu erkennen, denn die Türchen waren alle genormt, sie unterschieden sich durch nichts, außer jemand hatte seinen Namen daran angebracht.

Als meine Mutter Tage später in dem Lebensmittelgeschäft an der Minerva Straße nachfragte, wer das gewesen sei, der mich so geschlagen hat, taten die Leute, als wüssten sie es nicht. Aber meine Mutter merkte daran, wie sie sich gegenseitig ansahen, dass sie ihr den Namen nur nicht sagen wollten.

Meine Tochter Franziska wohnt in der Gartenstadt, noch im Häuschen meiner Eltern. Letztes Jahr fand sie Ihr Gartentürchen nach dem 11. November in einem hohen Birnbaum wieder. Sie konnte es nicht alleine herunter holen.

Ringelreihen im Gebirge

Spät nachmittags - es könnte im Mai gewesen sein - wo die ersten schroffen Felsen aus den sanft gewellten Wiesen heraus wachsen und darüber der Bannwald ansteigt, wo das Gebirge beginnt.

Ich war noch sehr jung - und tat, was man gar nicht tun soll – ich bin dort in eine Felswand eingestiegen, völlig unsportlich, ohne Begleitung und ohne, dass jemand wusste wo ich war. Es war so einladend und ging ganz einfach.

Plötzlich höre ich Kinderlachen, ein Singen fängt an. Unten auf der blühenden Wiese haben sich junge Mädchen eingefunden, ihre hellen bunten Kleidchen bewegen sich lebhaft. Um ein blühendes Apfelbäumchen haben sie einen Kreis gebildet, sie tanzen und singen dabei:

Machet auf das Tor, machet auf das Tor.
Es kommt ein güldner Wagen.
Was will er, will er denn, was will er, will er denn?
Er will die Schönste haben.

Ich halte mich ganz still auf meinem schmalen, hohen Stand, um nicht gesehen zu werden und den fröhlichen Reigen nicht zu stören.

Während dieses Bild und Lied mir tief in meine Seele fallen, dass sie mich erfreuen, legen sie auch eine Sehnsucht in mich, die mich nicht mehr loslässt.

Irgendwann, sind sie dann davon gestoben. Vorsichtig taste ich mich vom Felsen herunter und komme unversehrt und gerade noch vor Einbruch der Dunkelheit ins Tal, ins Quartier zu meinem Vater.

Ping-Pong

Ich musste erst einen englischen Krimi sehen, wo Jugendliche einen der ihren fast zu Tode quälen und ihn dann in einen runden, alten Brunnen werfen - um mich wieder zu erinnern.

Der Schmidt Rudi, der Kunze Heinz, der Lindners Gerd und ich hatten den gleichen Heimweg: vom Schulhaus raus und rechts die Regenbogenstraße hinunter - und wir hatten damals das Ping-pong-Fieber. Was irgendwie eine ebene Fläche bot, sei es ein Küchentisch, oder nur ein Nachtkästchen - wir spielten darauf Ping-pong. Nur zu dritt war es immer schwierig, da kam leicht Streit auf.

Ohne Gerd sind wir diesmal zu einem Abenteuergang durch das zerbomte Siemens-Schuckert-Gelände gestreunt. Auf der steinbedeckten Ödfläche fanden wir einen runden Schacht, der mit einer Platte aus Stahlblech notdürftig abgedeckt war. Was liegt näher, als dass wir die Platte wegschieben, um zu erforschen, was da unten zu sehen wäre und wo der runde Schacht hinführt? Sogar Steigeisen waren angebracht.

Ich steige als erster ein. Doch kaum habe ich etwas Tiefe erreicht, merke ich, dass mir keiner folgt. Stattdessen höre ich das Knirschen der Stahlplatte über mir, Sand rieselt mir auf den Kopf und es wird dunkel. „Ihr Feiglinge!" schreie ich. Doch mein Rufen wird nicht beantwortet. Stattdessen donnert und dröhnt es in dem engen Raum, dass mir die Zähne klappern. Explosionsartig krachen Steine auf das Stahlblech über mir. Es ist grauenvoll, wehrlos bin ich hier eingesperrt. In den kurzen Pausen - scheinbar müssen sie neue Steine heranholen - schreie ich, sie sollen doch damit aufhören! Aber ich bekomme keine Antwort, wie zuvor, kracht es weiter.

Ob ich mir die Ohren zuhielt, wann die „Freunde" das böse Spiel müde wurden, wie ich wieder herauskam und ob ich, wieder am Tageslicht, sie wütend mit Steinwürfen verfolgte? Weiß ich es nicht mehr. - Doch, so könnte es schon gewesen sein - ich erinnere mich, dass sie im Weglaufen schrien:„Du bist doch verrückt! Das kannst Du doch nicht machen! Hör auf damit!"

Sie hatten keine Vorstellung davon, wie sie mich dort unten gequält haben. Freunde waren wir nicht mehr. Ich ging meinen Weg von der Schule alleine heim und das beliebte Ping-pong-Spiel zwischen uns war für immer verstummt.

Fragen kann ich sie leider nicht mehr - der eine ist verschollen, der andere verstorben.

Abschaffung der „Pfötchen"

Hans Keppner, seit der 7. Klasse Volksschule, unser junger, drahtiger Lehrer, war frisch von der Ausbildung zu uns gekommen. Allerhand didaktische Neuheiten hat er mit uns erprobt. Plötzlich gab es Aufgaben, die wir in kleinen Gruppen lösen konnten. Sogar ein neues Punktesystem wurde eingeführt, um die Leistungen differenzierter darstellen zu können, als das mit den üblichen sechs Notenstufen möglich war. Es gab einen Schachklub und - was das Höchste war - einen „Klub" der Begabten und Bevorzugten, worin der Lehrer seinen Schülern sogar das Du anbot. Mich hat er dazu nie eingeladen und das kam so:

So fortschrittlich unser junger Lehrer auch war, die

Prügelstrafe hatte er noch nicht abgeschafft. Für mehr als 5 Fehler im Diktat gab es „Pfötchen", Schläge mit einem Rohrstock auf die offenen Handflächen.

Ich las damals viel, erst Tiergeschichten, später Abenteuer- und Geschichtsromane. Mein Auge war an das Bild der deutschen Sprache schon etwas gewöhnt, als es mich eines Tages doch erwischte. Mit 6 Fehlern hatte ich die Schwelle in Richtung Pfötchen leicht überschritten. Ich konnte es nicht fassen. Entsprechend trotzig war meine Reaktion, als ich aufgerufen wurde vorzutreten, um meine offenen Handflächen ungeschützt hinzuhalten. Das ging mir ganz und gar gegen den Strich. Bei uns zuhause wurde nicht geprügelt - auch wenn meiner Mutter einmal die Hand ausrutschte.

Mein einziger Gedanke war: Nein, ich halte meine Hände nicht hin. Doch unser Superlehrer wurde ungeduldig: „Also, jetzt die Hände her!" befahl er barsch. Doch da konnte er lange warten, ich hielt meine Hände fest auf dem Rücken. Ob er handgreiflich werden würde? „So, ich zähle jetzt bis drei." Zögernd begann er „eins" und ließ sich lange Zeit, „zwei". Im Klassenzimmer war es still geworden. Es dauerte, bis er nach beschwörenden Blicken auf mich, langsam zu „und drei" ansetzte. Doch ich rührte mich nicht. Ich konnte und wollte nicht mehr zurück. Eine Art Neugierde hatte mich befallen, wie das wohl ausgehen wird?

Unerwartet sprang mein Lehrer auf, stürmte mit hochrotem Gesicht zur Tür und schrie: „Du wirst schon sehen, das wird Folgen haben für dich!"

Nach einiger Zeit klopfte es. Herein kam der Herr Rektor, gefolgt von meinem Lehrer. Der Rektor hielt eine kurze Ansprache. - Für meinen Lehrer kann die Angelegenheit nicht angenehm gewesen sein, denn nach diesem Ereignis hat er nie wieder zum Rohrstock gegriffen.

Ich aber lebte in dem stolzen Gefühl, in der Pestalozzi-Schule in Nürnberg, die Prügelstrafe abgeschafft zu haben.

Über Jahre blieb ich noch in Kontakt mit meinem Lehrer. Einmal hat er mich sogar eingeladen, eine Unterrichtsstunde mit meinen neuen Ölbildern und allgemein über das Malen in seiner 8. Klasse zu halten. Das wurde zwar eine Blamage für mich, weil ich nicht wusste, was ich sagen sollte, außer dass ich ergriffen bin und das ausdrücken möchte.

Über die Pfötchen aber, haben wir nie gesprochen.

Erst im letzten Jahr, als mir einfiel, ihn nach dem Verbleib meiner Zeichnungen und Aquarelle zu fragen, die früher im Schulhaus in der Regenbogenstraße ausgestellt waren und in diesem Zusammenhang ihm eine Kopie über die „Abschaffung der Pfötchen" schickte, wurde es brenzlig. Sein Frau sagte mir am Telefon, er habe eine Woche lang nicht geschlafen, weil er, als ehemals jüngster Rektor an Bayrischen Schulen, ein pädagogisches Vorbild durch und durch, nicht glauben konnte, dass er jemals einen Rohrstock angefasst habe, noch durch einen „Klub", die Unterschiede unter den Schülern begünstigt hätte.

Offensichtlich hat meine Erinnerung bei ihm an etwas gerührt, was er aus seinem Gedächtnis gelöscht haben wollte. Diese Reaktion konnte ich nicht vorhersehen. Ich wollte ihm mit der alten Geschichte nur eine Freude machen, ihn aber keineswegs kränken. Nun musste er da durch.

Und wieder verhielt er sich vorbildlich. Eines Tages bekam ich einen dicken Brief von ihm mit Zeichnungen und Aquarellen (viele davon hatte ich schon vergessen), die sich noch bei ihm befunden haben, zusammen mit sehr freundlichen und versöhnlichen Worten hat er sie mir zurück gegeben.

Ein Verhalten, wie ich es mir von späteren Lehrern auch gewünscht hätte. Denn manches Gedicht, Aufsatz, oder größere Arbeit aus der Studienzeit, an die ich mich erinnere, dass sie gut waren, sind mir für immer genommen.

Mein Sonnenaufgang

Wölm, ein winziges Straßendorf in der Fränkischen Schweiz, hoch über der Wiesent gelegen, war unser Ziel. Man hat von dort einen freien Blick auf die Basilika von Gößweinstein über das Tal.

Nach ihrer Vertreibung aus Schlesien haben Achims Eltern dort ihre erste Bleibe gefunden. Noch bis in die sechziger Jahre hielt die Familie Breiter Kontakte nach Wölm. Der Arbeit wegen, da wohnten sie damals schon längst in Nürnberg.

So sind wir zu dritt: Achim, Ursel (ein Nachbarmädchen, die im Flur bei Breiters gegenüber wohnte) und ich, an Pfingsten mit den Fahrrädern nach Wölm gefahren. Über Erlangen, Forchheim bis Muggendorf ging es leicht dahin. Dann aber mussten wir schieben, denn die Wege hinauf ins "Muggendorfer Gebürg" sind steil.

In einem geräumigen Schlafzimmer durften wir nächtigen, Achim und ich im Doppelbett, Ursel auf einem großen Sofa. Es muss der alte Staub im unbenutzten Schlafzimmer gewesen sein, der mir nachts einen Asthmaanfall bescherte - und ich hatte keinen Inhalierapparat dabei. Um die andern nicht zu stören und um an die frisch Luft zu kommen, schlich ich mich noch vor Tag hinaus.

In der klaren Luft tappe ich zunächst hinauf zum Heiligen Bühl, einer Kirchenruine aus der Missionszeit der Gegend. Eigentlich ist nur noch eine Giebelwand vorhanden und im erkennbaren Grundriss des ehemaligen Kirchenraumes sind Bänke aufgestellt in Erwartung eines Freiluftgottesdienst am Pfingstmontag. Ich lege mich auf eine Bank und versuche zu schlafen, aber nicht lange, dann wird mir kalt. Ich muss zurück, doch nicht ins Haus. Ich umgehe Wölm oben am Waldrand entlang. Es wird schon hell und ich möchte möglichst bald in die Sonne kommen. Oberhalb des Nachbardorfes Moritz, einem winzigen Bergdorf, erhebt sich eine hohe Felsensäule, der Pfaffenstein. Ich klettere hinauf - die letzten Meter sind schwierig und fallen mir schwer. Aber oben befindet sich eine Mulde und sie ist trocken.

Hier, über allen Gipfeln, rolle ich mich zusammen, um die Sonne zu erwarten. Sie muss bald kommen, schon rötet sich der Himmel. Doch bevor sie sich zeigt, weht sie einen feuchten, kalten Wind vor sich her, dass es mich schüttelt. Erst danach treffen mich die ersten wärmenden Strahlen aus der aufsteigenden goldenen Scheibe. Ich richte mich auf, um möglichst viel davon einzufangen: Nur diese Sonne und ich - sind jetzt wichtig. Mit ihrem heißen Atem bläst sie mich an und gibt meinem Atem neue Kraft und Tiefe. Beglückt verharre ich so, bis ich mich stark genug fühle, hinab zu steigen und für den den Rückweg.

Achim ist dann für mich hinunter zur Behringersmühle und hinauf nach Gößweinstein zur Apotheke gefahren und geschoben, um mir einen Inhalierapparat zu besorgen (damals ein kleiner, brauner Glaszerstäuber mit Gummibällchen zum Pumpen und Euphyllin als Inhalat für 5,50 DM).

Die Berge hier sind steil, so dass man nur bergab fahren kann - aufwärts muss man schieben. Bis heute bin ich Achim dankbar, dass er in aller Frühe, diesen Weg für mich gemacht hat. Bald war die Atemnot der Nacht ganz verflogen. Bis heute ist dieser Sonnenaufgang oben auf dem Pfaffenstein, der eindrucksvollste Sonnenaufgang meines Lebens geblieben.

Wann sieht man schon die Sonne aufgehen? - die meiste Zeit liegen wir da noch im Bett.

Urwaldmusik

In den frühen fünfziger Jahren sagte noch mancher Vater zu seinem Sohn, dem die neue Jazz-Musik gefiel: „Das ist doch Urwaldmusik, Negermusik."

Ich meine, mich zu erinnern, von meinem Vater ähnliche Töne gehört zu haben, obwohl er ein sehr sensibler und musikliebender Mensch war. Zu der Zeit aber konnte er sich für den Jazz noch nicht begeistern. Ich hatte bereits mit einer Klarinette geliebäugelt. Doch erst von meinem Gesellenlohn konnte ich sie mir kaufen. Und einen tüchtigen Lehrer fand ich auch, zu dem ich zweimal in der Woche mit der Klarinette im Etui auf dem Fahrrad-Gepäckträger fuhr.

Eines Tages hörte ich, dass Louis Armstrong mit seiner Jazzband nach Nürnberg kommen soll. Den wollte ich hören. Sein Konzert fand in der alten Messehalle, nicht weit vom Stadtpark statt, damals die größte Halle in Nürnberg. Sie wurde nicht ganz voll - das wäre heute anders.

Ich saß im vorderen Drittel und hörte zum ersten Mal in meinem Leben ‚Jazz live'. Sie spielten die eindrucksvollen Stücke, wie „St. Louis Blues", „St. James infirmary", „Tin roof blues" und viele andere unvergessliche Titel. Der „Tiger rag" mit den kräftigen Glissandi von Jack Ory auf seiner Posaune ist mir lebhaft in Erinnerung. Sie spielten trauriges und fröhliches - alles ohne Noten - und ohne einen einzigen falschen Ton. Das Publikum war begeistert und applaudierte nach jeder kunstvollen Improvisation.

Mir ging der Spruch von der „Urwaldmusik" durch den Kopf. Jetzt wollte ich es wissen. Kurz entschlossen stand ich auf, drehte mich mitten im Konzert um und sah den Zuhörern hinter mir mitten ins Gesicht - und siehe da, es waren lauter glückliche Gesichter, die mir entgegen lächelten und ich zurück. Da wusste ich: Dieser Jazz ist keine finstere oder primitive „Urwaldmusik", er erfreut und befreit die Hörer wie die Musiker. Noch nie hatte ich in klassischen, oder kirchlichen Konzerten so viele strahlende Gesichter gesehen. Hier gelang die Entfesselung freundlicher, und guter Emotionen, wie ich sie vorher nicht erlebt habe.

Als dann die Welle der gewalttätigen Rockmusik über uns hereinbrach, verweigerte ich mich dieser und blieb dem Jazz treu, wie immer er sich auch veränderte. Aber die späteren intellektuell unterkühlten Ausblühungen mit „Improvisationen nach Noten" langweilen mich.

Ich liebe den Jazz, als eine Art virtuose Volksmusik, der einzigen, der es gelungen ist, einen Zusammenklang von ehemals schwarzen Sklaven und ihren „weißen Herren" in den USA wenigsten zu versuchen.

Leider hatte dieser Abend für mich noch ein trauriges Nachspiel. Meine Freunde, die mit mir waren, wollten

„noch etwas erleben". Wir gingen in die „Blaue Grotte", ein Nachtlokal in der Nähe. Wie der Name verspricht, war es düster in der „Blauen Grotte" mit allerlei Netzen und Fischerwerkzeug an der Decke, aber hell genug, dass ich in einer Nische, Karola erkennen konnte. Sie war Lehrling in meiner Lehrfirma gewesen. Vor einem Jahr spielten wir in unserer selbst gestalteten Weihnachtsfeier noch „Kommet ihr Hirten" auf der Blockflöte miteinander. Jetzt hörte ich, wie der dicke, ältere Herr mit einem Grinsen, sie „meine Sportsfreundin" nannte. - Wie grässlich, dachte ich und drängte zum Gehen

Der Betrunkene

Im Nürnberg der 50iger Jahre verlief die Straße zwischen Gibitzenhof und Gartenstadt unter den Eisenbahngeleisen in zwei voneinander getrennten, gegenseitig nicht einsehbaren, finstern Teilen: der Ludwig-Donau-Main-Kanal mit Fußweg und hinter einer rußig-schwarzen Mauer verlief die Straße.

Von einer Weihnachtsfeier in Gibitzenhof kommend, gehe ich spät nach Hause, als ich den finsteren Tunnel passiere, rollen ohrenbetäubend schwere Güterzüge über mir. Das bin ich gewohnt. Doch wieder im Freien höre ich aus dem Straßentunnel ein Grunzen und Scheppern. Neugierig gehe ich ein paar Schritte zurück. Da, mitten auf der Fahrbahn wälzt sich etwas Dunkles am Boden. Schrecklich, wenn jetzt ein Auto käme. Ich renne hin und ziehe, so schnell ich kann, einen Mann mitsamt seinem Fahrrad aus dem Tunnel und helfe ihm auf die Beine. Mit einer Hand zerre ich ihn, mit der anderen schiebe ich sein Fahrrad. Schwer ist er und stinkt abscheulich, besonders nach Schnaps. Hinten dröhnt bereits ein Auto in den Tunnel, das hätte ihn erwischt – und vielleicht auch mich.

Hier auf dem alten Treidelweg am Kanal sind wir sicher. Ich fühle mich richtig gut, wie so ein Lebensretter. Wir kommen nur langsam voran auf dem schneeglatten Kanalweg. Schwankend und schweigend stapfen wir eine Weile dahin. Als ich ihn frage, wo er wohnt, lallt er mit schwerer Zunge: „Da drüben." „Wo drüben?" „Na, da drüben!" Er bleibt stehen, deutet über den Kanal in Richtung Primitivsiedlung der Werderau. „Leben Sie allein?" frage ich ungeschickt. „Ha, ha, na warte, wenn ich heimkomm, euch geb' ich 's" stößt er hervor und murmelt noch andere hässliche Drohungen. „Haben Sie Kinder?" frage ich nach, bekomme aber statt Antwort, erneut einen Schwall unflätiger Schimpfwörter. „Aber Ihre Frau macht sich sicher schon Sorgen um Sie, weil es so spät ist", frage ich unvorsichtig. Da legt er richtig los: „Die hau ich z'samm. Was meinst, was ich mit der noch mach, ha, ha, - die hau ich 'rum, na wart, wenn ich heim komm!" – Ich erschrecke. Er widert mich an. Die kleinen, kellerlosen, im Winter kalten Häuschen dort, kenne ich von Besuchen bei Schulkameraden. Der erbärmliche Zustand seiner Familie steht mir lebendig vor Augen. Dieser hilflose Trunkenbold hat sich als hemmungsloser, gewalttätiger Haustyrann entpuppt.

Ich frage ihn nichts mehr. Wieder schwankt er und wird langsamer. Wir sind allein, sehr allein in dieser kalten Winternacht auf dem einsamen Kanalweg.

Die Barmherzigkeit ist mir verflogen. Jetzt habe ich mit ganz anderen Gedanken zu kämpfen: Soll ich den nach Hause bringen? - Ein kleiner Schubser die steile Böschung hinab würde genügen, um ihn auf das schräge, brüchige Eis hinunter ins tödlich kalte Wasser zu befördern - und Frau und Kinder wären von diesem Tyrannen befreit. - Nein, das werde ich nicht tun!

Ich nehme seinen Arm von meiner Schulter, drücke ihm, damit er nicht stürzt, den Fahrradlenker schnell in die Hand, bekomme wieder eine Nase voll von seinem üblen Geruch und überlasse ihn sich selbst. - Ich höre ihn noch schimpfen, als ich mit schnellen Schritten schon weit entfernt bin von ihm.

Kornett in Würzburg

Ich hatte eine schöne Jugendzeit. Das waren die Jahre nach dem Krieg, Jahre des wirtschaftlichen Wiederaufbaus. Zukunftsängste kannten wir nicht, jeder wurde gebraucht. Arbeitslosigkeit war kein Thema. Ich fand sofort eine Lehrstelle, als die Schule endete.

In meiner freien Zeit fühlte ich mich in den Aktivitäten des CVJM-Gibitzenhof gut aufgehoben. Dort fand ich Freunde und Freundinnen und wir verbrachten unsere freie Zeit fast ausschließlich miteinander. Wir besuchten Kirchen- und andere Konzerte. Ich denke an ein Orgelkonzert in der Lorenzkirche, da lagen wir auf den Bänken hinter dem Altar und niemand störte unsere Andacht. Oder wir liefen durch die ganze Stadt zum Universa-Haus, stiegen voller Erwartung das lichtdurchflutete Treppenhaus hoch, um die Bilder zu sehen, die dort ausgestellt waren.

Auf unseren Wanderungen in Franken hatten wir immer unsere Musikinstrumente dabei: Flöten, Gitarren und Geige, ich Klarinette, oft auch mein kleines Kornett aus Lyon. Wollten wir etwas Barockes oder Klassisches spielen, klemmten wir das Notenheft einfach in die Zweige einer Hecke. Unsere Jugendlieder spielten wir selbstverständlich auswendig. Wir waren sehr romantisch.

Ein Solo-Auftritt mit meinem Kornett am Rande eines CVJM-Ostertreffens in Würzburg ist mir in lebhafter Erinnerung. Unser großer Karlheinz Eber stammte von dort. Mit etwa 50 anderen Jungen, bin ich in einem alten, weiträumigen Gebäude untergebracht. Es könnte ein Frauenkloster gewesen sein. Die Inhalte, der Veranstaltungen, an denen wir teilnahmen, sind wohl in tiefere Regionen meines Erinnerns abgesunken - ich weiß sie nicht mehr.

Am späten Nachmittag sitzen Jürgen, mein Freund und ich in der Sonne auf einer kleinen Halbinsel am Main, das herrliche Panorama von Käppele, Marienburg und alter Mainbrücke im Blick. Wir aus dem rauheren Mittelfranken fühlen uns hier, angesichts der Weinberge, wie im warmen Süden.

Am Abend kehren wir in eines der Weinlokale über der Brücke ein. Den kühlen, lichten Frankenwein trinken wir gegen den Durst. Eine Schwüle liegt in der Luft, in der voll besetzten und lauten Weinstube. ‚Es ist schon halb Zehn!' Wir stürmen hinaus – dabei habe ich den Rat meines Großvaters nicht beachtet: „Vorsicht mit dem

Frankenwein, der ist hinterlistig, man spürt ihn erst an der frischen Luft!"

Wir fliegen nur so dahin. In den leeren, nächtlichen Gassen hallen unsere Gespräche wider. Da könnte mein Kornett auch gut klingen, denke ich. Und schon gebe ich ein Liedchen zum Besten und ein flottes Spiritual dazu, mit einer fetzigen Improvisation danach – es ist erhebend! Doch dankbare Zuhörer habe ich nicht. Fenster werden aufgerissen und „Ruhestörung" gebrüllt. Jürgen rennt schon los und zieht mich hinter sich her. Von weitem hören wir „tatü, tatü, tatü ..." die Polizei!

Wir finden die mächtige Pforte wieder, eilen an der öffnenden Schwester vorbei die hohe, steinerne Treppe hinauf. Oben schaue ich mich kurz um und kann noch zwei Polizisten erkennen, die auf die Schwester einreden. Das war knapp! - Wir finden, oh Wunder, unser Zimmer und fallen in die Betten. Mein Kornett verstecke ich unter der Bettdecke und wiederhole ständig: „Die können mir doch nicht unter die Bettdecke schauen, nein, das dürfen sie nicht!"- Aber es kommt niemand. Doch uns geht es noch lange nicht gut. Ich spüre, wie mein Bett am Fußende höher und höher steigt und ich fürchte, nach hinten hinunter zu rutschen. Jürgen geht es genauso, nur sein Bett dreht sich dazu noch im Kreis – wie er sagt. Nur langsam lassen diese unerklärlichen Phänomene nach - der Weingeist verflüchtigt sich.

Trotzdem haben wir keine gute Nacht, denn kaum eingeschlafen, werden wir schon wieder geweckt, draußen geht ein Geläute und Gebimmel los und wenn eines verklungen ist, beginnt gleich ein anderes. Hohes Glöckchengeklingel und Dröhnen von schweren Glocken wechseln einander ab, manchmal läuten welche sogar zusammen. Entweder gehen alle Kirchenuhren in Würzburg falsch, oder sie dürfen nicht alle auf einmal schlagen, weil solch ein nächtliches Donnerwetter niemand ertragen könnte. Wir schlafen schlecht in dieser Nacht, denn die andauernde, ungewohnte Ruhestörung ist schlimmer, als mein kurzer nächtlicher Musikauftritt.

Am Morgen im großen Speisesaal wartet ein halbes Hundert Jugendlicher darauf, nach den duftenden Brötchen greifen zu dürfen. Aber die Frau Oberin zögert nach ihrem Dankgebet und sagt unvermittelt:„Und wer war denn unser nächtlicher Trompeter gestern Nacht?" Alle schauen auf mich. Verstecken ist unmöglich. Zaghaft hebe ich den Arm. „So, so" sagt sie „das ist ja gerade noch einmal gut gegangen. Die Sache bleibt unter uns. So etwas darf nicht mehr vorkommen!" Ich nicke nur mit einem erleichterten Ausatmen und sie sagt endlich: „Jetzt lasst euch das Frühstück gut schmecken!" Da wird es laut im Saal vor hungriger Begeisterung.

Gesellenprüfung

Erlittenes Unrecht schmerzt lange. Ob diese Niederschrift erreichen kann, dass Prüfer weniger Misstrauen, dafür mehr Sorgfalt gegenüber ihren Prüflingen walten lassen? Meine Prüfer von damals kann ich nicht mehr zur Einsicht bewegen, die meisten werden verstorben sein. So kann ich nur hoffen, es möge sich bei mir eine kleine Erleichterung einstellen, indem ich das erlittene Unrecht niederschreibe und damit ausspreche.

Der Termin stand fest. Die Bedingungen waren bekannt: Ein Arbeitstag für die Vorbereitungen und ein weiterer für die Gestaltung des Prüfungs-Schaufensters.

Mein Lehrmeister, Herr Müller, überwachte alles. Das vorgegebene Thema hieß: „Mantelstoffe für die kalten Herbsttage." - Es sollte kalt werden.

Ich sitze beim Zahnarzt und blättere in einer Modezeitschrift, da fällt mein Blick auf eine kleine Skizze: Eine elegante Dame im wallenden Herbstmantel. - Mich begeistert diese winzige Schwarz-Weiß-Skizze. Ich beschließe, sie als Blickfang zu benutzen. Am ersten Prüfungstag Tag zimmere ich aus Dachlatten einen großen asymmetrischen Rahmen, bespanne ihn mit Nessel, grundiere ihn mit einem warmen, hellen Grau und übertrage frei mit leichten Kohlestrichen diese Figur. Mit grob angerissenen, dunkelrot violetten Pinselstrichen male den Blickfang meines Prüfungsfensters. Das war vormittags.

Nun muss ich noch das Thema lesbar machen "Mantelstoffe für die kalten Herbsttage". Im Rotviolett des Modebildes schreibe ich mit großen Buchstaben „Mantelstoffe" auf die Schaufensterrückwand. Aber wohin mit dem anderen Text? Da kommt mir die Idee: Ich könnte die verbleibenden vier Wörter aus starkem Draht formen und sie frei in den Raum hängen. Das müsste gehen!

In der Knauer Straße, nur drei Häuser von meiner Lehrfirma entfernt, arbeitet ein Schmied, mit dem ich mich gut verstehe. Ich schneide Karton in breite Streifen, klebe sie zu einem langen Band und schreibe in kursiver Schrift darauf: „Für die kalten Herbsttage". Mit dem vorgezeichneten Schriftzug gehe ich zum Schmied und erkläre ihm mein Vorhaben. Er gibt mir einige Stangen vom stärksten Schweißdraht, den er hat. Mit Schraubstock, Hammer und Zangen, biege ich den Draht nach meiner Handschrift. Wo Übergänge zu schweißen sind, übernimmt das der Schmied selbst. Kurz vor fünf Uhr nachmittags halte ich das zittrige Drahtgebilde „für die kalten Herbsttage" in meinen Händen. Schnell ist es mit goldener Bronzefarbe lackiert. Jetzt kann nichts mehr schief gehen, Blickfang und Thema sind fertig. Zufrieden fahre ich nach Hause mit dem Fahrrad.

Am zweiten Tag muss ich das Schaufenster nur noch harmonisch aufbauen. Ich lasse die schweren Mantelstoffe in streng gelegten Falten unter dem Modebild der Dame im wallenden Mantel aus einem großen Stück Korkrinde hervorquellen. Farblich passende Knöpfe verlaufen als feine, perlende Linienornamente daneben. Die neue Drahtschrift hängt an unsichtbaren Nylonfäden golden glänzend mitten im Raum. Ein schmucker Stock lebendes, grünes Farnkraut an der richtigen Stelle, unterstreicht die herbstliche Stimmung. Jetzt nur noch die Preise schreiben, anheften - und fertig ist mein Gesellenstück!

Eine Prüfungskommission der Industrie- und Handelskammer fuhr durch die Stadt und fotografierte die Prüfungsschaufenster. Die theoretische Prüfung habe ich mit „gut" bestanden, jetzt kommt die praktische Bewertung. Sie wird im ehrwürdigen Gebäude der Industrie- und Handelskammer schräg gegenüber vom Schönen Brunnen am Hauptmarkt durchgeführt. Einzeln werden wir aufgerufen.

Plötzlich stehe ich in einem riesigen Saal vor einer breiten Front aus hohen Tischen, hinter denen die honorigen Prüfer thronen. Mir wird ein Stuhl angeboten. „Danke", sage ich.

Einer fragt mich, ob ich die Vorbereitungen wirklich alle an einem Tag gefertigt habe? „Selbstverständlich", sage ich frohgemut. Daraufhin stecken die Prüfer erstmals die Köpfe zusammen. Ein anderer fragt mich, ob ich die Vorbereitungen auch ohne fremde Hilfe gefertigt habe. Freudig antwortete ich: „Ja, natürlich", schränke aber ein, dass das Zusammenschweißen der Drahtschrift der Schmied übernommen hat, weil ich das nicht kann. Wieder flüstern sie lange miteinander. Schließlich fragt mich einer mit schräg gelegtem Kopf in süß säuerlichem Ton: „Erzählen sie uns doch bitte, mit welchem Werkzeug sie diese Drahtschrift hergestellt haben." Ich muss mich nicht lang besinnen und zähle auf: „Mit Schraubstock, Hammer, verschiedenen Zangen und..." da fällt mir der Prüfer schon ins Wort: „Sie hören es doch selbst, meine Herren, mit solch einfachem Werkzeug lässt sich so etwas kaum herstellen - und über das Modebild wollen wir erst gar nicht reden, das ist sowieso unglaubwürdig."

Noch bevor mir dämmert, was hier gespielt wird und den Mund auf bekomme, werde ich hinaus gebeten. Ich bin wütend, noch auf den Stufen vor der hohen Ausgangstüre will ich umkehren und protestieren - aber ich bin unerfahren und wehrlos, ein kleines blondes Bürschchen.

Als man mir die Note mitteilt, ist es eine 3,5 - also unter dem Durchschnitt. Mein Lehrmeister hätte mir vielleicht helfen können - er hätte es tun müssen! Aber er war zu ängstlich dazu, um nicht zu sagen, er war feige. Lebenslang bleibt mir der bittere Nachgeschmack von meiner schuldlos verpfuschten „Gesellenprüfung" vor der IHK in Nürnberg im Herbst 1953. Mir bleibt nur der schwache Trost, dass ich besser war, als meine Prüfer es glauben konnten.

Mein Freund Horst

Ist er immer noch der große, starke Mann, mit dem glatten, schwarz glänzenden Haar? Er erinnert sich, dass der Lehrer Reichel es war, der uns zusammen gebracht hat. Ich musste damals wegen meines Asthma oft und in der Schule fehlen. Der Lehrer, den wir „Gurke" nannten, hat zu ihm gesagt: „Horst, du hast den gleichen Weg wie der Werner, du könntest ihm auf dem Heimweg die Hausaufgaben vorbei bringen, damit er den Anschluss nicht verpasst." Meine Mutter hat Horst zu Mittag auch einen Teller hingestellt und wir wurden Freunde.

Hinterm Bahndamm wohnte er, in einer Baracke der Siemens-Schuckert-Stiftung zu ebener Erde, mit Vater, Mutter, jüngerem Bruder und kleiner Schwester. Mir gefällt es dort und ihm gefällt es bei uns. Er lernt Geige, ich spiele nur auf einer schwarzen Plastikflöte, die mir meine Eltern für 4,50 DM im Kaufhof, 1950 zu Weihnachten gekauft haben.

Gern bauen wir uns Segelschiffchen, die wir im Kanal schwimmen lassen. Doch seine kippen oft um und gehen unter. Diesmal baut er ein besonders starkes Schiff, das er "dicke Berta" nennt. Doch auch sie will nicht schwimmen. Schon im viereckigen Wasserbecken vor der Baracke geht sie unter. Er packt sie, schmettert sie auf den Boden und trampelt darauf herum. Der sanfte Riese kann sehr zornig sein.

In der Schule ist Horst immer der Bessere. Er rechnet schneller, er darf Solo singen im Chor und er wird von unserem neuen Lehrer in den Club der Begabten aufgenommen. Der neue Lehrer vertraut ihm sogar die Kasse der Schulspeisungen an. Was oft viel Geld ist, sodass sein Vater vorstellig wird und jede Verantwortung ablehnt, falls dem Horst das Geld abhanden käme.

Horst ist wie ein Erwachsener, während ich noch ein Bübchen bin, aber er kann noch nicht schwimmen. Unser Lehrer hat es mir im Siemens Schuckert Bad gelernt. In einem Sommer am Kanal holen wir das für Horst nach. Der alte Ludwig-Donau-Main-Kanal ist nicht breit. Ich lasse Horst von einem Ufer als Torpedo abstoßen, kurz bevor der Schwung nachlässt, soll er Schwimmbewegungen machen, um aus eigener Kraft das andere Ufer zu erreichen. Das probieren wir unzählige Male, so lange, bis er frei schwimmen kann. Das freut uns sehr.

Unsere Fahrräder sind unsere Schlüssel zur Welt. An den Wochenenden erkunden wir das Hinterland südlich und östlich von Nürnberg. Diese bescheidenen Äcker und Wiesen, die Kiefernwälder und stillen Dörfer werden unsere Heimat und wir ziehen immer weitere Kreise.

Einmal sitzen wir zufrieden auf einer Bank in einem parkartigen Garten und genießen unser Butterbrot. Da kommen zwei junge Leute, vielleicht Bruder und Schwester, die verbieten uns das Hiersein, das sei Privatgrund, sagen sie.

Einmal in der Hersbrucker Schweiz überrascht uns ein Gewitter mit starkem Hagelfall. Wir fahren die Wiese hinunter ins rettende Dorf, aber Horst erwischt einen Graben und stürzt über die Lenkstange, so dass die Gabel verbiegt. Die Gänse, die erst nach uns das Dorf erreichen, haben rote Blutflecken auf ihrem weißen Gefieder.

Horst lernt Teppichverkäufer bei Gonnermann und Schmidt im Zentrum, ich Dekorateur bei „Philipp-Jungs-Witwe" in Gostenhof. Horst bekommt ein Motorrad, eine 125iger Hecker mit Ilo-Motor. Bald hat er den Einser Führerschein, ich darf auf dem Sozius mitfahren.

Nach dieser Zeit scheint sich unsere Freundschaft etwas abgekühlt zu haben. Oder lag es daran, dass er meine Schandtat mit den Lehmkugeln nicht vergessen konnte?

Das mit dem Lehmkugelschießen ging so: Eine handliche Rute wurde vorn so angeschnitten, dass man ein kleines Kügelchen aus Lehm – den es an bestimmten Stellen bei den Bombentrichtern gab – darauf stecken konnte, um es mit hellem Pfeifen auf ein Ziel zu schleudern. Die Treffsicherheit dabei war sehr gering.

An einem schwül heißen Tag streunten wir, nur mit kurzen Hosen bekleidet, durch die Heide (wo heute Autobahnen dröhnen) und suchten uns beliebige Ziele. Wir waren weit voneinander entfernt, als es mich juckte, einmal auf Horst zu zielen. - Er hat sich kurz abgewandt, so dass ich ihn (was ich eigentlich gar nicht wollte) auf den nackten Rücken traf. Das klatschte und hat ihm sehr weh getan. Er wurde furchtbar wütend und da er viel stärker war, als ich, lief ich davon, so schnell ich konnte.

Irgendwann haben wir uns wieder vertragen und ich mich auch reumütig entschuldigt.

Eine Motorradfahrt ist mir in Erinnerung. Wir fuhren ins Unterfränkische auf die Burg Hoheneck. Es muss warm gewesen sein, denn ein Foto existiert, worauf Horst in kurzer Lederhose breitbeinig neben Paul Wendland und mir im Burgtor in der Sonne steht. Es war das Pfingsttreffen des CVJM-Nürnberg mit dem kleinen, rothaarigen Karl Schmidt aus Württemberg, einem energischen Erweckungsprediger. Der hatte die Idee, dass Horst und ich am Sonntagmorgen mit dem Motorrad zu einer Bäckerei nach Bad Windsheim fahren, um zwei Rucksack voll Brot zu holen. Das taten wir gern.

An einem Nachmittag sollten wir uns bereit halten, bis wir einzeln zu einem seelsorgerlichen Gespräch aufgerufen werden. Das war keine Pflicht, doch man konnte nicht anders.

Karlheinz Eber, von Gibitzenhof her mein gut bekannter Jugendwart, begrüßte mich in seinem Zimmerchen. Das Gespräch lief auf ein Gebet hinaus, womit ich mein Leben Jesus Christus übergeben sollte. Ich sagte zu ihm: „Aber Karlheinz, solange ich denken kann, habe ich an Gott und Jesu Christus geglaubt, was soll da jetzt anders werden?" Wir beteten noch zusammen und schlossen mit einem Vaterunser (in diesen methodistischen Kreisen wir unsere Konfirmation völlig ignoriert).

Haben wir Freunde untereinander nicht darüber gesprochen? Horst bestätigte mir, nein, über solche, sehr persönlichen Dinge, haben wir uns nie unterhalten.

Eine zweite Motorradfahrt fällt mir ein. Es ging zum Ostertreffen des CVJM nach Rothenburg ob der Tauber. Unterwegs setzte heftiger Schneefall ein. Straße und Landschaft waren weiß bedeckt. Wir stürzten nicht, kamen aber reichlich unterkühlt in Rothenburg an. Meine Gastgeber setzten mir duftende Orangen vor, deren zwei, drei, mir nachts aber nicht gut bekamen und gegen Morgen plagte mich ein quälender Asthma-Anfall. Ein Arzt wurde gerufen. Schließlich durfte ich nicht mehr mit Horst auf das Motorrad, sondern musste mit dem Zug heimfahren. Da spielte ich schon wieder unsere Lieder mit meinem Kornett.

Es muss in diesen Jahren gewesen sein, als wir beide so richtig im Berufsleben standen, dass Horst seinen Segelschein auf dem Chiemsee gemacht hat. Er zeigte mir Fotos, wo er mit feschen, jungen Mädchen zusammen auf weißen Booten zu sehen ist.

Inzwischen fahre auch ich Motorrad. Ganz allmählich begann sich unser Lebensweg umzukehren, ich holte auf und überholte meinen alten Freund, ohne dass ich es beabsichtigt hätte.

Horst war überaus verliebt in die blonde Inge, das Töchterlein eines Lebensmittelhändlers in der Gartenstadt. Manches Fünfmarkstück opferte er in den Klingelbeutel, nur um ihr begegnen zu dürfen. Ich hielt nichts von solchem Aberglauben.

Dann fand er in Gibitzenhof seine Elfriede und heiratete lange vor mir. Er fuhr noch etwas Bella-Roller, aber Elfie gefiel das gar nicht. Sie schwärmte für den berühmten Jodler, Sepp Viellechner. Da musste ein Auto her, um zu seinen Konzerten zu fahren, denn Elfie war eine heiße Verehrerin des Superjodlers; auch ihren Sommerurlaub verbrachte die Familie in Österreich.

Als ich den Dekorateur und Graphiker aufgab, um das seminaristische Studium der Theologie in Neuendettelsau zu beginnen, wurden Horst schon Kinder geboren: ein Junge und ein Mädchen. In den besten Jahren unseres Lebens haben wir uns nicht mehr gesehen. Als ich heiratete, war er dabei. Dann arbeitete ich fünf Jahre als Gemeindepfarrer in Brasilien. Meine Mutter schrieb mir, dass er sich öfter bei ihr erkundigt, wie es mir gehe im fernen Land.

Als ich aus Brasilien zurückkehrte, war Horst arbeitslos. Im Winter musste er bei der Wach- und Schließgesellschaft auf dem Nürnberger Christkindlesmarkt Nachtwache schieben. Später fand ich ihn wieder, als Verkäufer in einem großen Kaufhaus in Langwasser. Zum Glück hat er da sein eigenes Häuschen, seine „Schuldenburg", wie er es nannte, schon längst gebaut – auch an einem Bahndamm.

Im vorzeitigen Ruhestand wegen Krankheit, wurde er schwerfälliger, als er es schon immer war; ich dagegen blieb eher umtriebig. Einmal lud ich ihn nach Coburg ein. Zusammen mit meiner jungen, zweiten Frau machten wir einen Ausflug zum Staffelberg. Da kam er mir schon sehr gealtert vor. Dann besuchten wir ihn mit zwei starken Motorrädern in der Traklstraße, doch er wollte nicht mitfahren. „Das Thema hab' ich abgeschlossen" sagte er. Nach einem Brief von ihm, worin er schrieb: „Seit 1901 macht jeder Sein 's.", dachte ich, es sei aus mit unserer Freundschaft. Er ging auch den Jubelkonfirmationen nach Emmaus in die Gartenstadt, weder silbern, golden, eisern, noch blechern.

Am 22. Februar 2014 packte ich kurzerhand das Telefon und gratulierte ihm zum Geburtstag. Als er dabei unsere Freundschaft, eine „ewige" nannte, wusste ich, dass ich mich geirrt hatte und es höchste Zeit wird, dass wir uns wiedersehen. Einen Tag nach seinem Geburtstag, hatte ich in Nürnberg zu tun und wollte ihn anschließend besuchen. Aber ich hatte seine Hausnummer vergessen. So rief ich meine Tochter an, sie sollte im Telefonbuch für mich nachschauen. Doch während des Anrufs sprach mich seine Tochter vom ersten Stock aus an, sie hat mich gehört und an der Stimme erkannt - ich stand bereits davor.

Beinahe hätte ich ihn nicht erkannt - wer ist der alte, eingefallene Mensch mit grauem Gesicht dort im Sessel gegenüber dem Fernseher? - Sein freundlicher, massiger Sohn Horsti sitzt neben ihm - also muss dieser Alte mein Freund Horst sein. Die ebenfalls freundliche, massige Tochter bringt mir etwas zu trinken. Dann lassen uns beide allein und wir können wie früher ruhig und wohlgesonnen miteinander reden. Es ist ein tiefer Friede zwischen uns.

Später scheint es mir nötig, auch der Hausfrau guten Tag zu sagen, zumal ich weiß, wie neugierig sie ist. Horst geht mager und schwankend vor mir her.

Dann bin ich zutiefst erschrocken: welch zusammengefallene Gestalt in der Küche auf dem Stuhl sitzt. Die wässrigen Augen weit, aber ausdruckslos, hängen in einem blassen, welken Gesicht mit frisch gestylten Kunstlocken. Sie sagt „Wir", wenn sie ihre beiden „Kinder" und einen älteren Mann (offensichtlich der Schwiegersohn) meint. Mein Freund Horst ist nur „er" und „er ist nichts mehr gescheites." Sagt sie offen vor allen.

Ich kenne den Sanftmut meines alten Freundes. Ich kann ermessen wie er leidet, sehe, wie er sich windet unter den frechen, demütigenden Reden dieses Gespenstes von einer Frau, die hier regiert.

Der Zug ist durchgerattert - nicht nur der hinten am Bahndamm - . Ich verabschiede mich mit der freundlichen Einladung: „Lassen wir es erst einmal Frühling werden, dann kommt ihr uns besuchen! Horsti kann ja fahren."

Mittagspause

Heiß ist uns hinter den großen Schaufensterscheiben bei der Dekorationsarbeit. Draußen speichern Asphalt, Pflastersteine und Häuserwände, Tag für Tag die Hitze. Lüften hilft nichts, kein frischer Wind dringt in die Häuserschluchten. Hinter den verhängten Schaufensterscheiben schmoren wir besonders, wie große Braten im Rohr und versuchen, uns literweise mit Mineralwasser lebendig zu halten. Als es nicht mehr auszuhalten ist, mache ich meinem Kollegen und Freund, Werner Lautner, den Vorschlag, in den zwei Stunden Mittagspause zum Baden zu fahren, natürlich ohne Badehose, mit meiner 250iger NSU-OSL hinaus an einen der tiefen Baggerseen hinter der unfertigen Kongresshalle (Helmpflicht und Geschwindigkeitsbeschränkung kamen erst später auf).

Leichte Lüftchen kräuseln das blaugrüne Wasser mit zartem Glitzern. Wir sind die einzigen hier in dieser graslosen Sandwüste; wogegen es an den Wochenenden hier nur so wimmelt.von Badenden. Wir suchen eine Stelle, um ins Wasser zu kommen. Rostige, dunkle Eisengestänge warnen uns aus der Tiefe: nur nicht kopfüber da hinein springen! Das Ufer fällt steil ab, wir müssen sofort schwimmen. Schnell stellt sich der Körper auf die plötzliche Kühlung um. Wir sind glücklich über die Erfrischung. Blauer Himmel, pralle Sonne über uns und klares, warmes Wasser um uns. Los, lasst uns tauchen, ob man auf den Grund kommen kann!? Erst kräftig Luft gepumpt, dann mit ruhigen, langen Zügen in die Tiefe. Soweit das Licht herunter dringen kann, sehe ich meinen Freund neben mir schwimmen. Rasch wird es dunkler und kühler. Dann bin ich allein, sehe und fühle nur noch die dichte, grünliche Kälte, in die ich mich mit kräftigen Schwimmzügen immer tiefer hineinziehe. Strecken, vorwärts greifen, drücken, den Kopf zwischen den Armen gleichmäßig und ruhig immer tiefer schwimmen, nur schwimmen.

Schon eine Weile höre ich leises Plätschern, ein Säuseln und Glucksen an meinem Ohr. Was ist das? Es glitzert wie abertausend Brillanten um mich in der blendenden Sonne. Wo bin ich? - Dann höre ich rufen: „Werner, was ist mit dir, was machst du?"

Nur langsam wird mir bewusst, was geschehen sein könnte: beim Tauchen, oder Auftauchen, muss ich bewusstlos geworden sein. Deutlich kann ich mich nur noch an die dunkelgrüne Kühle, die ständig zunahm und den Gedanken, zügig zu schwimmen erinnern. – Doch wie bin ich aber an die Oberfläche gekommen? Wie lange treibe ich schon hier? Weshalb habe ich kein Wasser geschluckt? - und überhaupt, warum bin ich nicht ertrunken?

Bis heute weiß ich keine Antwort darauf. Mein Freund wollte mir meine Tauchfahrt nicht einmal glauben. Aber ich bin mir sicher: Als das liebliche Säuseln des Wassers an meinem Ohr erklang, war mir ein Wunder geschehen - als würde mir, wie mit feinem Klingeln kleiner Glöckchen, ein neues Leben eingeläutet.

Doch mir blieb keine Zeit zum Nachdenken. Wir müssen uns rasch anziehen und mit nassen Haaren aufs Motorrad schwingen. Unsere Mittagspause war um.

Inge

Ich war noch Lehrling in der Dekoration bei „Philipp-Jungs-Witwe", dem Bekleidungshaus von Gostenhof in der Knauerstraße. Herr Fehn, der Gärtner meiner Chefs, bediente im Winter die Koksheizung im Keller der Firma. Dabei lernten wir uns kennen.

Herr Fehn war mir ein väterlicher Freund. Ich konnte ihn auch Persönliches fragen: „Was glauben Sie, Herr Fehn, wie kam die Welt zustande?" Ohne zu zögern sagte er: „Gott hat die Welt geschaffen, nicht gerade in sechs Tagen." „Aber wie?" wollte ich wissen. „Das versuchen die Wissenschaften immer noch herauszubringen", antwortete Herr Fehn.

Er lädt mich zu sich nach Hause ein. Es ist tiefer Winter, als ich mit dem Zug bis Hohenstadt fahre. Glatt sind die Wege, mühsam ist mein Aufstieg zum letzten Haus von Eschenbach. Hohe Fichten und Buchen hängen ihre bereiften Zweige über das schlanke Häuschen. Eine schmale vereiste Fußspur führt zur Haustüre. Seine Frau, gut gerundet, begrüßt mich freundlich, bereitet Kaffee und Kuchen. Sie stammt von der Insel Sylt. Wolfgang, der älteste Sohn, redet wenig. Inge ist eine zierliche, blonde Schönheit. Christl, ihre jüngere Schwester, betrachtet mich neugierig mit großen Augen. Es ist eng in der Stube und einfach und warm. Ich fühle mich wohl hier.

Am Faschingssonntag kommt Inge nach Nürnberg, um mich zu besuchen. Ich hole sie vom Bahnhof ab. Wir schauen uns den Faschingszug an, bis wir frieren. Dann fahren wir zu mir nach Hause zum warmen Kaffee. Doch meine Mutter ist nicht wirklich freundlich zu ihr. Ich bringe Inge mit der Straßenbahn wieder zum Bahnhof. Sie trägt eine weiße Strickweste, sehr fein mit kleinen, bunten Blumenmustern verziert. Wir stehen uns gegenüber und wissen nicht, was wir uns sagen wollen. Wir sind noch sehr jung - doch Inge hat feuchte Augen, als wir uns verabschieden.

An einem dieser blitzsauberen Frühlingstage des neuen Jahres haben Fehns meine Eltern, mich und meinen Bruder, zu einem Familienausflug ins Hirschbachtal eingeladen. Es ist eine wunderschöne Wanderung. Inge und ich gehen nebeneinander - aber wir kommen uns kaum näher.

Hinter dem Kaufhaus Horten, meiner neuen Arbeitsstelle, sehe ich in einem kleinen Juweliergeschäft einen silbernen Ring. Es ist ein blauer Aquamarin oval geschliffen mit winzigen Brillanten umkränzt - bei dem

Preis, den ich zahlen kann, kann er nicht echt sein. Er passt wunderbar zu Inge und sie trägt ihn gern. - Bis in die Nacht hinein liegen wir auf einer kleinen Wiese oben im Wald über ihrem Häuschen. Sie begleitet mich noch zum Bahnhof, wo wir auf den Zug warten. Ich bin zu schüchtern, um sie zu küssen. Als sich mein Vater früh zum Dienst fertig macht, findet er mich auf dem Küchensofa. Er sagt nichts. Er respektiert, dass ich erwachsener geworden bin - doch ich war es noch nicht.

Im Sommer besuche ich die Fehns zusammen mit meinen Freunden vom CVJM. Wir machen ein Tour in der herrlichen „Hersbrucker Schweiz". Inge ist den ganzen Tag mit uns. Wir wandern, kehren ein, singen, musizieren und springen über Bach und Stein. Ein paar Fotos erzählen noch davon: Inge lächelt - aber sie bleibt mir fern.

Ihre Ferien verbringt Inge auf Sylt. Dort lernt sie einen jungen Mann kennen (heute ist er ihr Ehemann, den sie liebt). Sie arbeitet in Nürnberg, während ich zur Weiterbildung nach Stuttgart versetzt werde. Dazu kauft mir mein Vater ein gebrauchtes Motorrad.

Über ein Jahr später - es ist wieder einer dieser leuchtenden Sonntage - besuche ich Inge mit dem Motorrad. Im Häuschen herrscht eine eigenartige Stimmung. Vater Fehn zeigt mir seine Bücher, er hat auch „Die göttliche Komödie" von Dante Alighieri gelesen. Christl macht sich im Nebenzimmer zu schaffen, lässt mich aber nicht hineinschauen. Ich lade Inge zu einer kleinen Ausfahrt ein, damit wir allein sein können. Sie ist vollbusig geworden. Ich bin glücklich, sie fahren zu dürfen. Vorsichtig steuere ich den Ossinger an, mit über 600 Metern, ist er der höchste Berg der Fränkischen Alb. Zum Gipfel steigen wir zu Fuß. Keuchend kommen wir oben an und setzen uns auf eine sonnendurchwärmte Wiese. Wir kommen uns näher. Doch plötzlich erscheint ein Bauer im schwarzen Sonntagsfrack. Mit groben, bösen Worten geht er auf uns los, bedroht und verjagt uns.

Alle feinen Gefühle sind uns vergangen.

Eines Tages taucht Christl, Inges jüngere Schwester, in Neuendettelsau auf, wo ich inzwischen studiere. Sie lernt jetzt auch hier, sagt sie freudig und lässt mir ihre Zuneigung deutlich erkennen, doch ich kann sie nicht erwidern. Und sie hat eine Nachricht, die mich erschreckt, wie zuvor keine: Inge musste jeden Tag mit der Bahn zur Arbeit nach Nürnberg und zurück. Da fuhr immer ein Mann im Zug mit, der sich an sie heranmachte. Mit Worten und Geschenken hat er sie überhäuft und ihr Vertrauen erschlichen, bis - bis sie von ihm ein Kind erwartete. Als Inge ihn aufsuchen wollte, stand seine Frau mit ihren kleinen Kindern an der Hand in der Tür. - Doch der Mann, der sich als ledig ausgegeben hatte - wollte Inge gar nicht mehr kennen.

So hörte ich von Christl. Und an jenem Tag, als Inge mit mir auf dem Motorrad fuhr - hat nebenan in der Kammer ihr kleines Mädchen geschlafen und alle waren besorgt, dass es nicht aufwache und weine.

Danach kamen die Jahre, in denen ich jeden Tag und jede Nacht meine Gebete mit immer den gleichen Worten beendete: „...und ich bitte Dich für der Inge ihr kleines Kind. Amen."

Gegen Ende meines Vikariats in Tirschenreuth, kurz vor der Ausreise nach Brasilien, als ich öfter die Abkürzung durchs Hirschbachtal nahm, besuchte ich mit Traudl, meiner Frau, Vater Fehn, um mich von ihm zu verabschieden. Ich fand ihn glücklich auf dem Platz, wo die Gemeinde Eschenbach ihm, für seine großen Verdienste zum Wohle des Ortes, ein großes Fest bereitet hatte. Danach, haben wir uns nicht mehr gesehen.

Erst lange nach meiner Rückkehr aus Brasilien, nachdem ich gehört hatte, dass Inges Mädchen, gesund, groß und schön geworden war, hörte ich auf, für sie zu beten.

Ski fahren

Man könnte meinen, das erste Herumgrätschen auf Skiern, im nicht gerade gebirgigen Nürnberger Land, in den Jahren nach dem Krieg, sei keiner Erinnerung wert.

Doch damit hätten wir den großem Erlebnishunger, mit dem wir Nürnberger, auch meine Eltern und ihre Freunde, den Hängen von Kalchreuth im Norden und dem Glasers- und Knauersberg im Süden der Stadt zugestrebt sind, gänzlich verachtet.

Scharen wintersportmäßig aufgemachter Sonntagsausflügler fuhren mit Skiern und Skistöcken mit der Straßenbahn bis Ziegelstein im Norden oder Südfriedhof im Süden, um dann „auf Langlaufstellung" knirschend und keuchend die Waldwege zu bevölkern. Die „Abfahrten" zu denen wir pilgerten, verdienten diesen Namen nicht. Tatsächlich ging mir das stundenlange Herumgerutsche so auf die Nerven, dass ich mich zu einer Skifreizeit des CVJM anmeldete.

Ostern war früh in diesem Jahr. Im Kleinen Walsertal, oberhalb Riezlern, unserem Reiseziel, herrschte noch tiefer Winter mit reichlich Schnee. Heutigen Pistenhirschen würde unsere Skiausrüstung von damals wie ein Gang ins Museum vorgekommen: Auf dickem, profilverstärktem Edelholz mit eingefrästen, angeschraubten Stahlkanten standen wir in Lederschuhen mit Kandahar-Bindung, vorne eingeklemmt und hinten mit einem Seilzug niedergehalten, auf unseren Skiern. In den Händen hielten wir Haselnussstöcke mit Lederschlaufen und Tellern aus spanischem Rohr.

So ausstaffiert erhielten wir die ersten Anweisungen durch einen Skilehrer und bald darauf durften wir auf kleinere Touren. Manchmal genossen wir den Aprè-Ski-Betrieb im Ort mit einem Milchmixgetränk in der Abendsonne und stiegen vor Nacht wieder zu unserer Hütte auf.

Gegen Ende der Freizeit wurde ein eigenes Abfahrtsrennen mit START und ZIEL für uns veranstaltet. Dabei hatte ich großes Pech: Eine Stahlkante löste sich am linken Ski und starrte wie eine Antenne seitlich heraus, die hat mich ausgebremst, ich stürzte und wurde Letzter.

Jeden Tag begannen wir mit einer kurzen Andacht und beschlossen ihn ebenso. Manchmal unterstützte ich den Gesang mit meinem Waldhorn (wenn nicht gerade eine Gitarre in E-Moll intonierte).

Eines Nachts war Sturm, gefolgt von nie gehörtem Gepolter und Donnern, die unsere Hütte erschütterten. Am Morgen sahen wir unseren Weg ins Tal mit mannshohen Eisbrocken verschüttet, starke Fichtenstämme steckten, wie die sprichwörtlichen geknickten Streichhölzer zersplittert darin. Es war meine erste Begegnung mit einer Eislawine.

Als unsere kleine Schlucht wieder begehbar - und mein Ski repariert war - begaben wir uns auf eine große Tagestour hinüber zum Hohen Ifen (das Wort ist vorgermanisch und soll Schiff bedeuten)

Unterwegs schloss sich Irmgard Kroder, Werner Lautner und mir an. Schon beim mühsamen Aufstieg hielten wir zusammen und teilten auch beim Rasten unsere Erfrischungen miteinander. Im strahlendem Sonnenschein erreichten wir die Passhöhe mit einem großartigen Rundblick, um dann durch ein Nebental abzufahren.

Wiederholt hatte unser Skilehrer gewarnt, niemals ungebremst im Schuss zu fahren!

Aber da war so ein Dicker, der schrie Hurra, als er los fuhr. Doch weit ist er nicht gekommen, da hörten wir aus einer Wolke von Pulverschnee seinen Aufschrei.

Damit war auch für uns alle der Spaß vorbei. Der Skilehrer entschied: Werner Lautner und ich sollten die Mädchengruppe hinunter zu einem Berggasthof geleiten und dann mit einem Schlitten zur Unfallstelle zurückkommen, so schnell als möglich. Er will inzwischen mit den drei anderen Männern den Verletzten schienen, warm halten und auf Skier gebunden zur Baumgrenze hinunter bringen. Unser Hang lag bereits im Schatten. Es wurde schnell kalt. Die Mädchen kehrten ein.

Dann schleppten Werner und ich einen schweren Hornschlitten bergauf. Wir schwitzten sehr. Doch bald war unser Schweiß zu Ende (ich kann mich nicht erinnern, mich je in meinem Leben, wieder so angestrengt zu haben).

Die Freunde oben und der Skilehrer hatten Mühe, den Verletzten vor Erfrierungen zu schützen. Er schrie vor Schmerzen, als sie ihn auf den Schlitten hoben und fest banden.

Der Abtransport durch den hügelichen Wald gestaltete sich schwierig. Wege gab es nicht. Wir hatten zu kämpfen, dass der Schlitten nicht Fahrt aufnahm. Und immer, wenn er sich zu sehr neigte, der Verletzte verrutschte und zu schreien anfing, sprang ich an die tiefe Seite und versuchte den Schlitten zu heben und hoch zu halten, um ihn vor dem Kippen zu schützen. Dabei sank ich tief in den Schnee. Wir kamen nur schrittweise zu Tal.

Den Augenblick, als mich die wohlige Wärme der Gaststube laut umfing, werde ich nie vergessen. Was ich alles an Flüssigkeit in mich hineinschüttete?! Als mir zu heiß wurde, setzte ich mich hinaus auf ein Hüttendach - und Irmgard setzte sich zu mir - und sie küsste mich. Wir waren glückselig.

Bald hieß es, fertig machen zum Rückweg! Nur ein kleines Stück bergab, dann den steilen Weg zu unserer Hütte hinauf, mit den schweren Skiern auf den Schultern, kam mir diese dreiviertel Stunde Aufstieg sauer an.

Am Morgen konnte ich vor Schmerzen in keinen Schuh und kaum auftreten. Durch diesen Dienst mit dem Schlitten, hatte ich mir eine Entzündung beider Achilles-Sehnen zugezogen. Da hieß es Murmeltierfett schmieren und in Hausschuhen zuhause bleiben, oder höchstens draußen etwas in der herrlichen Wintersonne liegen. Und Irmgard war immer in meiner Nähe.

Doch zwei Ereignisse betrübten mir diese Skifreizeit noch außerordentlich. Unser Leiter, ein Pfarrer Ernst Schmidt, verkündigte eines Abends, er vermisse zwei seiner Andachtsbücher, die er dringend bräuchte. Anderntags verlangte er noch eindringlicher danach, man solle ihm doch seine Andachtsbücher zurück geben! Am dritten Tag wurde er richtig ungehalten. In der Mittagspause sagte ich zu Werner: „Schauen wir doch mal in unsere Nachtkästchen! Vielleicht hat sich jemand einen Scherz erlaubt." Tatsächlich lagen zwei dicke, alte Bücher darin. Ich brachte sie dem Herrn Schmidt und sagte: „Die haben wir in unserem Nachtkästchen gefunden.'' Zunächst reagierte er gelassen. Aber bei der Abendandacht stellte er mich vor allen, als einen Dieb hin, dem es zu heiß geworden wäre. - Ein großes Unrecht! Ich konnte mich nicht wehren. Er glaubte mir einfach nicht. Was sollte ich mit den alten Büchern anfangen?

Bald folgte das andere betrübliche Ereignis.

Unser bester Skifahrer und zwei Kameraden mit ihm, sind trotz Lawinenwarnung zu einer Tour auf unserer Bergseite aufgebrochen. Lange verfolgten wir ihren Aufstieg bei strahlender Sonne, mit bloßen Augen bis unser Blick sie verlor. Wir sahen sie nie wieder. -

Am folgenden Tag kam die Nachricht, dass unser bester Skifahrer nicht mehr lebt und seine beiden Begleiter, nur schwer verletzt geborgen werden konnten. Von dem Tag an, habe ich Schnee gehasst und bin nie wieder zum Skifahren ins Gebirge gefahren.

Irmgard und ich haben uns noch oft getroffen. Sie wohnte in Eibach, wir hatten nicht weit zueinander. Auch kleine Radtouren in die Fränkische unternahmen wir im Frühling. Einmal hat sie mich sogar in Stuttgart besucht, weil ihr Bruder dort zu tun hatte. Aber ich liebte sie nicht so, wie sie mich. Was will man da machen?

In jugendlichem Übermut steckte ich eine lebende Maus in ihren Briefkasten. Ob mir der dumme Scherz gelungen ist? Heute tut es mir leid.

Gisa

Wieder einmal in Gunzenhausen, in seliger Jugendzeit, schaue ich noch einmal in die Stadtkirche, weil es darin klappert und lacht. Unter der schweren Empore stellen Mädchen Stühle auf. Eine lange Blonde mit einem Putten-Gesicht hat den Überblick. Sie sagt, wie die Stühle gestellt werden sollen - und sie gefällt mir sehr.

In Neuendettelsau begegnen wir uns wieder. Sie lernt dort Kindergärtnerin - und wir werden Freunde - aber nicht so, wie man sich heute so leichthin schreibt.

Ihre Oma wohnt in Gunzenhausen in einem Häuschen mit gepflegtem Garten. Wir besuchen sie mit dem Motorrad und ich aquarelliere das Gärtchen in meinen Skizzenblock. Wir gehen spazieren in den Hügeln über dem Städtchen, zwängen uns durch Heckengestrüpp und singen fröhlich dabei: "Es ist ein Schnitter, heißt der Tod," mit den schweren Stufen abwärts und dem Aufschrei: "Hat Gwalt vom großen Gott. ... Hüt' dich, schöns Blümelein!" Wir lieben diese Melodie.

Ich darf über Nacht bleiben und auf dem Sofa schlafen im kleinen Wohnzimmer, Gisa nebenan bei ihrer Oma in der Kammer. Sie kommt noch einmal geschlüpft und wir sagen uns sittsam "Gute Nacht". Doch ich schlafe schlecht - die Fernstraße führt so nahe am Häuschen vorbei, dass es bei jedem LKW erzittert - und schon kommt der nächste.

Gisas Eltern betreiben eine Wirtschaft im Norden der Stadt. Da bin ich oft und von dort aus fahren wir in den Sommer. Wir baden im Wildbad Erlenstegen. Wenn sie nass aus dem dunklen Wasser steigt, fällt ihr Haare in lauter goldenen Löckchen um sie, wie das Nürnberger Christkind. Wir fahren kleine Tagesausflüge in den Süden Nürnbergs. Wir baden im Kanal, wo es einsam ist. Aber ihr hässlicher brauner Badeanzug ist mir immer zu eng. An einem hellen Nachmittag liegen wir zuhause bei ihr im Bett; ihre Mutter hat uns zum Nachmittagsschlaf abgeordnet. Friedlich liegen wir nebeneinander und sind glücklich wie Brüderchen und Schwesterchen. Die Sonne scheint herein und ein warmer Windhauch bewegt die Vorhänge.

Am Abend gehen wir spazieren im nahen Stadtpark, wie viele andere Nürnberger auch. Was wir sehen, inspiriert mich:

Fontäne

Es treibt viele Arme
das brodelnde Gold,
doch einer erwächst
seiner Mitte mächtiger,
als alles Dunkel
in das er schießt
und es erhebt sich
der zischende Strahl
zu schwindelnder Höhe,
bis ihn der Himmel
mit sanfter Hand
wieder zurückweist
 zur Erde.
Da bildet die Mitte
Schwärze verbreitend
der allumfassende Abend.
Doch ihm erwachsen
unerwartet neue Gestalten:

Menschen gehen
im Licht der Fontäne
bleiben stehen
bleiben dunkel im Golde.
Dann erst wieder
genug des Staunens
drängen sie dorthin
woher sie gekommen
ins Dunkel die Dunklen.

Wo die Großen des Abends
die Söhne der Erde
die mächtigen Bäume
stehen und verharren
gelassen den Himmel ertragend.

(24. Mai 1961, mit Gisa im Stadtpark)

Damals beginne ich mit einer einfachen AGFA-Clack (eine Box für 6x9cm Film) zu fotografieren. Nach den Sommerferien ist die Clack bei unseren Spaziergängen um Neuendettelsau immer dabei. Einmal stehen wir auf einem Steg über der Rezat, schauen ins still fließende Wasser unter uns - und haben ein Bild von uns beiden.

Der Winter war nicht unsere Zeit, doch im Frühjahr sind wir wieder in Gunzenhausen bei ihrer Oma. In den Gärten ober der Stadt sehen wir ein wunderschönes Pflaumenbäumchen rosa blühen. Ich male es in Öl, nein - eigentlich spachtle ich es eilig, aber in all seiner rosanen Zartheit vor dem blauen Himmel und einem hellroten Ziegeldach - und Gisa sieht mir still dabei zu.

Ihre erste Arbeitsstelle hat sie in Hof - im bayrischen Sibirien, wie wir sagen.

Als ich sie dort besuche, um ihr das rosa Bild zu schenken und mich von ihr zu verabschieden, stinkt es nach Zigaretten-Rauch im Zimmer - sie hat einen Ami - und mit ihm zieht sie in die Staaten.

Erst im Sommer 2008 erhalte ich einen Anruf von ihr. Durch mein Geschreibsel hat sie meinen Namen im Internet entdeckt - und mich wieder gefunden. Später erzählt sie mir, sie habe danach einen ganzen Tag lang geweint.

Schon zweimal hat sie mich mit ihrem dritten Mann in Deutschland besucht - sie ist Amerikanerin geworden.

Ida

Sie ist groß und stark und hat doch die schlankeste Taille von allen, mit denen wir spielen und ringen (zum Spaß natürlich) am klaren Bach, auf der grünen Wiese, wir Freunde vom CVJM Gibitzenhof, bei unseren Ausflügen.

Sie trägt mich sogar durch den Bach, als mein Fuß verstaucht ist. Sie kann ergreifend zur Gitarre singen. Aus zwei dicken Brillengläsern blinzelt sie und lächelt so süß verlegen, wenn sie die Brille abnimmt. Ihre Großmutter ist Russin. Wir gehen miteinander, obwohl ich quasi der dicken Ursel versprochen bin, doch unsere Sympathien für einander sind stärker. Wenn es regnet, hängen ihr die dunkelroten Haare wie glatte Fäden ins ebenmäßige Gesicht.

Eines Abends versteigen wir uns im Steinbruch. Ich finde keinen Griff mehr im Dunkeln, drohe ab zustürzen und bin völlig hilflos. Doch sie ist schon oben - wie hat sie das nur gemacht? und zieht mich hinauf. Später sagt sie: „Weißt du, weshalb ich dich liebe? Weil Du niemals umkommen wirst." - Oh du, meine Retterin, meine Prophetin!

Eines Abends am einsamen Kanal spiele ich Blues für sie auf meinem Kornett - und wage es, ihre Brüste zu berühren. - Sie erklärt mir, was das für sie bedeutet. Noch in der selben Nacht legen wir uns in ein elendes, feuchtes Gehölz am Stadtrand, weil wir „Es" tun wollen. Aber es tut uns nicht gut. Wir haben mehr Angst als Freude. Es ist spät geworden, als sie an ihrer Wohnung klingelt. Ihr Vater rennt die Treppe herunter, springt hinter der Haustüre hervor und gibt mir eine mächtige Ohrfeige, auf die ich nicht gefasst bin. Doch ich nehme es ihm nicht übel.

Am Tag darauf treffen wir uns nach Feierabend wieder, ich im roten Hemd, auf dem roten Motorrad, rot verschwitzt vom Staub der roten Dachziegel von meiner Ferienarbeit, und sie im dünnen, rosa wehenden Sommerkleidchen. Wir gehen über die Steinerne Brücke hinüber in die Heide, finden ein Plätzchen - und schwimmen in Blut.

Auf dem Rückweg bekommen wir Ärger mit der Polizei. Sie behaupten, wir wären den Fußweg über die Brücke mit dem Motorrad gefahren. Sind wir aber nicht. Wir sind zu Fuß über die Steinerne Brücke gegangen. Das Motorrad hatten wir davor abgestellt. Ich weiß mir nicht anders zu helfen, als die Bewohner des neuen Hauses gegenüber, die oben aus ihren Fenstern lehnen und in den Abendhimmel schauen, um Hilfe anzurufen. Endlich bezeugen es mehrere von oben herab, dass das Motorrad hier abgestellt war, vor dem Fußweg - und die Polizei muss abdrehen.

Noch im Herbst geht Ida nach London - sie reinigt einem Lord die Pfeifen und lernt die Sprache. Bald geht sie mit einem Ami in die Staaten. Doch was sie dort vorfindet ist nur Elend: Alles war gelogen und sie kehrt zurück. Dann fährt sie nach New York - und dank einer alten Lady, die sie ihrer annimmt und auch zu sich mit auf ihr Boot nimmt - geht sie dort nicht unter.

Einmal kommt sie zu Besuch heim. Es ist ein wunderbarer Sommer in Franken!

Wir fahren wie immer mit meinem Motorrad nicht weit, aber Richtung Süden. Wir lieben uns und unser Land in der Sonne und im grünen Schatten des Waldes.

Später macht sie mit einem Bekannten aus München eine große Südamerika-Reise. Ob sie ihn geheiratet hat?

Ihre letzte Postkarte, mit dem Lokal abgebildet, wo Louis Armstrong sein Cornett gespielt hat, kam aus New Orleans. - Ich habe sie verloren und kann sie nicht mehr finden (nicht die Postkarte).

Doch wie ein Schutzengel schwebt sie über mir und ihre Worte begleiten mich überallhin: „... du wirst niemals umkommen."

Rosetta

Auf der Dachterrasse des Kaufhauses Merkur in Stuttgart ist es bereits dunkel. Kurz vor Feierabend trete ich aus dem hellen Neonlicht meiner Abteilung 04 (das war die Dekoration) noch einmal hinaus auf die Dachterrasse. Da steht sie, sagt kein Wort, geht einen Schritt auf mich zu, legt ihre Arme um mich und küsst mich. Sie ist groß, schlank und warm - ich wehre mich nicht, warum sollte ich?

Es ist Frühling, in der für mich neuen Stadt finde ich viele Anregungen zu künstlerischer Betätigung. Ich besuche einen Zeichenkurs für Akt mit gutem Gewinn, wie ich meine. Auf dem großen, dicken Aktblock, der davon übrig blieb, zeichne und male ich weiter, wenn es geht auch im Freien. Eigentlich heißt sie Ursula, aber ich nenne sie Rosetta, nach einer der großartigen Blues Sängerinnen. Eines Sonntags besucht sie mich in Gablenberg. Wir gehen hinaus in die kahlen Weinberge und küssen uns. Mir zuliebe zeichnet auch sie einen alten knorrigen Weinstock. Ich bin so verliebt in sie, dass ich nicht wage, sie anzurühren. Ich bin ganz unerfahren und wir küssen uns nur. So habe ich wegen meiner gestrengen Vermieter auch keine Bedenken, sie mit auf mein Zimmer zu nehmen, um Rosetta dort zu porträtieren. Immer bewundere ich ihren leichten, federnden Gang, ohne darüber zu reden, sie schwebt förmlich über dem Boden.

An sonnigen Tagen verbringen wir unsere Mittagspausen miteinander in der Altstadt. Gerne besuchen wir das Museum im Alten Schloss. In der langen, hohen Wendeltreppe können wir uns ungestört küssen. In einer der Vitrinen sitzt ein kleines, graues Figürchen aus Bronce: ein Junge mit einem unmöglich langen Penis. Mir ist es peinlich davor, sie aber schaut gerne hin. - Ich hätte sie anfassen sollen! Doch sie ist mir wie eine Heilige, die ich hoch und innig verehre.

In einem Kurs der Volkshochschule für Batik-Arbeiten fertige ich einen seidenen Schal für sie: Weinreben und -blätter umschlingen sich in herbstlichen Farben. Sie nimmt den Schal sehr gerne an. - Nie wieder habe ich etwas ähnliches zustande gebracht.

Oft begleite ich sie zum Bahnhof zu ihren Zug nach Leonberg-Silberberg. Aber sie gestattet mir nie, sie zu besuchen. In ungewöhnlich scharfem Ton sagt sie, ich soll das nur ja nie tun! Das kommt mir geheimnisvoll vor. - Eines kalten Abends aber, das war lange Zeit später, stehe ich doch vor dem spitzen Einfamilienhäuschen, läute aber nicht, sondern kehre um und laufe durch ein schrecklich ödes, kahles Tal zurück in die Stadt.

Jetzt sind Sommerferien. Wir schrieben uns - und ich besuche sie zusammen mit meinem Freund Achim auf dem Motorrad. Mein Herz schlägt heftig, als ich sie heranschweben sehe. Achim muss beim Motorrad warten, damit wir allein sein können - oh Rosetta!

Inzwischen habe ich Kontakt zu Neuendettelsau aufgenommen und beschlossen im Herbst ins Missions- und Diasporaseminar einzutreten, um Theologie zu studieren.

Wieder sitzen wir in der Sonne zwischen den gurrenden Tauben an einem Brunnenrand in der Altstadt, als ich ihr davon erzähle. Ihre Reaktion ist seltsam. „Das willst du wirklich machen, Missionar werden?" fragt sie. Dabei wird sie ganz starr und traurig.

Da hat unsere Liebe einen Knick bekommen.

Ein letztes Mal, gegen Ende der Sommerferien, besuche ich sie mit dem Fahrrad, weil das Motorrad bereits verkauft war. Auf halber Strecke mache ich 14 Tage so was wie Erntehilfe auf dem Hof bei den Nachkommen jener Familie, die uns Wohnung gewährt haben, als wir Evakuierte aus Nürnberg waren. Unterwegs dichte ich:

ROSETTA

Auf einem grünen Feld
wächst die weiße Taube
als blauer Schmetterling
schwingt sich empor
wo zwei sind
Liebe

Mit dem reinsten Rot
gleitet hinab
oh, Sonne!

Ach, sie vergaß ihre Flügel
da liegen sie
orangene Lanzenspitzen
stechen ins Herz

Du zartestes Abendrot
kannst doch nicht ohne Flügel –

Stahlharte Straße schneidet
scheidet

Kleine Weiher
mit traurigen Augen
blicken nach oben
wo alle sind
Meine Taube
mein Schmetterling
meine Rosetta
oh, Abendwolke

(Sommer 1958, mit dem Fahrrad nach Stuttgart)
Im Bahnhof Stuttgart sehe sie erst, als sie mit Kolleginnen bereits im Zugabteil sitzt und komme ihr gegenüber zu sitzen. Aber sie würdigt mich keines Blickes. Meinen Gruß erwidert sie nicht. Sie gibt mir keine Antwort. Mit ihren Freundinnen lacht sie und tut zu mir so fremd, als hätte sie mich noch nie gesehen. Das ist schrecklich und ich kann nichts dagegen machen. Sollte ich aufdringlich werden? Ich hätte nur Ärger bekommen. Sogar, als ihre Kolleginnen alle ausgestiegen sind und wir uns allein im Abteil gegenüber sitzen, gibt sie mir keine Antwort. Es ist gespenstisch.

Sie steigt aus und verschwindet mit ihrem leichtem

Gang aus dem Lichtkegel der kleinen Haltestelle in den ersten Herbstnebel hinein. Ich bin wie betäubt, bleibe sitzen bis zur Endstation, löse neu und fahre zurück nach Stuttgart. Gerade noch rechtzeitig komme ich zur Jugendherberge, wo mein Fahrrad steht. Diese Heimfahrt wurde mir sehr schwer.

Der Schlag aus dem Zirkusfilm

Gegen Ende meiner Zeit als Dekorateur in Stuttgart, wurde mir der Lehrling Pfarr (sein Vorname ist mir entfallen) zur Gestaltung eines Schaufensters zugeteilt. Die älteren Kollegen sagten: „Der Pfarr ist schwierig." Doch ich hegte keinen Argwohn gegen ihn. Denn wenn ich mit den anderen Kollegen meine Freizeit zubrachte, war auch der Pfarr dabei.

Am Tag vorher räumte ich das Fenster aus und verhängte es. Am Abend sah ich bei einem benachbarten Freund in der Wagenburgstraße, der ein größeres möbliertes Zimmer mit Fernseher hatte, einen Zirkusfilm (damals in schwarz-weiß): Zwei Akrobaten stritten sich um eine Frau. Zuletzt gelang es dem echten Liebhaber, den falschen mit einem einzigen gezielten Faustschlag zu Boden zu strecken. Womit er seine Liebe unter Beweis stellte und sich das glückliche Ende nahte.

Am Morgen gab der Chefdekorateur seine letzten Anweisungen und entfernte sich mit einem merkwürdigen Grinsen. Pfarr und ich betraten das leere Schaufenster. Für ihn, den Lehrling, standen nun viele Gänge an, um mir, dem verantwortlichen Dekorateur, zur Hand zu gehen. Ich sagte ‚Pfarr, wir brauchen dieses und jenes, bitte hole es und bringe noch das und das mit!' Doch er kam lange, sehr lange nicht wieder, ich musste warten und konnte nicht weitermachen. Als ich ihn zur Rede stelle, sagte er: „Hol dir doch dein Zeug selber!" Zeitraubende Diskussionen folgten, um dem Lehrling klar zu machen, was er zu tun habe und wozu er da sei, denn am Abend muss der Vorhang fallen, das Schaufenster muss gestaltet sein. Ich erinnere mich nicht an alle seine gezielten Arbeitsbehinderungen, nur an Wortfetzen seiner unaufhörlichen Beleidigungen, mit denen er mich traktierte. Er nannte mich einen „Lexikon-Gebildeten", einen „grobschlächtigen Bayer, der von Kultur nichts versteht", einen „Dilettanten in der Malerei" (ich hatte mich erstmals an Öl in freier Natur gewagt) und einen „Stümper auf der Klarinette" (tatsächlich war ich als Anfänger, der noch nicht frei improvisieren konnte, das schwächste Glied einer kleinen Jazzband). Einen ganzen Tag ziehen sich diese Streitereien hin. Er immer zynisch und frech, während ich versuche, ruhig und sachlich zu parieren. Unsere Arbeit kommt nur schleppend voran. Genau das wollte er. Ich verbot ihm das Reden. Aber die Phantasie, mit der er seine Bosheiten steigern konnte, war erstaunlich. Gegen Abend sagte er so etwas wie: „Deine Mutter muss doch auch doof sein, dass sie so einen wie dich groß gezogen hat. Gib 's zu, deine Mutter ist auch blöd" -

Da ist meine Geduld am Ende. Gegen meine Mutter hätte er nichts sagen sollen. Ich sah nicht rot, nur in schwarz-weiß, haarscharf die Szene aus dem Zirkusfilm. Warum auch nicht, denke ich, springe auf und verpasse ihm genau den Schlag ans Kinn, wie ich ihn gestern Abend im Film gesehen habe. Pfarr fällt um und liegt bewusstlos im verhängten Schaufenster.

Dann erst sehe ich den Schaden: Beim Ausholen bin ich durch die ganze Länge des Schaufensters gerannt, habe dabei die Aufbauten umgerissen und auch die beiden Schaufensterfiguren, welche durch Nylonfäden mit den Aufbauten verbunden waren. Unser mühevoll aufgebautes Tagwerk ist zerstört. Zum Glück hat die Schaufensterscheibe gehalten. Pfarr liegt in der hintersten Ecke. Nur langsam kommt er zu sich und winselt, wie es freche, feige Menschen an sich haben, wenn sie an ihre Grenzen gekommen sind.

Es war bereits nach Geschäftsschluss. Ich konnte keinen Vorgesetzten mehr sprechen. Also ging ich meinen gewohnten Fußweg nach Hause, über den Eberhards Platz, ein paar Schritte Olga Straße, links zum „Wirt am Berg" eingebogen, das Gaisburggässle hinauf, über den Staffle-Berg hinunter zur Wagenburgstraße, im Stadtteil Gablenberg rechts eingebogen in die Richard-Koch-Straße Nummer 7.

Noch am selben Abend schreibe ich meine Kündigung „...wegen unersprießlicher Zusammenarbeit mit dem Lehrling..." usw.

Nur gut, dass ich am nächsten Morgen zuerst dem Chefdekorateur über den Weg lief. Er kommt bereits vom obersten Boss, wo ich gerade hin will. Rasch erzähle ich ihm, was Gestern geschehen war und dass ich mit meiner Kündigung der Firma zuvorkommen möchte. Seine Antwort darauf hat mich angenehm überrascht: „Isch alls in beschter Ordnung, Säämann" sagt er „De Pfarr hat's oimal braucht, daß em oiner zaigt, wo der Bartl den Mooscht holt." - „Und meine Kündigung?" Die soll ich wegwerfen, sagt er - und ich bin sehr erleichtert. Pfarr gab die Lehre auf. Ob die Chefs das so arrangiert hatten? Ich habe sie nicht danach gefragt.

Erschrocken war ich über etwas anderes: Wie doch das Unterbewusstsein so gezielt zuschlagen kann. - Es war genau der Schlag, den ich am Abend zuvor im Film gesehen habe, der dann meine gereizten Emotionen zum Überlaufen brachte.

Seit diesem Erlebnis bin ich misstrauisch, wenn gesagt wird, rohe, brutale Gewaltszenen in den Unterhaltungsmedien seien völlig ohne Einfluss auf die Betrachter.

Zu Fuß nach Gunzenhausen

Im Sommer 1959, als ältere Leute im Dorf, in Erinnerung an die erste Missions-Anstalt, die Pfarrer Wilhelm Löhe 1840 in Neuendettelsau gegründet hatte und junge Männer bis aus dem Altmühltal im Gasthaus „Sonne" untergebracht waren, uns immer noch „Zöglinge" nannten, schloss auch ich mich der Tradition an, zum Missionsfest nach Gunzenhausen zu Fuß zu gehen.

Ich bin im Herbst 1958 ins neue Studienheim eingetreten, das damals voll belegt war. Wir teilten uns zu dritt ein Studierzimmer. Es herrschten strenge Sitten, die ich teils schätzte, wie etwa das Adventswecken, wenn wir morgens um Sechs bei eisiger Kälte in kleine Gruppen aufgeteilt, im Dorf einstimmig Adventslieder aus dem Gesangbuch sangen. Andrerseits, wenn der Zimmerälteste seine Autorität überschritt, dass er mich an einem Morgen schimpfte, weil ich ihn nicht geweckt habe, aber am andern Tag ohrfeigte, eben weil ich ihn geweckt hatte, das machte mich rebellisch. Ich klappte den Zimmerältesten in seinem Wandbett hoch, dass er hilflos dahinter zappelte, bis ihn der Stubenzweite daraus befreite.

Zur alten Sitte und guten Tradition gehörte, wie gesagt, der Gang zum Missionsfest nach Gunzenhausen. Viele der frühen Missionare stammten aus dieser Gegend. Mehr als 20 Kilometer Luftlinie sind es bis dahin. Mein Freund Jost und ich brachen früh auf. Wir gingen kleine Wege immer Richtung Süden. Im Wald überfielen uns hungrige Bremen. In Mittel-Eschenbach, in der Wirtschaft gegenüber der katholischen Kirche, legten wir eine Rast ein. Die alte Wirtin ließ uns auf der Ofenbank noch etwas schlummern. In Ober Eschenbach sah es aus, als wären wir ins Mittelalter geraten; schnatternd verfolgte uns eine Schar Gänse. Bald danach stieg der sandige Weg steil an. Wir sahen Rehe unter uns im Wald ruhen. Bergabwärts wurde es schnell heiß. Jost machte schlapp und wartete auf eine nachfolgende Gruppe. Ich ging allein weiter und war begeistert von dem weiten Blick, der sich mir auftat:

Nach vielem guten, grünen Land
kommst du ins Wunderbare.
Dort öffnet eine sanfte Hand
dem Fernedunst das klare,
blau gewirkte Band.

Hier wurde Gold gestreut
und der lange Wind
wirft rote Rosen dazwischen,
wie Ziegeldächer
zwischen die Ährenfelder.

Auf einer langen, heißen Straße kam ich in Gunzenhausen an. Es herrschte Mittagsstille und ich war durstig. An einem der Häuschen, aus dem fröhliches Tellergeklapper klang, klopfte ich an und bat um ein Glas Wasser, das ich auch bekam. Im Pfarrhof angekommen, fotografierte mich der Dekan für seinen Bericht ins „Rothenburger Sonntagsblatt". Meine liebe Tante Gretl schickte mir später den Artikel. Da kann man sehen, wie ich mit Stock, Kniehose und Sandalen, ganz flott marschiere.

Ich musste noch bis ins Dorf Aha hinaus, dort war ich einquartiert. In einer ehemaligen Knechtskammer unter offenen Ziegeln und einem Berg dicker, alter Federbetten, war es drückend heiß. Ich konnte nicht einschlafen und schrieb das obige Gedicht.

Am Sonntagmorgen wurde ein schöner, festlicher Gottesdienst mit Posaunen- und Muschelchorklängen und langen Reden gefeiert. Mittagessen gab es in den Wirtschaften. Auf den Rückweg machte ich mich allein und wieder erschien es mir wunderbar, durch schmucke Dörfer, Ernte gelbe Felder, saftige Wiesen, vorbei an stillen Weihern, und später im einsamen Wald, zu wandern. Bei Windsbach überquerte ich die Fränkische Rezat und erreichte bald die westmittelfränkische Ebene. Schon tauchten die zwei spitzen Türme der Laurentius Kirche von Neuendettelsau am rötlichen Horizont auf

Unsere Küche hatte noch Essen für die Heimkehrer bereitgestellt. Ich schlief gut. Bis mein Zimmergenosse Horst und ich mitten in der Nacht durch lautes Gepolter über uns geweckt wurden. Wir hörten Schreie und Möbelrucken bis Glas zersplitterte. Dann war es still, totenstill. Wir öffneten das Fenster und schauten hinauf. Etwas Nasses lief uns in den Nacken. Es war Blut, das von oben heruntertropfte. Wir rannten hinauf. Aber da waren schon andere dabei, dem Verletzten zu helfen.

Der war auch zu Fuß gegangen, ist aber im „Grünen Baum" noch reichlich eingekehrt und hatte in dieser schwülheißen Nacht vergessen, sein Fenster zu öffnen. Verwirrt war er aufgewacht und hat, als er pinkeln musste, die Türe nicht gefunden, hat Tisch und Stühle umgestürzt und wollte in seiner Panik zum Fenster hinaus.

Später wurde er vom Missionsarzt, für „Tropen untauglich" erklärt und musste das Studium abbrechen. - Ich habe mein frühkindliches Asthma immer verschwiegen, um nach Brasilien zu kommen - und der Tropenarzt hat es nicht entdeckt. Die Jahre in Brasilien, waren dann auch die gesündesten meines Lebens – dort hatte ich kein Asthma.

Anke

Mein erster Frühling als Student in Neuendettelsau war von der Begegnung mit Hans Kraft und Anke Wichmann überstrahlt. Die Sonne nicht zu vergessen und eine Natur, die mir wie lauter bunte Edelsteine begegnet ist, nur, dass es blühende Gräser und bunte Blümchen, hellrote Walderdbeeren und Pilze waren, die mich bei meinen Spaziergängen erfreuten. Ähnlich muss es dem Meister Albrecht Dürer ergangen sein, als er sein Großes Rasenstück und die blauen Akeleien malte.

Die zu lernenden Vokabeln trug ich, auf kleine Zettel geschrieben, immer bei mir. Auf der einen Seite das Fremdwort, auf der anderen das deutsche. Diese Zettelchen wurden verächtlich „Idioten" genannt. Doch ich fand sie praktisch. Wenn ich die Bedeutung wusste, ohne umzublättern - war es an der Zeit, umzukehren ins Missionshaus zu Abendessen und Abendandacht.

Eines Abends gab Hans Kraft sein Debüt, als neuer Organist der Diakonissenanstalt an der Orgel der Laurentius Kirche. Ich war dabei, auch bei der anschließenden kleinen Feier auf seiner Bude - weiß aber nicht mehr, wie ich dazu kam. Er telefonierte mit seiner Mutter, um ihr freudig zu berichten und wir waren fröhlich im Gespräch über die Musik, die ganze Nacht über. Eine große, blonde Hamburgerin mit ebenmäßigem Gesicht fiel mir auf: Anke. - Wir verstanden uns sofort. Als wir aufbrachen, begleitete ich sie durchs Dorf bis zum Katechetischen Heim hinaus, wo sie wohnte. Dort, wo der Weg, am Krankenhaus vorbei, zu einem kleinen Wäldchen ansteigt, erlebten wir etwas Wunderbares - auch Musik, aber in natura: Im ersten Morgenlicht erhoben sich unzählige Stimmen, unsichtbarer Vögel, zu einem Konzert, wie wir es noch nie gehört hatten. So laut und kraftvoll, vielstimmig und doch so harmonisch, begrüßten diese Sänger den neuen Tag mit einem so mächtigen Morgenkonzert, dass wir stehen blieben, uns umarmten und so lange zuhörten, bis das vielstimmige Lied verebbte. - Nie mehr habe ich ein so mächtiges Vogelkonzert in der Natur gehört.

Anke und ich wurden gute Freunde, ich gefiel ihr und sie gefiel mir. Hans brachte mir seine neusten Kompositionen zu Gehör und fragte mich, den Laien, um meine Meinung.

Anke sagte, ich sähe gar nicht aus, wie ein Bayer, sondern mehr, wie ein Norddeutscher, nur spräche ich anders. Wir waren viel zusammen, aber immer im Freien. Wir küssten uns auf grüner Wiese und versteckt im Himbeergebüsch. Unsere Sonntagsspaziergänge beschlossen wir mit der 6 Uhr-Abendandacht in St. Laurentius. Oben trat Hans die Orgel und ich setzte mich in die Bank hinter Anke, sah ihren schlanken Kopf mit dem goldblonden Haarschopf, ihren edel geformten Hals, Schultern und Rücken mit gesunder Bräune, hervorgehoben durch ein türkises Sommerkleid. Diese Farben bildeten einen so klaren, intensiven Kontrast. Sie prägten sich mir tief ein. Die grauen, gedeckten Farbtöne des Kirchenraumes und die bemühten Gedanken und Gesänge der Liturgie verblassten dagegen.

Ihr Studium ging zu Ende. Ihr Vater kam aus Hamburg im hellblauen Mercedes, um sie abzuholen. Sie stellte mich ihm nur flüchtig vor - mit einem gewissen Walter, war sie so gut wie verlobt. Wir sahen uns nie wieder.

Hans Kraft, der sehr herzkrank war und musste St. Laurentius bald wieder verlassen.

Erinnerung an Christian Keysser

Als Seminarist in Neuendettelsau hatte ich noch viele Begegnungen mit den alten, verdienstvollen Missionaren aus Papua-Neuguinea.

Dr. Georg Pilhofer ist einmal die Sprache weggeblieben, als ein Neuankömmling in einer Englisch-Ex mit Spickzettel hantieren wollte. Adam Schuster brachte schon einmal eine Rose mit in den Lehrsaal, stellte sie in ein Wasserglas auf sein Pult und freute sich daran, während er unterrichtete. Christian Keysser, der zu meiner Studienzeit nicht mehr lehrte - auch kann ich mich an kein persönliches Gespräch mit ihm erinnern - ist mir ein bleibendes Vorbild geworden.

Er war es, der den steinzeitlich lebenden Papuas im Bergland von Neuguinea das Evangelium von Jesus Christus nahe bringen konnte. Denn anders als seine Vorgänger, die die Ausgestoßenen der Stämme sammelten, versuchte er über die Häuptlinge und Zauberer den ganzen Stamm für das Evangelium zu gewinnen (Ein Weg, den schon die iroschottischen Mönche bei uns gegangen waren).

Auch im papuanischen Busch gilt die Regel „fremd ist feind". Christian Keysser entging ihr knapp. Als er und seine Begleiter von fremden Kriegern bedroht wurden, forderte er seine Reisebegleiter auf, die mitgeführten Regenschirme alle auf einmal aufzuspannen, was die Angreifer derart verblüffte, dass sie abzogen.

Zwei missionarische Laienspiele hat er verfasst, mit denen wir Seminaristen mit unserem besonderen „Muschelchor" aus der Südsee auf Werbetouren fuhren, um Spenden zu sammeln und Nachwuchs für das Missions- und Diaspora Seminar zu werben.

Mein besonderes Lehrstück von Christian Keysser erhielt ich in einer unserer Abendandachten. Es war Tradition geworden zur Freitagsandacht, prominente Gäste oder Lehrer einzuladen. In seiner typischen, temperamentvollen Art, natürlich in freier Rede, hielt er seine Ansprache. Gerade, als er drei Namen zitieren wollte, fielen sie ihm nicht ein. Er überlegte und überlegte, verstummte kurz und sagte völlig unerwartet: „Liebe Brüder, mein Gedächtnis lässt nach. Ich werde von nun an nicht mehr öffentlich reden. Ladet mich bitte auch nicht mehr ein." Stampfend, wie er gekommen war, stieg er vom Pult. - Er hat nie mehr öffentlich gesprochen.

Das war niederschmetternd für mich. Ich dachte: Ich

bin noch ein junger Mensch, doch manchmal fällt auch mir etwas nicht ein. Da bräuchte ich erst gar nicht anzufangen mit meinem neuen Beruf.

Das Ableben von Christian Keysser kam dann überraschend und war von solch brutaler Profanität, dass es geradezu hässlich war.

Nach dem Sonntagsgottesdienst in der Dorfkirche, beim Überqueren der Straße, wurde Keysser von einem jungen Mopedfahrer erfasst und brach sich ein Bein. Ich sehe ihn noch vor mir. Er war aufgestanden, wurde gestützt - doch er knickte immer wieder ein. Da stampfte er heftig auf, als müsste das gebrochene Bein doch halten - bis er bewusstlos zusammenbrach. Nur wenige Tage danach verstarb er im Krankenhaus an einer Embolie.

Es gab eine große Beerdigung. Ein langer Trauerzug schritt an einem eiskalten Wintertag von seiner Wohnung durchs ganze Dorf zum Friedhof. Ich war mit Andacht dabei - ohne zu ahnen, dass ich, im Trauerzug für einige zum Ärgernis geworden war.

Als Studenten hatten wir kein Geld. Dennoch fuhr mein Freund Eberhard Consbruch und ich Sommer wie Winter Motorrad. Kurz vor dieser Beerdigung hatte ich in Nürnberg einen Trödelladen entdeckt und eine warme, schwarze Reithose, dazu hochglänzende Schaftstiefel ganz billig erstanden. Die hatte ich an diesem kalten Tag angezogen und darüber meinen warmen Stutzer. Nichts ahnend marschierte ich im Trauerzug. Von bösen Blicken bemerkte ich nichts. Doch bald danach wurde mir zu- gezischt: „Das hättest du nicht tun sollen!." „Was denn?" „Na, dass du mit deinem Aufzug an die NS-Vergangenheit des Verstorbenen erinnern musstest. Schämst du dich gar nicht?"

Ich fiel aus allen Wolken. Zu der Zeit wusste ich überhaupt noch nichts von jener NS-Geschichte um Christian Keysser. Niemals hatte ich auch nur die Absicht, den Verstorbenen zu verunglimpfen, ich verehrte ihn. Aber diese vermeintlich üble Demonstration von mir, breitete sich schnell aus.

Ich habe mich inzwischen informiert. In den Anfängen des Nationalsozialismus hat sich Christian Keysser tatsächlich, dort in der Ferne, im Busch von Neuguinea, wo er keine eigenen Erfahrungen mit dem Nationalsozialismus machen konnte, anerkennend, fast begeistert, über die neue nationale Bewegung geäußert. Sobald er aber Kunde vom Unwesen dieser Rassenideologie bekam, entschuldigte er sich und distanzierte sich deutlich davon. Mehr war nicht.

Bei seiner Beerdigung, an diese frühere, bereits abgelegte Meinung, zu erinnern, wäre wirklich bös gewesen. Soweit konnte ich meinen unwissenden Verleumdern recht geben. Menschlich gesehen, bleibt es eine Verleumdung, die meine frommen Kollegen mir angetan haben.

Gerne lassen wir Franken uns, als die preußischen aller Bayern bezeichnen, denn Fleiß, Disziplin, Ehrlichkeit und Selbstbeherrschung, sind Tugenden, die bei vielen von uns etwas gelten und deren Fehlen einer Gemeinschaft großen Schaden antun kann, ganz zu schweigen vom Schaden am Glauben.

Lied für Herta

an einem verregneten Sommertag
Die Bäume, die kleinen Wurzelchen,
die Schreckarme,

die vielen nassen Köpfchen,
die Stämme, die Wurzeltröpfchen,
die Blätternestchen die Blütenästchen,
sind versammelt.
Alle Wiesenwinde haben gelacht
eh' der Wald sie verschluckt hat.
An den Roggenwegen wo wir gingen
blaue Lachen lagen auf den Abendstegen,
wo die schweren Wolken
in den Gräsern hingen
und die kleinen grünen roten Steine
sich im Sand verfingen
durch viel gelbes Wasser,
weißes Wasser,
Gluckerwasser.
Schau, die Ginsterbüsche,
die den Wald beweinen,
der so grau verschleiert
in den Nebelnetzen –
stumme Trauer hegt er
oft Gedankenfetzen
zarter Vogelspuren.
Kleine Wurzelmännchen,
Perlenstimmen,
Glitzerspiele
suchen Kuscheleckchen
in dem leisen Fallen
nasser Fluren.

Sommerfahrt mit der roten Horex

Mein Studienkollege Jost hatte plötzlich eine Horex Regina abzugeben. Sie stand bei seinen Eltern in Feldkirchen, war aber nicht mehr zugelassen, weil das Licht nicht ging. Sie sollte wenig kosten. Wie ich nach München gekommen bin, weiß ich nicht, aber die verbotene Überführung von Feldkirchen bei München bis Neuendettelsau ist mir in bester Erinnerung.

Erst, als es dunkel geworden war, fahre ich los. Doch schon in der Holledau meldet sich der Schlaf. Ich stelle die Maschine ab, krieche einen Moränenhügel hinauf und legte mich hin. Als ich aufwache ist kein Verkehr mehr auf der Autobahn, die den Großteil meiner Strecke ausmacht. Zum Glück habe ich eine Vollmondnacht erwischt und komme gut voran. Doch auf den Landstraßen, wo es durch dunkle Wälder geht, wird die Fahrt schwierig. Die größte Unsicherheit habe ich entlang der fränkischen Rezat zwischen Wassermungenau und Windsbach. Hohe Pappeln werfen so scharfe Schatten, dass meine Augen vom hellen Mondlicht geblendet, beim Eintauchen in die Schatten sekundenlang nicht erkennen können, wo zwischen Graben und Fluss die Straße läuft. Oft muss ich anhalten. Doch im Morgengrauen kann ich meine neue Horex unversehrt im Hof des Missionshauses abstellen.

Natürlich habe ich die Horex (wie später meine NSU Max auch) mit leuchtendem Rot lackiert. Mit ihrem Donnerton konnte man schon einmal die allabendlichen Kirchgängerinnen im frommen Neuendettelsau erschrecken.

Noch war meine Verbindung zu den Freunden im CVJM Gibitzenhof in Nürnberg eng. Meine Freundin Ursel, die ich von daher kannte, hat eine Anstellung in der Schweiz angenommen. Noch in Stuttgart habe ich ihr Antlitz - aus dem Gedächtnis - in Ton modelliert (hängt heute in Sülzfeld, weil ich sie nicht mehr finden kann und die Schweizer Behörden sich taub stellen).

In einem heißen Sommer, nachdem ich beim Tiefbau etwas Geld verdient habe, packe ich mein Motorrad und fahre in die Schweiz, um Ursel zu besuchen. Sie konnte sich frei nehmen und wir fahren nach Grindelwald zu Füßen von Eiger, Jungfrau und Mönch. Da stehen wir an diesem hellen Sommertag inmitten einer festlich strahlenden Bergwelt und wissen nicht wohin mit uns. Endlich finden wir ein lauschiges Plätzchen neben einem Bachgrund. Ich bin kein Mönch - und sie noch Jungfrau - und dabei blieb es, auch am andern Morgen, als sie mich in meinem kleinen Zelt besuchte, um mir meinen Koffer zu bringen. Ich musste ihn nur noch festzurren, Zeltsack und Cornett oben drauf - und dann Abschied genommen!

Ich konnte nicht wissen, dass wir uns nie wieder sehen werden. Wohlgemut passierte ich die verzwickte Grenze zwischen Schweiz und Deutschland, bis es doch hieß: „Halt, Grenzkontrolle!" Die deutschen Grenzpolizisten stoppten und filzten mich so gründlich, als wäre ihnen ein gefährlicher Schmuggler ins Netz gegangen. Einer hielt mein Cornett gegen die Sonne, ob darin etwas versteckt sei. Allerdings im Koffer werden sie fündig.

Ich muss zusehen, wie ein Päckchen nach dem anderen ans Licht kommt. Zum Glück stehen Namen darauf: „Für Mutti", „Für Gundi", „Für Tante und Onkel", „Für Werner" - „das bin ich" rufe ich „da sehen sie, ich weiß nichts von diesen Geschenken. Ich habe den Koffer nicht gepackt. Ich weiß nicht, was meine Freundin alles hinein getan hat." Sie ziehen sich zur Beratung zurück, telefonieren mit Neuendettelsau. Dann rufen sie mich in ihr Wachhäuschen: „Na ja, sie studieren Theologie, wollen Pfarrer werden, da wollen wir von einer Bestrafung einmal absehen, denn vorbestraft, bekämen sie Schwierigkeiten. Sie dürfen weiter fahren."

Und ob ich fahre - den Rhein entlang bei herrlichem Sonnenschein bis Mannheim. Dort möchte ich eine Bekanntschaft vom letzten Kirchentag besuchen. Jetzt erst merke ich, dass ich die Adresse zuhause vergessen habe. Ich weiß nur noch ihren Namen, sie hieß Helga Wagner.

Es war in München, beim Evangelischen Kirchentag 1959, als mich die Mannheimerin ansprach, weil ich ein schwarzes Trachtenhütchen mit grüner Hahnenfeder auf dem Kopf hatte und sie mich für einen Bayern hielt. „Nein, nein, ich bin Franke" sagte ich. Trotzdem haben wir die Tage dort miteinander verbracht. Wo sie mit ihrem Kirchenchor singen musste, ging ich mit und wo ich mit dem Muschelchor blasen musste, ging auch sie mit. Wir übernachteten bei einer Freundin von ihr in Obermenzing und irgendwo in München fand ich den besten Schweine-Krustenbraten meines Lebens. -

Aber, wie soll ich sie jetzt finden, in der großen Stadt Mannheim?

Aha, da ist ein stattliches Gebäude, steht „Einwohneramt" darauf. Davor halte ich und marschiere hinein. Das Amt hat schon Feierabend, nur ein Polizist ist noch da. Ich sage ihm mein Anliegen und erzähle ihm, dass mein Vater auch bei der Polizei ist. Er ist freundlich und macht eine Ausnahme. Er führt mich durch lange Korridore bis zum Buchstaben W. Aber, o weh, es gibt gleich fünf Helga Wagner in Mannheim. - Ob ich nichts Näheres über sie wüsste? Eigentlich nicht. Doch mir fällt mir ein, dass sie gesagt hat, ihre Mutter stammt aus Stuttgart-Gablenberg. Dort habe ich ein Jahr lang gewohnt. Nehmen wir die. So komme ich sehr unbürokratisch doch wieder zu ihrer Adresse. Schnell ist die Gartenfeldstraße gefunden. Ihr Bruder ist auch da. Sie schlägt vor, dass wir am Abend nach Heidelberg fahren. Darauf freue ich mich. Über schmale Sträßchen, durch einsame Apfelalleen tuckern wir dahin. Es war ein wundersam milder Sommerabend. Wir kehren ein, wo es ihr gefällt. Mir schmeckt der Wein und der Mann am Klavier gestattet mir, mit meinem Cornett ein paar Evergreens „Wenn der weiße Flieder, wieder blüht..." u. a. mit seiner Begleitung, zum Besten zu geben.

Als ich aufsehe, ist meine Mannheimerin intensiv mit ihrem Tischnachbarn im Gespräch und sie fußelt mit ihm unterm Tisch. Ich nehme an, die beiden kennen sich, sonst wäre sie eine sehr lockere Person. Den Wein spüre ich erst richtig, als wir in die laue Sommernacht hinaustreten. So voller Wein will ich nicht auf's Motorrad. Unten auf dem rot gepflasterten Ufer des Neckar - wo die Steine noch etwas Wärme von der Tagessonne abgeben - schlafe ich ein. Sie muss wohl die ganze Zeit daneben gesessen haben.

Erst danach fahren wir zurück nach Mannheim. Wir sitzen noch etwas auf einer Bank und blicken auf die Lichter im Fluss. In einem schmalen Zimmerchen kann ich mich ausschlafen.

Der Abschied am Morgen fällt mir nicht schwer. Zeitig reise ich ab, den Neckar entlang, grüße die Lastschiffe, die ich überhole mit Hupe und Hand und bin völlig unbeschwert. Doch plötzlich, ohne das geringste Vorzeichen einer Schwäche, macht mein Motörchen „klick" - und ich weiß, das war das Herz. Schon in der Schweiz hatte ich Probleme mit der Ölpumpe - die teure Reparatur dort ist wohl keine Schweizer Präzisionsarbeit gewesen, oddr?

Also, absitzen und schieben. In meinem schwarzen Lederzeug komme ich schnell ins Schwitzen und die Schiffer auf den Lastkähnen, die jetzt mich überholen, tuten und lachen herüber aus reinster Schadenfreude.

O Wunder, ich bin ganz nahe bei Neckar Steinach. Mit letzter Kraft, schaffe ich cm für cm die kleine Steigung zum Bahnhof hinauf. Bald kommt ein Zug und mein Geld reicht für die Fahrt samt Horex bis Nürnberg für nur 44,- DM. (Das war noch eine menschenfreundliche Bundesbahn!). Ich habe sogar 1,20 DM übrig; dafür kaufe ich mir beim Aufenthalt in Würzburg eine Tafel Ritter-Sport-Schokolade und zwei Brötchen als Mittagessen. Leitungswasser gibt es kostenlos in den Toiletten.

In Nürnberg schiebe ich das schwere Motorrad in die nächste Reparaturwerkstatt. Als ich ohne Maschine zuhause ankomme, meint mein Vater: „Ist doch ein schönes Motorrad und noch nicht alt. Wir wollen es reparieren lassen." Ich danke ihm sehr und kann dem Mechaniker grünes Licht geben für die Reparatur meiner roten Horex.

Das erste und das andere Kätzchen

Ich liege im Bett und habe die „Rassel", wie meine Eltern mein frühkindliches Asthma nennen. Ich möchte schlafen, werde aber immer wieder aufgeschreckt von einem kleinen Kätzchen. Das findet meine „Rassel" so aufregend, dass es mich belauert und geduckt anschleicht, bis es mir blitzschnell auf Hals und Mund springt. Dabei bekomme ich auch ein paar kleine Kratzer ab, die mich fürchterlich brennen.

Mein Vater hat mir das Kätzchen gebracht. Er liebt Tiere. Leider bekommt mir der kleine Wildfang gar nicht. Ich kriege geschwollene Augen davon, der Doktor sagt: Ich habe eine Katzenallergie. Meine Mutter verlangt deshalb energisch:"Die Katze muss aus dem Haus!"

Mein Vater ist enttäuscht und ich bin hin- und hergerissen zwischen Mitgefühl mit meinem Vater und der Hoffnung, von dem kleinen Wildfang befreit zu werden. Schließlich hat mein Vater das Kätzchen weggebracht, wohin? Ich habe ihn nicht gefragt.

Viele Jahre sind vergangen. Ich bin kein Kind mehr. Meine Freundin Traudl und ich sind mit dem Fahrrad beim Sonntagsausflug in unserer geliebten Fränkischen Schweiz. Mitten im Grünen hören wir ein dünnes Stimmchen jämmerlich schreien. Wir finden ein junges Kätzchen, es hat verklebte Augen und ist offensichtlich krank, womöglich wurde es ausgesetzt?

Irgendwie nehmen wir es mit zu mir nach Haus. Traudl reist in den nächsten Tagen nach Schweden, wo sie eine Stelle als Kindermädchen annimmt. Das Kätzchen ist sehr krank, es macht nachts ins Haus und mein Vater putzt das morgens auf. Meine Mutter ist ungehalten, sie besteht darauf: Ich soll das kranke Tier wegschaffen, noch bevor die Sommerferien zu Ende sind. Sie zwingt mich richtig dazu.

Mir fällt nichts ein, wo und wie ich das kranke Tierchen beseitigen könnte. Schweren Herzens nehme ich es auf den Arm und gehe damit in den Wald. Nicht dorthin, wo er schön ist, wo es mir gefällt, wo sich zwischen hohen Bäumen ein kleines Bächlein schlängelt mit einem lieblich bewachsenen Ufer.

An diesem trüben, nassen Septembertag finde ich in einem elenden, graslosen Wäldchen von schwächlichen Kiefern eine Mulde. Dort lege ich das schwache Wesen auf einen der grobkörnigen Sandsteinbrocken. Noch überlege ich - aber was? Dann handle ich wie automatisch, greife nach einem Stein, denke nur noch: Triff sicher! - und zerschmettere das kleine Köpfchen Stein auf

Stein. Mit einem Aststück grabe ich eine Vertiefung und schiebe das schlaffe Körperchen hinein, scharre Erde und tote Nadeln darüber und lege den großen Stein darauf. Unsicher zwischen Erleichterung und Scham schleiche ich mich davon. Doch mir dämmert etwas Unheimliches: Soeben hast du Töten gelernt.

Im Brief berichte ich meiner Freundin nach Schweden, was geschehen ist. Sie hat weinen müssen, als sie es las, schrieb sie mir als Antwort.

Nach wie vor bewundere ich Katzen, obwohl ich von ihrem Fell starke allergische Reaktionen bekomme. Dann habe ich beobachtet, wenn sie länger um mich sind, werden meine allergischen Reaktionen weniger. Seit letztem Weihnachten ist wieder ein kleiner, ein eigenwilliger, aber lieber Kater im Haus. Hier auf dem Land ist das kein Problem.

Seltsame Sommerferien

Traudl, meine Freundin, wollte mir und meinem Freund Eberhard mit dessen Freundin, Schweden zeigen.

Von Fürth, wo Traudl zuhause war, fuhren wir los. Eberhard mit seiner 250iger BMW und ich mit meiner NSU-Max, mit gleichem Hubraum von 250 ccm. Doch wir kamen nicht weit - ich hatte meinen Pass vergessen - wir mussten umkehren, um ihn zu holen.

Bald merkte ich, dass unsere Motorräder schlecht harmonieren. Meine NSU-Max zog schnell an und fuhr auf den Landstraßen schneller, als seine BMW. Um das Tempo auszugleichen, fuhr Eberhard schneller durch die Ortschaften. Ich ließ ihn voraus fahren. Bald hatten wir eine brenzlige Situation. Als er einen Lastwagen überholte, winkte er mir, ich solle nach zu kommen. Aber der Lastwagenfahrer gab mir heftige Zeichen mit seinem linken Blinker. Ich verstand - und überholte nicht. Tatsächlich kam uns ein Auto entgegen geschossen - das hat Eberhard nicht gesehen.

Als wir die Frankenhöhe hinunter, durch Ottenhofen rollen, ist Eberhard schon durch den Ort flott voraus. Kurz vor der Ortsausfahrt stehen amerikanische Lastwagen an der Seite. Ich denke, die parken da und taste mich langsam vor. Doch als ich überhole, fährt ein Lastwagen los und fährt mich an. Ich komme ins Schleudern und brauche die ganze linke Fahrbahn, um die Maschine aus zu pendeln. Da taucht ein großer Lastwagen vor mir auf, während mein Motorrad noch nicht steuerbar ist. Was soll ich machen? Ich muss die Maschine hinlegen, bevor es zu einem Zusammenstoß kommt. Ich sage zu Traudl: „Achtung, ich muss die Maschine hinlegen, wir steigen ab!" Ich mache eine Hechtrolle und als ich wieder auf den Beinen stehe, muss ich sehen, dass Traudl unter dem Motorrad liegt.

Ihr rechtes Bein ist vom Sozius-Sitz aufgeschlitzt, sie blutet und das Unterhaut-Fettgewebe tritt gelb hervor. Doch der plötzlich aufgetauchte Lastwagen ist verschwunden (offenbar abgebogen in einen Seitenweg, wie ich später erkenne). Nachbarn kommen uns zu Hilfe, sie ziehen das Motorrad in ihren Hof und helfen mir, Traudl von der Fahrbahn zu bringen. Ich muss ihr Bein abbinden, damit sie nicht verblutet.

Eberhard ist umgekehrt, aber er kann uns nicht helfen. „Fahrt ihr nur weiter - unsere Schweden-Fahrt ist hier zu ende." Sage ich zu ihm. - Die Nachbarn haben das

Krankenhaus in Bad Windsheim angerufen, doch sie erhielten schlechte Nachricht: Der diensthabende Arzt ist gerade in einer schwierigen Operation an einer Kinderhand, er kann so schnell nicht kommen. Und die Sanitäter? Fast zwei Stunden muss Traudl in der Mittagshitze auf der Straße liegen, bis Hilfe kommt. Schon bestand die Gefahr, dass das Bein abgenommen werden müsste.

Die Nachbarsleute stellen das Motorrad bei sich ein. Die Sanitäter nehmen mich mit nach Bad Windsheim, ich will Traudl nicht allein lassen. Im Alumnat, dem Gymnasium in Bad Windsheim, kann ich mich, als Hausmeister für die Ferien verdingen, bekomme ein Dachzimmer und darf die Küche benützen. So kann ich Traudl täglich über (eine Hintertreppe) besuchen und etwas aufmuntern. Mit mir wohnt noch ein junger Vikar im leeren Haus. Aber der ist komisch, er behandelt mich von oben herab und lässt sich von mir bedienen. Er ist so einer, der ohne den Kopf zu drehen, mich nur mit den Augen verfolgt und was ich tue - und ob er auch sein Ei kriegt. -

Täglich bringe ich Traudl ein frisch gekochtes Ei zum Frühstück und natürlich halten wir uns auch die Hände. Als sie entlassen wird, schläft sie die erste Nacht bei mir in der Dachkammer und wir sind glücklich.

Dann holen ihre Eltern sie mit deren Auto ab und ich folge ihnen auf dem Motorrad, das ich inzwischen aus Ottenhofen geholt hatte. Bis auf ein leicht verbogenes Pedal fehlte der Maschine nichts, nur am Soziussitz musste ich das eingetrocknete Fett entfernen. Es ist ein trauriger Abgang aus Bad Windsheim, denn meine späteren Schwiegereltern sind ziemlich sauer auf mich. Es war schon kein gutes Omen, dass ich meinen Pass vergessen hatte - wenn wir nur ein Bisschen früher durch Ottenhofen gekommen wären, wäre uns das nicht passiert, wenn, wenn - das hilft nichts im Nachhinein.

Statt mit Hurra in Schweden einzufahren, fahren wir nun nach Fürth zurück und sind froh, dass wir froh sein können. Wir verbringen noch ruhige Ferientage und bald auch mit kleinen Fahrradausflügen.

Bei der Polizei sagt man mir: die Amerikaner kennen grundsätzlich keine Schuld an, sie sind die Besatzungsmacht. - Dann aber, haben sie Traudl ein sehr hohes Schmerzensgeld gezahlt, von dem wir in den nächsten Sommerferien auf große Reise gehen konnten (nach zu lesen in: „Zum ersten Mal am Meer").

Als ich wieder in Neuendettelsau bin, nimmt mich der Edi Haller, mein Lehrer für Hebräisch und Altes Testament zur die Seite und sagt: „Uns ist zu Ohren gekommen, sie hätten sich in Bad Windsheim ziemlich verheiratet benommen. Was war denn da?"

Ich muss an den miesen Vikar denken, ob der mich denunziert hat, oder jemand anders aus dem Krankenhaus? - So war das früher „in der Kirche" und hoffentlich nur früher.

Höhlenforscher

Ein Wochenende im Frühling - wie könnten wir es besser begehen, als uns auf die rote NSU Max zu schwingen und uns in die Traumlandschaft „Vor unserer Haustür" tragen zu lassen, in die Fränkische Schweiz?!

Genauer gesagt, es soll diesmal hinter Hersbruck, ins obere Hirschbachtal gehen, nach München. - Nein, nicht die bayerische Landeshauptstadt. Unser München hat höchstens fünf Häuser und liegt bereits in der Oberpfalz. Ich kann das mit einem Foto beweisen, wo auf goldenem Misthaufen ein Gockel kräht und darüber das Ortsschild von München am weiß blauen Himmel prangt.

Wir haben uns in einem kleinen Gasthof in der Nähe, sehr einfach und preiswert einquartiert und rüsten uns unverzüglich für unseren Höhlengang. Dafür habe ich aus zersägten Besenstielen mit Wäscheseil eine über 10 Meter lange Strickleiter vorbereitet. Aufgerollt passt sie in eine große Einkaufstasche. So gehen wir zu Fuß unsere Höhle an. Der strahlend sonnige Frühlingstag ist eigentlich zu schade, um ihn unter der Erde zu verbringen, doch wir wollen da hinunter, um diese verborgene Welt zu erkunden. Ich befestige die Strickleiter sicher an einem Felskopf und noch dazu an einem Baum und lasse sie in die Tiefe fallen. Den Rucksack auf dem Rücken taste ich mich in den eng zerklüfteten, senkrechten Einstieg. Nach etwa drei Metern öffnet sich dieser Kamin in einen weiten Trichter, dessen Ränder und Boden ich nicht überschauen kann. Ich hänge frei im Raum an meiner Strickleiter - und sie hält.

Am Höhlenboden angekommen, rufe ich Traudl. Sie kann jetzt nachkommen, hier unten ist alles eben und viel altes Laub. Nach anfänglichen Schwierigkeiten mit der Strickleiter (wenn man da mit den Beinen nicht nach hinten herumgreift, hängt man plötzlich waagrecht in der Luft - fragt sich wie lange?), kommt auch sie gut herunter. Sofort holen wir unsere Taschenlampen heraus und besehen staunend den großen runden Raum. Am Boden können wir nichts auffälliges erkennen. Wir suchen, ob die Höhle Seitenausgänge hätte, können aber nichts dergleichen finden. Nur an einer Stelle am Rand sieht es aus wie frischer Sand. Ich bücke mich und spüre einen leichten Luftzug - „hier geht es weiter" rufe ich und beginne sofort zu buddeln. Zu zweit kommen wir schnell tiefer, um bald zu merken, der Fels vor uns geht nicht weg. Wenn wir dem Luftzug folgen wollen, müssen wir darunter hindurch. Starkes Werkzeug haben wir nicht dabei. So nehmen wir scharfe Kalkbrocken, kratzen und räumen, teils mit bloßen Händen Sand und Kies heraus.

Mehrmals nehme ich Maß - immer noch zu eng. Schließlich gelingt es mir, mit dem Kopf voraus, auf dem Rücken liegend, den Fels auf dem Bauch, mich zentimeterweise hindurch zu zwängen. Seltsame Ängste gehen mir dabei durch den Kopf. Traudl reicht mir die Taschenlampe nach, dann schafft sie selbst den Durchschlupf.

Das ist sie also: „unsere Höhle", nie zuvor ist ein Mensch hier gewesen. Wir sind die ersten Menschen, die diesen kleinen Raum betreten!

Er ist weniger als bescheiden, nur ein kurzer, sich nach oben sich verengender Schacht mit leicht ansteigendem Sandboden. Immerhin finden wir den verkalkten, halben Unterkiefer eines kleinen Raubtieres. Kaum, dass wir stehen können, liegend hätten wir hier keinen Platz - nein, wir dürfen es uns hier nicht gemütlich machen. Wir müssen an unseren Rückzug denken. Der wird schwierig genug.

Unsere paar mitgebrachten Bissen sind längst gegessen. Hungrig, fröstelnd und müde stehen wir vor unserer Strickleiter. Traudl steigt zuerst. Es geht ihr gut bis dorthin, wo es eng wird. Da kommt sie nicht mehr weiter. Es hilft kein Zureden. Plötzlich kommt sie in jene waagrechte Lage und mit einem kleinen Schrei landet sie, plumps, neben mir. -

Sie war kurz weg, wacht aber sofort wieder auf. Ich frage, wo ihr was weh täte, aber sie hat nur eine kleine Platzwunde am Kopf - nichts ist gebrochen. Zu unserem Glück hat das viele, alte Laub sie vor Schlimmerem bewahrt - und zum Glück habe ich erst vor kurzem einen Kurs für Erste Hilfe absolviert. So kann ich ihr einen fachgerechten Kopfverband anlegen.

Natürlich kriecht uns nach und nach der Ernst unserer Situation ins Bewusstsein: Wenn wir uns nicht aus eigener Kraft befreien - auf fremde Hilfe können wir nicht warten. Auch rufen hätte in dieser einsamen Gegend keinen Sinn. Im Gasthaus hatten wir niemandem Bescheid gesagt, ein großer Fehler! Hier unten könnten wir verschimmeln oder ähnliches.

Selbstverständlich hat Traudl große Angst, weil sie noch einmal da hinauf muss. Ich biete alle Überredungskünste auf, um ihr klar zu machen, dass sie das kann. Erkläre ihr, was sie tun muss, damit sich die Leiter nicht wieder waagrecht stellt. Wir müssen hinauf!

Ich werde dicht hinter ihr steigen und sie stützen. Endlich fasst sie Mut und wir beginnen zu klettern. Sprosse für Sprosse steigen wir höher. Doch beim Einstieg in den Kamin, stockt sie. Ich kann schieben, doch bald bleibt sie wieder stecken, es ist keine Kraft mehr in ihr. Ich schiebe und drücke - endlich ist sie durch. Aber plötzlich, was ist das? Meine Hände können die Sprossen nicht mehr halten, meine Finger gehen, wie von selbst wieder auf. Um nicht abzustürzen, schlinge ich meinen ganzen Unterarm um die Sprossen. Nun komme ich an die enge Stelle. Auch mein Rucksack klemmt und meine Übermüdung droht, mir den Griff mit den Ellenbogen zu lösen. Traudl hat es inzwischen bis nach Draußen geschafft, wenigsten sie. Doch ich bin am Ende meiner

Kräfte. Mir bleibt nur noch, den ganzen Arm bis in die Achsel über die Sprossen zu hängen, um nicht zu stürzen. Zuletzt bin ich doch noch hinauf gekommen über diese feuchten, glitschigen Steine, und hinaus in die warme Nacht.

Hurra, wir leben! Wir haben uns selbst befreit. - Wir waren tief bewegt. Es gilt nur noch, die Strickleiter zu bergen und bei völliger Dunkelheit den Weg zurück ins Dorf in die kleine Wirtschaft zu finden. Für den „weißen Turban" haben wir dann für die Wirtsleute und die wenigen späten Gäste leicht eine Erklärung gefunden, doch „unsere Höhle" haben wir nicht verraten. Mit Schwarzbrot, rotem und weißem Presssack und einem Bier, kommen wir bald wieder zu Kräften.

Die kleinen Fenster weit in die Frühlingsnacht geöffnet, dringen entfernt frische, fränkische Tanzweisen zu uns herein - im Nachbardorf ist Kerwa.

Für uns sind es liebliche, unvergessliche Schlaflieder.

Zum ersten Mal am Meer

Eine Motorradreise mit Anhänger im Jahr 1963

Gestatten Sie, lieber Leser, dass ich die technische Zuverlässigkeit meiner feuerroten, selbst lackierten, NSU Max, voranstelle. Ohne ihr unermüdliches Brummeln, mit nur 17 PS aus 250 ccm Hubraum, wären wir - das sind Gertraud, meine spätere Frau und ich - im Sommer 1963 nicht in den sonnigen Süden und wieder heil zurück gekommen.

Noch ein anderes Gerät soll lobend erwähnt werden: Unser zweiter Zweirad-Anhänger! Sein Vorgänger, ein roter Einrädriger, hatte sich ohne Vorwarnung auf der Autobahn gedreht und quer gelegt. Er hätte uns beinahe umgebracht und war nicht mehr zu gebrauchen. Den neuen zweirädrigen mussten wir in Ingolstadt kaufen. Er war zwar nur grau, aber dafür sicher. Dieser Wechsel kostete uns zwei Tage und eine Nacht Zeit und viel von unserm Reisegeld.

Ein unerklärliches Finde-Erlebnis soll erwähnt werden. Es war ein heißer Freitag im Juli, kurz bevor die Dienststellen schließen, als wir nach München hineinrollen. Ohne Visa, durfte man damals nicht in den Sozialistischen-Vielvölker-Staat-Jugoslawien. Wo aber war das Jugoslawische Konsulat? Die Zeit drängte. Ich fuhr nach Gefühl links oder rechts und oh Wunder, kurz vor Torschluss standen wir, vor dem Konsulat, bekamen unsere Visa und fuhren unverzüglich gen Austria.

Irgendwo, unterhalb einer kleinen Bergstraße übernachteten wir in den Hohen Tauern. Einmal, beim Durchfahren eines engen Stadttores, zeigten uns Anwohner den Vogel - sie meinten damit hoffentlich nur unser ungewöhnliches Fahrzeug. Aber das war praktisch und wir saßen gut, denn über die damals üblichen, schwarzen Schleudersitze hatten wir dickes Latex gelegt und mit rein weißem Überzugstoff bespannt - Rot und Weiß - die fränkischen Farben!

Die Karawanken, das raue Hirschgebirge, die Grenze zu Slowenien erklomm unser Maschinchen auf geschotterten Wegen über den Loibl Pass (damals weder Asphalt noch Tunnel!). Wenn es sehr steil hoch ging, rutschte schon mal das Hinterrad durch. Drüben mahnte ein eisernes Denkmal an die Gräuel des letzten Krieges.

Bei Nieselwetter fuhren wir durch Laibach, das slowenische Ljubliana, als Fußgänger die Straße überqueren wollten. Sie sahen uns kommen, ich hielt an, um sie vorbei zu lassen. Aber sie blieben auch stehen. Ich fuhr wieder an, doch kurz vor uns liefen sie schnell über die Straße. Ich musste scharf bremsen. Wir rutschten auf dem nassen Pflaster und kamen zu Fall. Als wir uns aufgerappelt hatten, war es totenstill und niemand war zu sehen. Sogar der blecherne Rollo eines Geschäftes wurde quietschend heruntergelassen. Zum Glück blieben wir unverletzt - und unser Gefährt auch.

Nach schier endlosen Kurven auf holprigen Wegen, an lauschigen Bachläufen entlang (dichten Straßenverkehr gab es damals noch nicht), wurde das Klima spürbar wärmer.

Unvergesslich ist mir jener Augenblick, als ich zum ersten Mal in meinem Leben, das Meer sah: Ich hielt an und griff nach der Kamera. Über einer Dorfstraße, gesäumt von lila Bougainvillea und kleinen Palmen, sehe ich, wie eine hellblau blinkende Fläche in den Himmel übergeht - das Meer! Ein tiefes Aufatmen geht durch meinen ganzen Körper. Langsam fahre ich nach Rijeka hinab, um möglichst in jeder Kurve wieder einen Blick aufs Meer zu bekommen.

Unten war ein großer, leerer Platz von Kasernen artigen Gebäuden umstellt, als Zeltplatz ausgewiesen. Geradeaus lag ein Hafenbecken, schwarzes stinkendes Wasser, voll alter Schiffe und rostigem Alteisen. Hier baden? Undenkbar!

Wir bauen gerade unser primitives Zweimann-Zelt auf, als sich am düsteren linken Haus eine Tür öffnet. Nach kurzer Zeit steigt leichter Rauch auf - bald weht eine liebliche Prise von frisch gegrilltem Fleisch zu uns herüber. Schon war eine kleine Menschengruppe angelockt und ich stelle mich zu ihnen. So bekommen wir die ersten Cevapcici unseres Lebens, gelbes Maisbrot und eine Flasche kroatischen Rotwein dazu.

Kaum ist unser Festmahl beendet, weht ein anderer Wind. Einer, den wir noch nicht kennen. Schnell ist die Luft voll Staub, die Platanen rauschen und alle Menschen sind verschwunden. Ob die Zelthaken im trockenen Boden dem Zug standhalten? Ich krame nach einem kräftigen Nagel und schlage ihn mit dem Beilrücken in das Kielholz eines hinter uns abgelegten Bootes. So hält unser Zelt in dieser ersten Nacht in Kroatien, in unserer ersten Bora, dem gefürchteten typischen Fallwind dieser Küsten.

Am Tag danach wurde es richtig südländisch: wir fuhren in den Karst, diese oft nur zweifarbige Mondlandschaft aus Weiß und Blau - ich kann mich nicht satt sehen daran - und noch tausend Kilometer Küstenstraße liegen vor uns!

Es ist wunderbar. Wir schwelgen in Natur und gehen allen größeren Städten aus dem Weg. Nur für Trogir, nehmen wir uns Zeit, genießen die Kühle in der alt- ehrwürdigen Kathedrale und den Geschmack jenes mit Rotwein gewürzten Salates, den wir im Schatten der hohen Stadtmauer, erstmals zu essen bekommen.

Nach Split hinüber gelangen wir über eine Fähre. Mit angezogener Handbremse muss ich auf dem Motorrad sitzen bleiben. Dann finden wir dieses Rogósniza.

In einer glasklaren Bucht liegt der alte Seeräuberort, weiß auf blau mit etwas grün, einzig über einen schmalen steinigen Damm zu erreichen. Gegenüber am sandigen Strand, wo nur zwei Kiefern etwas Schatten bieten, an einem Meer, das so kristallklar ist, dass wir uns fürchten, weit hinaus zu schwimmen, zelten wir wild. Einen schöneren Platz haben wir noch nicht gesehen. Hier wollen wir länger bleiben.

Den schmalen Damm aus groben Steinen, so sagt man, mussten die Bewohner zu Strafe für ihre Seeräuberei selber bauen. Befahren kann man ihn nicht. Um Lebensmittel einzukaufen stolpern wir zu Fuß in das winzige Städtchen. Am Morgen erklingt aus einem offenem Fenster der Gesang einer Frau. Wir sehen sie nicht, ihr Lied aber geht uns durch und durch. Eine klagende, leicht tremolierende Melodie voll Klarheit und Kraft. Ich konnte sie nicht behalten. Sie bleibt mir eine Sehnsucht.

Zu unserem Lagerplatz zurück gekehrt, haben wir Nachbarn bekommen, ein Professor aus Belgrad mit seiner Gattin, der etwas Deutsch spricht. Das sollte schon bald unser Glück sein. Graue Kriegsschiffe liegen in der Nachbarbucht, sie interessieren uns nicht. Doch eines Tages stehen bewaffnete Uniformierte vor unserem Zelt, das wir mit unserm unvermeidlichen schwarzen Regenschirm gegen die Mittagshitze etwas abgedeckt haben und wollen uns vertreiben. Aber der Professor bürgt für unsere politische Unschuld. - Ein andermal erschreckt uns das Geschrei einer alten, schwarz gekleideten Frau. Sie läuft aufgeregt am Strand hin und her, deutet auf den Boden und lamentiert lauthals gegen uns gewandt mit hoch gestreckten, dürren Armen. Wir können sie nicht verstehen. Wieder kommt uns der Professor zu Hilfe und versucht sie zu beruhigen. Zu uns sagt er, sie habe früher hier gewohnt und Schreckliches hier erleben müssen, was, sagte er uns nicht.

Eines Abends wird es besonders laut am Strand. Drei Frauen treiben ihre Schafe zum Wasser. Wir erkennen bald wozu. Dort liegt ein flacher Fels am Ufer. Eine Frau schleppt ein Schaf herbei. Eine zweite steht oben, packt das Schaf an allen vier Füßen und taucht es rücklings ins Meer. Während eine Dritte im Wasser steht, um die gewaltsame Wäsche zu Ende zu führen. Das ist Schwerstarbeit für die drei Frauen, bis die Tiere sich schüttelnd und prustend wieder aufs Trockene rennen.

Auch ich muss mich einer gründlichen Reinigung unterziehen, aber mehr innerer Art. Die mehrtägige Fahrt entlang der Küstenstraße, mit Sonne, Wind und Meersalz, hat in meinen Atemwegen einen Katarrh ausgelöst, wie ich ihn noch nie hatte. Ich wusste vorher nicht, wie viel Schleim in meiner Brust sein kann. Doch bald ging es mir besser und wir verließen Rogosniza mit heißen Schwüren, wieder zu kommen, doch - (Gehen Sie nicht hin! Heute ist dort alles anders. Der Damm ist zweispurig asphaltiert und mit Neonleuchten verunstaltet, die Küste ist mit Zement verbaut und das Wasser ist trüb).

Auf frisch gelegtem Asphalt kommen wir bis Omis. Dort führte die Straße im rechten Winkel um das Hafenbecken. Ich nehme die Kurve etwas zu schnell. Rums kippt unser Anhänger um und schleift seitlich über die Straße. Ich muss anhalten und wir richten den Anhänger wieder auf, klauben die herausgefallenen Sachen zusammen und schieben ihn in den Schatten naher Bäume. Dort sitzt ein älterer Mann auf einem Stuhl vor der Feuerwehrstation und wippt mit dem Fuß. Wir gehen auf ihn zu, um irgendwie Hilfe zu bekommen. Schweißarbeiten wären nötig. Mit verschlossenem Gesicht hört er uns zu, gibt jedoch keine Antwort. Wir lassen nicht locker. Längst muss er begriffen haben, was wir brauchen, sagt aber kein Wort.

Wir sind ratlos. Nach längerer Zeit erhebt er sich ruckartig und winkt uns, mit zu kommen. Wir dürfen den defekten Anhänger in die geräumige Werkstatt der Feuerwehr von Omis schieben. Schweigend arbeitet der Mann, biegt, schneidet zu und schweißt. Ich gehe ihm zur Hand, so gut ich kann. Als er fertig ist, fragen wir, was wir ihm schuldig sind. Stumm winkt er ab. Die Kupplung passt.

Wir freuen uns riesig. Plötzlich, beim Verabschieden sagt er zögernd, doch in überraschend klarem Deutsch: Er habe sich geschworen, in seinem Leben nie mehr Deutsch zu sprechen, nach den Gräueln, die die Deutschen ihm und seinen Leuten angetan haben. - Bewegt hören wir ihm zu. Wir verabschieden uns mit Tränen in den Augen. Heute, nach langen Jahren der Verbitterung, hat er erstmals wieder Deutsch gesprochen! Wir winken uns noch, solange es geht.

Doch das angenehme, lautlose Gleiten auf frischem Asphalt war in Omis schlagartig zu Ende. Wir wurden auf schmale Schotterstraßen in unzähligen Schleifen hoch ins Gebirge geführt. Öfters hielten wir an, nur um die herrlichen Aussichten über weißen Fels, in dass tief unter uns liegende dunkelblaue Meer, zu bestaunen und zu fotografieren.

Da konnten wir noch nicht wissen, welche Schwierigkeiten uns die alten, schmalen Bergstraßen noch bringen werden. - Wenn es nur immer auf Schotter gegangen wäre! Nein, über blanken, tief gefurchten Fels mussten wir, wo der Schotter längst herausgefahren und ausgewaschen war. Bestenfalls lag er noch am Straßenrand. Nur wehe, wenn ich mit dem Vorderrad, oder rechtem Hinterrad des Anhängers, hinein geraten wäre! Wir wären ausgerutscht und in die Tiefe gestürzt, wo uns niemand je gefunden hätte. Links Fels, rechts Abgrund, so waren die Straßen - (Leitplanken? Oh, wir Sicherheit fanatische Neudeutschen!) -

Busse und Lastwagen rasten auf uns zu, oft wusste ich nicht, wohin ausweichen? Am Abend schmerzten mich die Kiefer - vom Zusammenbeißen der Zähne in den vielen gefährlichen Situationen. Einen ganzen Tag lang konnten wir nur im ersten Gang fahren - ohne dass sich unser Motor überhitzt hätte – oft denke lobend an die Leute in Neckarsulm, die unsere NSU-Max gebaut haben.

Als es dunkel wird, befinden wir uns auf einer steinigen Hochfläche. Wir müssen einen Schlafplatz finden. Aber da ist nichts als Straße und Steine. Endlich ist es möglich, etwas ins Gelände zu fahren und wir beschließen, erstmals ohne Zelt, nur im Schlafsack, zu nächtigen. Uns ist unheimlich. Wir waren schon am Einschlafen, als Motorenlärm und lautes Sprechen von der Straße her uns wieder aufschrecken. Werkzeug-Geklapper ist zu hören. Ein Lastzug ist in nächster Nähe liegen geblieben. Wir halten uns still und hoffen, nicht entdeckt zu werden. Als wir morgens erwachen, ist der Lastzug fahrbereit - und unsere Angst von gestern Abend war wahrscheinlich unbegründet.

Wieder müssen wir auf den Schotter – nur nicht noch einmal einen ganzen Tag im ersten Gang! Nein, bald haben wir zur Abwechslung: einen Plattfuß im rechten Reifen des Anhängers. Die Straße läuft abwärts. Vorsichtig rollen wir hinunter und siehe da, welch ein Glück! Da steht ein großer Brunnen, wie für uns bestellt - denn ohne viel Wasser lässt sich ein Loch im Schlauch kaum finden. Und wo kommen plötzlich die vielen Menschen her? Wir denken immer, wir fahren alleine durchs Land. Zuerst wagen sich die Kinder vor. Und während ich mit der Reparatur beschäftigt bin, probieren sie ihre Deutschkenntnisse an uns aus. Wöchentlich haben sie eine Stunde Deutsch, sagen sie. Wir sind erstaunt - wir lernen kein Serbokroatisch.

Dann geschieht uns etwas Unvergessliches. Den Blicken der Kinder folgend sehe ich, in junges Mädchen die

Straße heraufkommen. Mit stolzem Gang trägt sie eine große Schale freihändig auf ihrem Kopf. Es ist ein flacher Korb voller Früchte. Natürlich, wir sind hier an der Schwelle zum Orient. - Dann aber geschieht das Urtümliche: Das junge Mädchen geht direkt auf uns zu. Sie stellt den Korb vor uns auf die oberste Stufe des Brunnens. Sie verneigt sich und gibt uns zu verstehen: Diese Früchte sind für euch! - Wir sind sprachlos. Als ich nach dem Geldbeutel greifen will, wehrt sie mit beiden Händen ab, führt mit eindeutiger Geste die Hand zum Mund und fordert uns auf, zu zugreifen. „Geschenk" sagt sie, für uns, die Fremden mit der Reifenpanne, in ihrem Dorf, an ihrem schönen Brunnen.

Wir wissen nicht, wie uns geschieht. Wir erleben eine archaische Gastfreundschaft, die wir nicht mehr kennen. Noch zögernd probieren wir. Im Korb sind Feigen, Weintrauben, Zitronen, Pfirsiche, Tomaten und viele andere Früchte. Wir bieten den umstehenden Kindern an. Doch sie wehren heftig ab. Das ist nur für uns! Wir fühlen uns wie beschenkte Götter. - (Wenn ich heute an dieses zarte Mädchen mit ihrem großen Früchtekorb denke - sicher war sie von ihren Eltern geschickt worden - bin ich erneut gerührt. Ursprünglich wollte ich nur von ihr und dem alten Feuerwehrmann in Omis die Erinnerung wach halten. Doch es wäre noch vieles Erlebte zu erzählen: Wollen Sie sie es hören?)

Die Straße wurde besser. Wir durchqueren jetzt das fruchtbare Tal der Neretva. Als es wieder auf den Abend zugeht, müssen wir uns nach einer Bleibe umsehen. Aber die Straße ist und bleibt nur ein Damm. Links und rechts steht Schilf und Sumpf dahinter, nur gelegentlich kommt ein kleines Dorf. Kein Platz zum Schlafen. Endlich verbreitert sich das Land und wir können etwas von der Straße wegkommen. Es ist schon Dunkel, als wir uns unter den süßen Duft eines Feigenbaumes legen. - Sehr früh, noch vor Sonnenaufgang, erwachen wir durch leises Sprechen und leichtes Getrappel.

Wenige Meter neben uns führt ein Trampelpfad vorbei. Die Leute, von deren Dorf wir am Abend nichts bemerkt haben, laufen zu ihrer Busstation, fahren zu ihrer Arbeit. Niemand belästigt uns, manche lächeln ansteckend. Wir brechen zeitig auf, hoffen, bald ans Meer zu kommen. Immerhin sind wir schon den dritten Tag ungewaschen.

Umso mehr genießen wir ein frisches Bad im kristallklaren Meer, auch wenn wir dazu etwas abwärts klettern müssen. Hier wächst wieder mehr Grün an der Küste, es ist nicht mehr der nackte Karst.

Dann erreichen wir Dubrovnik, das alte Ragusa. Ein Uniformierter hält uns an und prüft unsere Papiere, ist aber freundlich. Wir finden einen sauberen, hoch gelegenen Campingplatz, etwas felsig, aber nahe an der Stadt (heute ist er verbaut).

Wir gehen früh schlafen, um anderntags die viel gelobte, alte Stadt wachen Auges „erobern" zu können. Ein harter Aufschlag mit anschließendem Reifen Quietschen weckt uns jäh. Spätankömmlinge haben ihr Auto auf einen Felsen aufgesetzt. Es sind Deutsche. Wir müssen mit anhören, wie sich Mann und Frau in nächtlicher Stille streiten, sich beschimpfen und gegenseitig Vorwürfe machen. Angewidert, fassen wir den Entschluss, uns niemals so hässlich anzuschreien und zu streiten (was wir, trotz späterer Trennung, auch eingehalten haben).

Das Leben in Dubrovnik hatte für uns einen ungewohnten Tages-Rhythmus. Von zehn bis 17 Uhr ist die Stadt wie ausgestorben, alle Geschäfte haben geschlossen. Und die Touristen? Da waren keine und wenn, dann völlig unauffällig. Hier im Süden waren wir als Deutsche, nach Niederländern, Franzosen und Engländern, die Ausnahme.

Die Einheimischen entfalten ohnehin ihr quirliges, buntes Leben auf der breiten Straße und den großen Plätzen der Stadt erst in der Abenddämmerung. Kinder springen herum und es geht gesittet zu auf dem, von vielen Füßen, in langen Jahrhunderten, glatt poliertem Kalksteinpflaster. Kein Motorfahrzeug darf in die Stadt. Die großen, elegant geführten Kaffeehäuser halten unbekannte Genüsse für uns bereit - und immer stehen volle Gläser mit frischem Wasser kostenlos auf den Theken. Wir werden freundlich angelächelt. Hie und da kommt ein lockeres Gespräch zustande. Hier ist jeden Abend Feststimmung, ohne besondere Inszenierung und lautes Musikgeplärre. Ein angenehm plätscherndes Stimmengewirr herrscht vom großen Wasserbrunnen eingangs bis zum Hafenbecken hinter den Arkaden des Marktes. Wir fühlen uns wohl unter diesen Menschen, in ihrer ehrwürdigen, kunstreichen Stadt. Und wir beschließen, das ursprüngliche Ziel unserer Reise: Das ferne Hellas, gänzlich aufzugeben. Wir fühlen, es kann nicht schöner werden, wenn wir weiter in den Süden fahren, als es hier bereits ist.

Später hören wir von preiswerten Schiffslinien über die Adria nach Italien. Auf diesem Weg wollen wir zurück.

Es war ein kleiner, weißer Dampfer unter italienischer Flagge, bei dem wir um Mitternacht einschifften. Zu unserer Verwunderung fuhr er erst in Richtung Süden, in die Bucht von Kotor. Laut Baedecker soll sie sehr sehenswert sein - und das war sie auch! Als wir im zartem Morgenrot bei sanftem, fotografischen Mischlicht in der Bucht dahintuckern, sehen wir zum ersten Mal in unserem Leben Delphine. Sie halten Abstand zum Schiff, lassen uns aber doch, ihre schwarz glänzenden Rücken sehen und ein paar Luftsprünge dazu, bis sie sich entfernen.

Statt der Delphine fotografiere ich eine freundliche Familie. Wie sich herausstellt, sind es Römer, auf einem Ausflug und sie wollen unbedingt das Photo haben. So tauschen wir unsere Adressen und wenn wir nach Rom kämen, sollten wir sie bestimmt besuchen. Das versprechen wir fest.

Die Überfahrt war dann nicht so angenehm. Einen Tag und eine Nacht lang haben wir voll den Wind gegen uns, der das kleine Schiff zum Schaukelpferdchen werden lässt. Außerdem gibt es nur harte, Rücken verkrümmende Liegestühle und ich werde richtig seekrank.

Nach der Ankunft in Bari, als alle Passagiere schon von Bord sind, hält der Kapitän immer noch einen Reisepass hoch und ruft wiederholt einen mir unverständlichen Namen: "Samman, Samman". Ich fühle mich nicht angesprochen. Bis Traudl auf die Idee kommt, er könnte Sämann meinen. (Als Italiener, der die ä-Strichlein nicht lesen kann, liest er eben „Samman". Seitdem schreibe ich mich wieder, wie noch mein Ururgroßvater sich schrieb, mit ae, um nicht noch einmal zum "Samman" zu werden).

Müde und unausgeschlafen betreten wir Italien. Ein Vespa-Fahrer erkennt unsere Unsicherheit in der großen Stadt und bietet sich als Führer an. Später sitzen wir irgendwo draußen am Straßenrand und hören uns seine Lebensgeschichte an. Dabei erfahren wir über große Spannungen, wie sie zwischen Süd- und Nord-Italienern bestehen, die viel gravierender sind, als die zwischen Bayern und Preußen.

An der flachen Ostküste Italiens, in dieser Armut, wo wir zunächst fahren, fühlen wir uns wie im Film „La strada" mit Antony Quinn und Guilietta Masina. Hier finden wir auch die gleichen fensterlosen, spitz zulaufenden Rundhäuser aus losen Steinplatten aufgeschichtet, wie sie in der französischen Provence vorkommen.

Um bald nach Rom zu gelangen, wollen wir den italienischen Stiefel in kürzester Zeit durchqueren. Einmal fahren ich aus Versehen in das Tor einer ehemaligen Bergfestung hinein - alle Orte liegen dort auf Bergspitzen, in den Tälern wohnt fast niemand - sofort umstellt uns eine Kinderschar mit lautem „Peng, Peng" aus ihren Spielzeug Waffen. - Wie anders waren uns die kroatischen Kinder begegnet! -

Hohe Drahtzäune säumen die Straßen mit drohenden Warn- und Verbotsschildern. Dann war die Sonne wortwörtlich schon „bei Capri ins Meer versunken", als wir hinter Salerno auf die in Felsen gehauene Küstenstraße kommen. Wir müssen dringend nächtigen, denn bei unserer guten Max, die bisher keine Schwierigkeiten gemacht hatte, streikt die Lichtmaschine. Wir fahren fast ohne Licht. Das ist gefährlich, wir könnten übersehen werden. Doch es kommt und kommt keine Stelle, wo wir die Straße verlassen könnten. Endlich zeigt sich ein geräumiger Platz, Steinhaufen und Holzstämme sind hier gelagert. Dahinter ziehen wir uns zurück, ohne das Zelt auf zu bauen. Ein französischer Wohnwagen biegt herein – auch sie wollen hier nächtigen. Sofort verschließen sie ihr Fahrzeug. Wir sind gerade dabei einige Reste zu Abend zu essen, als ein typisch italienisches Dreirad-Wägelchen auf uns zu rattert. Ein kleiner, dunkler Typ steigt aus und fragt, ob er sich zu uns setzen dürfe, er könne nicht mehr weiter, kein Benzin! Wir teilen unsere letzten Kartoffeln mit ihm, die unser bewährter Spirituskocher schnell zum Bruzzeln bringt. Aber zu trinken haben wir nichts, außer lauwarmes Wasser. Hurtig springt er in sein Wägelchen, um „Birra" zu holen und bringt drei Flaschen (das war sein erster Regie-Fehler). Als diese leer getrunken sind und wir noch etwas geradebrecht haben, legen wir uns neben einander schlafen.

Mitten in der Nacht werden wir durch Motorenlärm und lautes Sprechen junger Leute geweckt. Traudl und ich wollen die Köpfe heben, er aber drückt uns nieder, mit der unmissverständlichen Geste der Hand quer über seinen Hals. Wir haben begriffen: Es war lebensgefährlich, in die Hände dieser jugendlichen Bande zu fallen. Wir hören, wie sie um den Wohnwagen streichen. Uns finden sie aber nicht. Ihre Motorräder heulen auf und sie knattern davon. Wir sind sehr erleichtert und schlafen bald wieder ein.

Als der neue Tag dämmert, wache ich auf und sehe wie unser Gast die Hand auf der Brust meiner Frau hat, während sie sich dezent zu wehren versucht. Was könnte ich tun, um die Situation nicht eskalieren zu lassen? Mein kleines Beil liegt natürlich unter meinem Kopfkissen - aber das wäre das Letzte - und auch gefährlich; bloßgestellt könnte der Mann überreagieren - sein Messer könnte locker sitzen. Ich entschließe mich, langsam, doch geräuschvoll aufzuwachen. Das wirkt. Er zieht sofort seine Hand zurück, rafft seine Decke auf, springt in sein Dreirad und rattert los. So schnell, wie er gestern gekommen war, verschwindet er wieder. Wir sind bestürzt, aber doch heilfroh und entschuldigen sein unkontrolliertes Verhalten. Er hat uns doch auch beschützt in der vergangenen Nacht, wer weiß wovor?

Traudl, sitzend auf der Mauer über der Straße vor der aufgehenden Sonne, hoch über dem schimmernden Meer - dieses Photo erinnert noch an jene Nacht.

Etwas nachdenklich, aber unbeschwert tuckern wir weiter. Auch unsere Max ist bei Tageslicht auch wieder munter. Wir bestaunen das malerisch gelegene Amalfi und Positano und sehen dann den Golf von Neapel - aber ohne gleich sterben zu wollen. Nur einmal gehen wir Mittagessen in ein äußerlich recht malerisch gelegenes Lokal mit Blick auf den Golf - sonst sind wir höchst genießerische Selbstversorger. Aber es ist ein mageres Mahl und viel zu teuer. Die völlig zerschlissene Serviette habe ich heimlich fotografiert - so was sieht man nicht alle Tage.

Wir freuen uns auf Pompeji! Als wir dort ankommen, lagern viele Familien unter den Schattenbäumen vor dem Eingang. Sie sitzen beim Picknick und schwatzen munter durcheinander, während ein warmer Wind die Papierabfälle ihrer Vorgänger umher wirbelt, wie er es bald mit den ihren auch tun wird.

Pompeji zu besichtigen, ist wirklich lohnenswert. Außer den gut erhaltenen, feinen, wohl temperierten Wandmalereien und den erstarrten Asche-Leichen aus Gips, überrascht uns vor allem die ursprüngliche Bewässerung der Stadt. Frisches, klares Wasser läuft in schmalen, abgedeckten, in Stein gefassten Kanälen unter der ganzen Stadt, so als könnte sie jederzeit wieder bewohnt werden. Auch die Frömmigkeit der alten Pompeianer beeindruckt uns. Ihre Stufen zum Jupitertempel hinauf sind so tief ausgetreten, wie manche Kirchentreppe nicht (von den finsteren Sklavenquartieren erfahren wir erst später).

Zu Füßen des gewaltigen Vesuv, wo Neapel beginnt, halten wir vor einem Lebensmittelgeschäft. Unsere Vorräte müssen aufgefrischt werden. Traudl geht einkaufen. Ich bleibe mit den Füßen am Boden auf dem Motorrad sitzen, damit es nicht umkippt, weil ich es nicht erst aufbocken will. Plötzlich ruckt die Maschine. Ich drehe mich um, und muss zusehen, wie einige Straßenjungen hinten aus dem Anhänger, Sachen herausziehen. Die Burschen haben meine Hilflosigkeit erkannt und werden immer dreister. Zum Glück hat der Ladenbesitzer ein Auge auf unser Gefährt. Mit lautem Schimpfen und drohenden Gesten rennt er auf die Straße. Tatsächlich verdrücken sich die Jungen.

An die folgende Wegstrecke von Neapel bis Rom fehlt mir jede Erinnerung - umso mehr ist mir die Zeit in Rom gegenwärtig.

Wir finden einen kleinen Campingplatz, von dem aus wir zu Fuß das Zentrum erreichen können. Mir gefällt besonders der palatinische Hügel. Der Ausblick von hier oben, der schattige Hain und mein verbotener Einstieg in die Hallen unter dem Palatin, machen ihn mir extra interessant. Wir staunen über die antike Hauptstraße, gesäumt von alten Kirchen, die früher römische Tempel waren. Wir essen unser Brot, wo einst über die Geschicke der Völker der Welt entschieden wurde, wo Petrus und Paulus gegangen sind. Noch viele andere, einmalige Baudenkmale besichtigen wir - worüber andere längst mehr und gründlicher geschrieben haben.

Der Eingang zum Petersdom wird uns erst einmal verboten. Ich sehe, wie der Türsteher sich reckt, um das Dekolleté einer Dame gebührend zu bewundern. Was sie ihm mit geschmeicheltem Lächeln auch dankt. Sie darf passieren. Ihre üppigen Formen werden durch einen hauchdünnen schwarzen Schleier keineswegs verdeckt. Dann kommen wir an die Reihe. Traudl trägt ihre farbenfrohe Leinenbluse ohne Dekolleté, nur die Arme sind frei - sie wird abgewiesen. Gedemütigt müssen wir einen dieser fadenscheinigen schwarzen Schleier kaufen. Erst dann dürfen wir eintreten. Alles Geschäft hier, und scheinheilig.

Staunend schauen wir uns in den übermenschlich

großen Dimensionen des gewaltigen Gebäudes um. Heimlich fotografiere ich das Spiel des Lichtes in dem hohen Raum mit dem größten Altar der Christenheit. Die betonte Schlichtheit des Grabes von Johannes dem 23. musste uns auffallen. Nach dem Erreichen der oberen Galerie im Freien, wo überlebensgroße Apostelfiguren gestikulierend verwittern, steigen wir auch in den schiefen Gang, der zur Spitze der Kuppel hinaufführt - beißend riecht es hier nach Schweiß. Aber dann - welch ein Ausblick über alle sieben Hügel der „ewigen Stadt"!

An unserem letzten Abend in Rom, sind wir bei jener Familie eingeladen, die wir auf dem Schiff fotografiert und kennengelernt haben. Schlicht, etwas eng, aber gemütlich wohnen sie. Wir werden herzlich empfangen und aufs Beste bewirtet. Auch der Freund und zukünftige Schwiegersohn ihrer Tochter Laura ist gekommen. Wir kämpfen mit mehr oder weniger Erfolg gegen die Sprachbarrieren. Zu später Stunde laden sie uns ein, uns mit ihren Autos Rom bei Nacht zu zeigen. - Es war unbeschreiblich schön. Wie sie ihre Stadt kennen und lieben! Niemals hätten wir diese farbigen, lauschigen Gassen, Gärten und Plätze allein finden können, wie „unsere Römer" sie in dieser warmen, sternklaren Nacht uns gezeigt haben!

Danach hat uns nichts mehr so richtig interessiert. Wir waren gesättigt vom Süden, von Sonne und Meer, von Weißbrot, Feigen und antiken Stätten. Unverständig irrten wir bei Tarquinia noch durch die Tumuli der Etrusker, planschten beim Monte Argento im Tyrrhenischen Meer. Aber dann - wollen wir nur noch heim.

Am Abend, auf einem kühlen Campingplatz im lieblichen Stubaital, korrigiert mich ein Österreicher etwas zu kleinlich: „Mir sann hier fei net in Daitschland." Nur weil ich gesagt habe: „Jetzt sind wir wieder daheim." So sehr hat mich der kühle Wald und das endlich wieder dunkle, duftende Schwarzbrot erfreut.

Letzte Schneegeschichten

Nur noch einmal stieg ich auf die Skier mit Traudl, meiner späteren Frau. Das wurde dann ein Silvester ohne Silvester Feier.

Gut, dass ich am vorletzten Tag des Jahres geboren bin, sonst hätte mich meine Mutter noch Silvester genannt, wie sie mir einmal sagte.

Da es ein kalter Winter war, beschlossen Traudl und ich, den Jahreswechsel mit Skifahren im Hirschbachtal zu verbringen. Da war kein Skilift, keine Piste, nur die wunderbare Wintereinsamkeit. Zu zweit durch die Wäldchen und über die Hügel zu wandern, stillte schon unsere Abenteuerlust.

Wir übernachten in einer einfachen Dorfwirtschaft. Das Eis glitzert an den Wänden der ungeheizten Stube. So verbringen wir meinen Geburtstag und auch den Tag darauf unbeschwert in freier, verschneiter Natur. Doch als es zum Silvesterabend dunkelt - so lächerlich das klingen mag - bekommen wir Heimweh. In der Wirtschaft sitzen nur noch ein paar alte Männer vor ihrem Bier, so wie alle Tage. Aber werden wir den Zug in Hohenstadt noch erreichen? Vielleicht, wenn wir uns gleich aufmachen. Fluchtartig schlittern wir auf schneeglatten Wegen längs des Hirschbachs dahin. Nein, wir hetzen sportsmäßig mit äußerster Anstrengung zum Bahnhof, um den letzten Zug zu kriegen. Dann sitzen wir durchschwitzt im warmen Abteil und freuen uns auf Silvester daheim.

Als wir vom Hauptbahnhof auf die Straße treten, hören wir schon vereinzelte Knaller. Am Opernhaus müssen wir umsteigen, um in die Südstadt zu kommen. Aber die Straßenbahn kommt und kommt nicht, wir warten, wir frieren und die Zeit geht auf Zwölf. Da wird uns klar, dass wir in diesem Jahr keine gemütliche Sylvesterfeier mehr haben werden. Böllerschüsse krachen, Raketen pfeifen um uns. Autos hupen uns an und ihr Fahrtwind lässt uns schaudern. Noch nie kamen wir uns so verloren und verfehlt vor, wie in dieser Sylvesternacht auf der grauen, zugigen Verkehrsinsel vor dem Nürnberger Opernhaus.

Eberhard, mein Studienfreund, fährt seine 250iger BMW im Winter mit einem alten Seitenwagen der Marke Steib. Das ist ein sicheres Gefährt. In diesen 60iger Jahren wurden die Straßen im Winter weder geräumt noch gesalzen.

Zusammen mit Traudl wollen wir einmal eine richtige Skitour machen. Wir besorgen uns billiges Skizeug, teils von daheim, teils vom Trödel, mit Kandahar-Bindung und hölzernen Stöcken. Traudl muss in den Seitenwagen, auch die drei Paar Skier werden neben ihr verstaut, ich auf den Sozius.

Wir haben uns in den Kopf gesetzt, nicht nur irgendwo herumzurutschen, sondern wollen einmal von einem richtig hohen Berg abfahren. Ich schlage den Gelben Berg am Hahnenkamm vor, der nicht weit hinter Gunzenhausen liegt. Es geht alles gut, außer, dass wir frieren und keine Kenntnis haben, wie wir auf den Gipfel gelangen könnten. Also steuern wir den Berg direkt an, den wir von weitem sehen und finden einen Weg, der hinauf führt. Doch der Schnee wird immer tiefer. In einem kleinen Hohlweg dreht das Hinterrad durch und wir stecken fest. Mit Händen und Füßen machen wir erst unser Maschinchen wieder frei – dann wollen wir Skifahren. Doch es dunkelt bereits. Wir scheuen uns, den steilen Weg mit schweren Skiern im tiefen Schnee den Berg hinauf zu stapfen. Schweren Herzens entschließen wir zum sofortigen Rückzug. Unterwegs kehren wir in einer gemütlichen, fränkischen Dorfwirtschaft ein und wärmen uns äußerlich und innerlich gut auf.

Allein diese Einkehr war die vergebliche Skitour wert, bevor wir nächtens, kalt und durchnässt, wieder in unserem Studienort ankommen.

Wenige Tage später hat es auch in Neuendettelsau dick geschneit. Nach dem Abendessen spazieren wir Drei hinunter zum Sportplatz. Die Spielfläche liegt jetzt friedlich still und weiß im Mondlicht vor uns. Wir wollen einen Schneemann bauen. Man braucht nur drei Kugeln: Bauch, Brust und Kopf. Jeder fängt mit einem Schneeball an und rollt ihn, bis er dicker und dicker wird.

Eberhard kommt schnell voran, seine Kugel ist schon groß, meine etwas kleiner, Traudls noch weniger. Wir sind begeisterte Schneemannbauer, denn es sollen Super-Schneemänner werden - und es rollt sich so gut mit dem griffigen Neuschnee. Eberhards Kugel ist schon so groß geworden, dass er sie kaum mehr bewegen kann. Ich eile ihm zu Hilfe. Aber wir schaffen nur noch wenige Meter, dann sitzt die Riesenrolle fest. Traudl lässt die ihre sein und hilft jetzt mir beim Schieben. Eberhard kommt mit dazu. Mit dieser zweiten Kugel wollen wir auch ein Tor schießen! Wir schaffen es knapp. Kurz vor der unsichtbaren Torlinie lässt sich auch diese, inzwischen mannshohe Schneerolle auch nicht mehr bewegen. Als dicke Monster, massig und plump, sitzen unsere drei Kugeln auf dem nächtlichen Fussballfeld. Zum Schneemann haben wir es nicht gebracht.

Trotzdem trollen wir uns zufrieden in Richtung Dorf und denken bald nicht mehr an Schneemänner. Die großen Kugeln zu rollen, war uns Spaß genug. Was im Frühjahr für gewaltige Pfützen und Morast besonders im Tor entstehen werden, bedenken wir zu spät – nun können wir nichts mehr ändern.

„Miede" und Klein-Pauli

„Da dommt die, meine gloße Miede, eine söhne Gatze is." - und was sic alles kann?! Mit einem Satz springt sie auf den Tisch, sogar auf den großen Schrank, wenn ich sie jage. Sie greift mich an, dass ihre Pfoten auf dem Boden trommeln, dann fürchte ich mich und mache mich ganz klein - schwupp, springt sie über mich drüber. Wenn sie neben mir liegt, schnurrt sie, schläft und träumt auch, dabei verdreht sie die Augen und zuckt mit den Beinen. Oben auf dem schmalen Treppengeländer kann sie laufen und die Stufen rauf- und runter rennen wie eine Sportlerin. Ich bin erst Zwei, sagt meine Mama, aber Miede ist viel, viel älter als ich.

Gestern hat sie mir etwas zu Essen gebracht, etwas ganz Gutes. Sie kam die Treppe herauf mit vollem Mund. Dann schüttelte sie das Gute, bis es nicht mehr quiekte und legte es vor mich hin. Jetzt kam ich dran. Ich packte das Gute mit dem Mund, schüttelte es kräftig wie sie, legte es aber schnell wieder hin. Es war so haarig, da wollte ich es doch nicht essen. Miede war gar nicht mit mir zufrieden. Sie sprang schnell davon, ohne sich umzusehen; sicher auch wegen des Gepolters, das plötzlich losging.

Meine Mama kam gerannt, riss mich hoch, starrte entsetzt auf meinen Mund und begann an mir herum zu wischen. „Blut, Pauli hat Blut am Mund!" schrie sie. Dann sah sie das haarige Gute am Boden liegen und schrie noch lauter: „Pauli hat eine Maus im Mund gehabt, pfui Teufel, komm schnell!" Mein Papa kam gleich. Beide waren sehr aufgeregt und rannten zum Telefon: „Die Nummer vom Hausarzt, schnell!" Mama telefonierte und ich merkte, dass sie immer besorgter wurde „...ach so, sie können da nichts entscheiden ... erst an einen Tierarzt wenden, ja, den kennen wir, danke." Dann riefen sie Miedes Tierarzt an. Der meinte, er könne auch nichts sagen, dazu müsste er erst die Maus untersuchen lassen. Im Labor arbeitet aber heute niemand mehr, es ist Freitag nach 18 Uhr. Mama und Papa waren verzweifelt: "Wir rufen die Polizei an. Jemand muss uns doch helfen!" Die Polizei war sehr freundlich. Mama musste noch einmal alles genau erzählen, weil sie mich als erste mit der Maus im Mund gesehen hatte. Die Polizei telefonierte mit dem Landratsamt, genau gesagt, mit der „Abteilung für Infektionskrankheiten und Seuchengefahren" im Gesundheitsamt. Weil aber niemand mehr zu erreichen war, suchte die Polizei selbst nach dem leitenden Amtsarzt. Ob sie mit Tatü und Tata selber zu ihm hingefahren sind, weiß ich nicht. Aber meine Mama konnte endlich telefonisch mit dem Amtsarzt sprechen und ich hörte sie sagen: „...so, ja so, es geht keine Ansteckungsgefahr von Mäusen in unserer Gegend aus und es besteht keinerlei

Seuchengefahr ... Milch, jawohl, etwas Milch zu trinken geben. Wir danken ihnen sehr Herr Doktor, danke!"

Sie atmeten auf, wischten nochmal meinen Mund ab und brachten mir eine Tasse mit frischer Milch, die ich sofort leer trank. Auch Miede mag Milch sehr gern. Ihr Milch-Schüsselchen wollte sie sich nie von mir wegnehmen lassen.

„Mm, Milch is guut! Miede dolle Gatze is!" sagte ich zu meinen Eltern, die erst jetzt wieder lachen konnten.

Für meinen Freund Werner Linhard †, Lehrer in Igelsbach, Geilsheim und Gräfensteinberg, für sein Enkelkind Pauli.

Tirschenreuth

Die erste Dienststelle, das erste Gehalt! Voller Tatendrang trat ich mein Vikariat in einer Diasporagemeinde in der katholischen Oberpfalz an, in Tirschenreuth.

Ein kalter Winter herrschte 1966/67 in der nordöstlichen Ecke Bayerns. Aber unser kleines Auto, ein "Lloyd Alexander 600", mit seinen großen, schmalen Rädern und dem Frontantrieb, blieb nie in einer der Schneewehen stecken, die sich nach meinem Dienst in einem der Außenorte, auf den Straßen gebildet hatten. Ich kam immer durch. Zu meinem Dienstsprengel gehörten die Orte Falkenberg, Bärnau, Griesbach und Mähring, dazu der Schuldienst in Wiesau und an der Realschule in Tirschenreuth. Selbstverständlich waren mir auch alle

Evangelischen Christen anvertraut, die verstreut in den umliegenden Dörfern und Weilern wohnten. Als Schwerstes erschien mir der Besuchsdienst im örtlichen Krankenhaus. Es war eine wirklich junge und verstreute Gemeinde, die sich erst nach dem letzten Krieg aus den Evangelischen Christen, die es als Flüchtlinge hierher verschlagen hatte, gebildet hat.

Ich erinnere mich an einen Sonntagnachmittags-Spaziergang mit Frau und Töchterchen über die vereisten Felder bei Mähring. Nach etwas herum Toben im Schnee griff die Totenstille, die vom undurchschaubaren Grenzwald dort unten ausging, auch nach uns. In dieser Stille lag eine Spannung, die sich bedrohlich anfühlte. Da half das fröhlich rote Mäntelchen unserer Kleinen auch nicht. Bald sprachen wir nur noch gedämpft mit einander und uns wurde kalt.

In der Stadt Tirschenreuth sollte ich einen Jugendkreis gründen. Ein kleiner Kern war bereits vorhanden, junge, kluge Burschen und Mädchen. Wir versammelten uns wöchentlich und hatten bald prächtige Ideen, wie wir den kleinen Kreis vergrößern und festigen könnten. So suchten wir alle evangelischen Jugendlichen der Stadt persönlich auf und luden sie ein.

Zur Weihnachtszeit bereiteten wir eine Waldweihnacht für die ganze Gemeinde vor. Dazu nahmen wir die abgebrannten Kerzenstummel, die als Altarkerzen zu kurz geworden waren, umwickelten sie mit Draht und befestigten sie an einem passenden Bäumchen im alten Steinbruch. Ein kleine Wiese, von Felsen umstanden, bot den idealen Platz. Den kurzen Weg hinaus markierten wir ebenfalls mit Kerzenstummeln. Der Posaunenchor blies die Lieder an und begleitete den Gesang. Mein Vorgesetzter, Pfarrer E. wollte nicht mitmachen. Es wurde eine unvergessliche Waldweihnacht.

Die römisch-katholische Stadtpfarrei hatte einen eigenen Jugendbeauftragten. Der lud alle Jugendgruppen des Stiftlandes zu einem Quiz-Abend ein. Auch wir meldeten uns an. Zu sechst zwängten wir uns in den kleinen "Lloyd Alexander" und fuhren zum geistigen Wettkampf nach Mitterteich und - wie konnte es anders sein - wir gewannen!

Das schweißte uns noch mehr zusammen.

Zur Faschingszeit veranstalteten wir einen Tanzabend im Gemeindesaal. Mir fiel nichts besseres ein, als ihn "Abend mit Pfiff" zu nennen und rief mit einer Trillerpfeife schrill zum jeweils nächsten Programmpunkt auf. Es war ein wirklich fröhlicher Abend!

Am Faschingsdienstag, als die Stadt einen Karnevalsumzug durchführte, schwangen wir uns auf einen der heimkehrenden Festwagen und fuhren fröhlich mit. Der Wagen brachte uns bis Matzersreuth. Zurück mussten wir natürlich zu Fuß laufen - auch das war lustig.

Das alles verband uns so sehr, dass ich meine freie Zeit mehr mit den Jugendlichen, als mit meiner Familie zubrachte. Es hatte aber auch das Gute, dass wir mit den Eltern der Jugendlichen in freundschaftlichen Kontakt kamen, was ohne sie kaum zustande gekommen wäre. Ich war wie in einem Traum, aber dabei hellwach.

Hier darf ich die Familie Schmutzler nennen. Wann immer es möglich war, wurde ich von ihren Söhnen, Harald und Klaus, zu ihnen nach Hause mitgenommen und es gab immer ein deftiges Vesper, ob ich wollte, oder nicht. Auch meine Frau Gertraud und Töchterchen Franziska waren bald mit Schmutzlers eng verbunden. Im Frühjahr, das man hier an der Böhmischen Grenze besonders stark erlebt, unternahmen wir gemeinsame Sonntags-spaziergänge in die nahe Umgebung, wenn auch Herr Schmutzler da war, der wochentags in Nürnberg arbeitete. Das zarte Grün der austreibenden Birken hat mich sehr begeistert.

Auch mit Familie Dietzel, die in Pilmersreuth a.d.Str einen Gutshof mit Rinder- und Pferdezucht bewirtschafteten, haben wir durch ihre drei Söhne freundschaftlichen Kontakt gefunden. In der Nähe von Bärnau lebte eine ältere Frau mit ihrem Mann in einer ehemaligen Mühle. Sie war die Organistin für die Außenorte, soweit ein Instrument vorhanden war. Denn wir konnten unsere Gottesdienste nur in Schulräumen feiern; in die katholischen Kirchen durften wir nicht. Als wir die Organistin besuchten, kam sie uns wirklich mit einem Raben auf der Schulter entgegen. Sie malte auch (ich habe noch eine schöne, Blumen verzierte Vase von ihr) und in ihrem Weiher, mit einer kleinen Insel in der Mitte, durften wir baden.

Da war auch noch Elke, eine treibende Kraft im Jugendkreis und wir beide waren mächtig verschossen ineinander, sodass meine Frau gelegentlich eifersüchtig wurde. Aber sie hatte keinen ernsthaften Grund dazu, zu mehr, als einem Küsschen kam es nie.

Schon nahte der Abschied von Tirschenreuth und die Auswanderung nach Brasilien.

Zum Tag meiner Ordination kamen meine Eltern aus Nürnberg. Mein Vater hat die ganze Nacht mit mir gewacht und er, der friedliche Atheist, hat meine Ordinationspredigt mit mir zusammen gemacht. - Da sind wir uns sehr nahe gekommen, wie nie zuvor und nicht danach. "Es war eine besondere Predigt" sagte Elke später (ich muss sie hersuchen und nochmal nachlesen). Ich nahm meine Ordination sehr ernst, obwohl mir der amtierende, segnende Oberkirchenrat aus Regensburg etwas knöchern vorkam.

Am Nachmittag gingen wir zusammen mit Schmutzlers ins Naabtal spazieren. Es war sonnig und schön warm. Ich ging vorneweg, um den Weg zu zeigen. Nur die kleine Franziska tippelte noch vor mir her, als ich auf dem Trampelpfad eine Kupfernatter liegen sah, die sich sonnte. Ich hielt Franziska zurück, nahm sie auf den Arm - sagte aber niemandem etwas. Bis die andern nachkamen, hatte sich das Tier schon in ein Mausloch verkrochen. Ich erinnere mich an unsere festliche Kaffeetafel mit den Gästen in unserem großen, sonnendurchfluteten Wohnzimmer - und Franziska spielte auf dem hellen flauschigen Teppich mit ihren Meerschweinchen von Dietzels.

III. Teil

Die Fremde

Vigo

Ein grandioses Schiff, das uns von Hamburg über Le Havre nach Vigo brachte!
Dort hatten wir nur kurz Aufenthalt, dann ging es weiter nach Lissabon mit dem Ziel Brasilien.
Bei strahlend hellem Sonnenschein genießen wir, meine Frau Gertraud mit unserem Töchterchen Franziska an der Hand und ich den Landgang. Nach einem langen, gleißend weißen Pflaster tauchen wir in die kühlen, alten Gassen ein und steigen zur Festung hinauf, die hoch über der Stadt uns anlockt hat. Ein Bediensteter, in weißer Uniform stolz mit goldenen Knöpfen und goldenem Säbel, scherzt in der Sonne vor der Festung mit einer schwarzhaarigen Schönen. Ihren Wäschekorb wiegt sie keck auf den Hüften. Das sieht eher nach einer Verabredung, als nach Wache schieben aus und so, als wäre es vor hundert Jahren geschehen.
Wir genießen den freien Blick auf die nordspanische Stadt mit ihrem natürlichen Hafen, die strahlend weiß auf tief dunklem Blau mit bunten Sträußen lila violetter Bougainvillea geschmückt, tief unter uns liegt. Beim leichteren Abstieg schauen wir interessiert in die kleinen, gediegenen Ladengeschäfte und - wie könnte es anders sein? Ein Musikgeschäft fesselt mich am meisten. Von Jugend auf war ich von Musikinstrumenten, Musikgeschäften und -werkstätten fasziniert. Wenn ich das Geld dazu hätte - ich würde mir ein ganzes Orchester zusammenkaufen.
Nun halte ich diesen fein gearbeiteten galicischen Dudelsack in der Hand - ein letzter Gruß großer europäischer Schäfer-Kultur, bevor wir in die neue Welt reisen. - Eine schwere Versuchung für mich. Unsere Reisekasse

hätte davon ein großes Loch bekommen. Also reiße ich mich los, bedanke mich und wir trotten zurück zum Schiff. Unsere Kleine ist schon müde vom Pflastertreten und will getragen werden.

Frau und Kind wollen gleich an Bord. Doch meine Versuchung ist noch nicht überstanden. „Wenn ich jetzt schnell laufe, könnte ich vor Abfahrt des Schiffes mit dem Dudelsack zurück sein." Unschlüssig stehe ich, messe im Kopf die Wegstrecke zur nahen Stadt. Es könnte klappen. Ich renne los. Doch meine Zweifel werden stärker. Als ich bei den letzten, glatt behauenen Platten, der marmornen Pflasterung angekommen bin, halte ich an, schaue auf die Uhr - nein, ich muss diesen Dudelsack nicht haben! - und ich drehe um.

Lang zieht sich das prächtige Pflaster hin bis zu den Pollern des Hafens. Ich renne bereits und komme erhitzt an. Aber wo ist das Schiff? Weit draußen, zum Rufen zu weit, sehe ich es noch. - Wie ich später erfahre, hatte der Kapitän, die Abfahrt um eine halbe Stunde vorverlegt, das konnte ich nicht wissen. Ich winke heftig. Endlich wird ein Boot herab gelassen und braust heran:„Los einsteigen!" Mit scharfer Fahrt geht es in den Schatten des haushohen Schiffes. Eine Schiffsleiter klappert herunter. „Hopp, da hinauf!" Nicht leicht, aber ich schaffe es. Missmutig nehmen mich oben die Schiffsoffiziere in Empfang, fragen nach meinem Namen, können aber keine Übereinstimmung mit meinem Pass finden. Die alte Geschichte - sie können die Ä-Strichlein nicht lesen. Mein Frau steht dabei und sagt: „Du musst dich noch beim Kapitän persönlich entschuldigen" - das tue ich auch gern - bevor ich mit dem Dudelsack im Arm in Vigo stehe, während meine Familie über den Atlantik reist.

Im neuen Land

Nachdem die Einreiseformalitäten durchgestanden waren und ein frommer Bankier für uns Bürgschaft übernommen hat, fahren wir im Omnibus von Rio de Janeiro nach Süden mit einem todkranken Kind.

Unsere Dreijährige ist am gefährlichen Brechdurchfall erkrankt, einer Deshydration, aufgrund der Umstellung der Darmflora auf das wärmere Klima. Wir sollen ihr unterwegs nur Coca Cola zu trinken geben - ca. 1500 km, einen Tag und eine Nacht lang nur Coca Cola! – Als ein dünnes, blasses Wesen schläft unsere kleine Franziska auf dem großen schmiedeeisernen Bett aus der Kolonialzeit. So erinnert uns ein Foto.

Wir sind im südlichen Bundesstaat von Brasilien, in Rio Grande do Sul angekommen, in der kleinen Stadt Montenegro, im ehemaligen Geschäftshaus der Eheleute Livino Schüler und Gattin. Beide sprechen deutsch. Wir dürfen ein halbes Jahr bei ihnen wohnen, um täglich durch eine junge Lehrerin, Unterricht in Portugiesisch zu erhalten; sie kann kein Wort Deutsch und setzt ein Bisschen viel voraus.

Unsere Franziska kommt wieder zu Kräften – sie findet in den Enkelkindern von Schülers zwei freundliche Spielgefährtinnen. Lourival de Azevedo, der Schwiegersohn wird mir ein hochgeschätzter Freund. Wir angeln zusammen am Fluss, an dessen Ufer Schülers Haus gebaut ist. Früher kamen die Kolonisten mit Booten und brachten ihre Waren. Weiter draußen ballern wir auch gern mit einer kleinen Schrotflinte herum, die ich mir gekauft habe. Mit Lourival muss ich portugiesisch sprechen - ohne es zu können, mir rauscht der Kopf dabei.

Die Pfarrfamilie Gruber am Ort ist sehr freundlich zu uns. Er nimmt mich mit in seine Landgemeinden, wo noch deutsch gesprochen wird und ich darf schon einmal einen Gottesdienst dort halten. Im Jugendkreis in der Stadt höre ich erstmals brasilianische Lieder mit diesen schnellen Rhythmen, die mir völlig neu sind. Frau Gruber lädt uns zum Nachmittagskaffee ein. Gerade, als wir gemütlich in der Runde sitzen, klingelt es. Der Pastor wird weg gerufen. Als Pastor Gruber nach einer Stunde zurückkommt ist er kreidebleich. Er windet sich, darf eigentlich nichts sagen, doch er braucht Erleichterung von dem Druck, der ihm auferlegt wurde: Der traurig berühmte KZ-Arzt Dr. Mengele hat ihn um seelsorgerlichen Rat gebeten -

Bald beginnt es lange zu regnen. Doch erst, als die Sonne längst wieder brennt, steigt das Wasser am Rio Caì. Lourival und ich markieren die Steigung an der steinernen Auffahrt. Wir ziehen einen alten Kahn vom Dachboden. Aber der ist am Heck aufgeplatzt. Der Fluss steigt schnell. So eilig wie wir können reparieren wir das Boot.

Dann kommt eine schlimme Nacht. Das Wasser steigt die Treppen herauf. Ich sage zu Traudl: „Wenn es durch unser Zimmer läuft, fahren wir wieder nach Deutschland." Aber das Wasser steigt nur bis zu einer Handbreite unter den Holzfußboden; da rauscht es hindurch – und wir bleiben in unserem neuen Land. Nachts hören wir Schreie, Hilferufe aus dem rauschenden Wasser hinterm Haus. Aber Sr. Livino sagt: „Nicht aufmachen, niemanden herein lassen!"

Am Morgen ist unser Haus völlig von tiefem strömendem Wasser umgeben. Ohne Boot können wir nicht mehr hinaus. Es ist ein frischer, klarer Morgen mit Sonnenschein. Lourival hat das Boot schon zu Wasser gelassen und erprobt, es hält dicht. Nachmittags lädt er mich und die Kinder zu einer Rundfahrt ein, wir freuen uns sehr. Auf dem roten, ruhig dahin strömenden Wasser rudern wir, doch nur dort, wo überschwemmtes Land darunter liegt. Die Nähe des Flusses, wo die Strömung gefährlich vorbei schießt, müssen wir meiden. Von den meisten Häusern schaut nur noch das Dach heraus. Wo sind die Menschen alle und ihre Haustiere? Einmal drückt uns die Strömung in ein Dornengestrüpp, die Kinder ducken sich ins Boot, nur wir beide kriegen einige Kratzer ab. Plötzlich treibt ein dickes, braunes Bündel auf uns zu. Erstmals sehe ich Lourival in Sorge. Es ist ein Ameisenschwarm, der schwimmend auf diese Weise überlebt. Die Ameisen wären eine große Gefahr für uns. Mit ein paar kräftigen Ruderschlägen können wir ihnen entfliehen.

Schülers haben von ihrem hoch gebauten Haus einen Balkon zur Straße hin. Jetzt wird er als Ein- und Ausstieg benutzt. Sogar unsere Portugiesisch Lehrerin benutzt diesen Balkon. Wir fahren zum Einkaufen in höher gelegene Straßen der Stadt. Dort wohnt auch Familie Dreher, sie betreiben ein Uhren Geschäft – und sie haben gerade junge Foxterriers. Sie schenken uns einen: ein lustiges schwarz-weißes Kerlchen. Jetzt fahren wir mit Kind und Hund stolz im Boot zu Grubers zum Kaffeetrinken.

Doch dann werde ich krank und muss mit Lungenentzündung ins Hospital. Das lag sicher an der stickig feuchten Luft, die mir nicht bekam, nachdem das Wasser abgezogen war. Zu hause muss ich noch liegen. Unsere Franziska ist glücklich mit ihrem Foxl.

Aber eines Morgens kommt Sr. Livino und sagt: „Pfarrer, dein Hund ist krank." Am Tag darauf kommt er wieder an mein Bett und sagt: „Pfarrer, deinem Hund geht es sehr schlecht." Am dritten Tag kommt er und sagt. „Pfarrer, Dein Hund ist gestorben, ich hab ihn eingegraben. Wir haben auch Bolinhas gefunden" (das sind Fleischbällchen mit spitzen Glasscherben darin) Ja, es gibt viele arme Leute hier, die auch vom Stehlen aus fremden Gärten leben müssen. Wenn dann ein neuer Hund da ist, der aufpasst, wird er eben beseitigt. Das war ein sehr kurzes Glück mit unserem ersten Hündchen.

Mein Sprach-Vikariat konnte ich nicht zu Ende führen, denn eines Tages traf aus Porto Alegre die Anfrage der Kirchenleitung ein: Ob ich bereit wäre, vor Ablauf des halben Jahres, Dienst in einer großen Gemeinde im Inland zu tun? Der Pfarrer dort kehrt nach Deutschland zurück, eine große Stadtgemeinde mit sieben Außengemeinden wäre dann ohne Pfarrer, zumindest bis ein brasilianischer Kollege für die Stadtgemeinde gefunden sein wird. Natürlich sage ich Ja und so kamen wir nach Tres de Maio, nahe an der Grenze zu Argentinien, in das Land der Gaùchos.

Der Weihnachtsmann in Tres de Maio

(1967)

In Tres de Maio, einer Kleinstadt in Rio Grande do Sul, im Grenzland zu Argentinien mit einem großen Anteil Nachkommen ehemaliger Auswanderer aus Deutschland, wird im Kindergarten der evangelischen Kirche der Weihnachtsmann erwartet.

Für die Jugend, die kaum noch deutsch spricht, ist es der „Papai Noel" er bringt auch die Weihnachtsgeschenke. Diese Weihnachtstage und der Jahreswechsel, bis in den Januar hinein, sind die heißeste Jahreszeit in Brasilien, gerade umgekehrt als bei uns in Nordeuropa.

Der Saal ist mit Eltern, Kindern und anderen Gemeindegliedern drückend voll. Es ist schwül und heiß. Die Kindergärtnerinnen haben Mühe, die Kleinen auf die Bühne zu bringen. Die klammern sich an ihre Eltern und noch auf der Bühne recken sie Hilfe suchend ihre Ärmchen. Ich bin zum ersten Mal dabei und höchst erstaunt, was hier vor sich geht. Als ich benachbarte Ehepaare frage, erklären sie mir:„Die Kinder sollen sich fürchten, damit sie besser folgen". Schon Tage zuvor hat man ihnen mit dem Weihnachtsmann gedroht. - Der Weihnachtsmann als Buhmann? Das will mir nicht in den Sinn.

Schließlich ist die Bühne gefüllt. Alle Kinder sind festlich gekleidet, doch ich sehe nur wenige frohe Gesichter zwischen den vielen ängstlichen. Mein Töchterchen Franziska ist erstmals mit dabei. Unten brodelt die Menge der Eltern und Gemeindeglieder. Die Kindergartenleiterin begrüßt. Die Kinder singen ein Lied, doch es liegt eine Spannung in der dicken Luft.

Plötzlich rumort es auf der Bühne. Mit ernstem Gehabe und kräftigem Fuß Stampfen erscheint der „Papai Noel". Die Kinder kreischen auf, weichen zurück, Tränen fließen, sogar die jüngeren Geschwister im Zuschauerraum stimmen mit ein. Die Eltern grinsen. Mütter haben ihr Jüngstes auf den Arm genommen und ich sehe oben mein Töchterchen in panischer Angst.

Was mache ich, der neue Pastor „aus dem Reich"? Ich steige auf die Bühne, gehe auf den furchterregenden Weihnachtsmann zu, hebe ihm die Maske etwas an, dass man das Gesicht fast sehen kann und sage:„Da siehst du, Franziska, es ist die Tia Elaide, die kennst du doch. Das ist kein böser Weihnachtsmann oder Papai Noel!"

Die halb Demaskierte rennt hastig weg. Augenblicklich ist es still im Saal. Hinter der Bühne ertönt grässliches Schreien. Im langen Flur wälzt sich die junge Frau auf dem Boden: „Ich bin ruiniert, ich kann nicht mehr Kindergärtnerin sein, der neue Pastor hat mich vor allen Leuten blamiert, jetzt wissen alle, dass ich der Papai Noel war." Frauen sind zu ihr getreten, versuchen sie zu beschwichtigen. Sie aber schreit weiter, völlig übertrieben, zappelt sie herum, schlägt mit Händen und Füßen um sich.

Natürlich bin ich erschrocken über diese hysterische Reaktion. Zugleich aber ist mir klar, dass ich einer solchen Angstmache bei den Kindern, in Verbindung mit dem christlichen Weihnachtsfest, in keiner Weise zustimmen kann. Oder war das schon kein christliches Fest mehr? Hat sich die alte Heidenangst unter dem rot-weißen Mantel des Weihnachtsmannes geschickt versteckt und sich bis ins ferne Brasilien ausgebreitet?

Ich trete vor die verdutzte Versammlung und versuche vom gütigen Bischof von Myra zu erzählen, der vor langer Zeit gelebt hat, der ein herzensguter Mann gewesen ist und ein Helfer der Kinder, der Heilige Nikolaus! Ein Weihnachtsmann als Kinderschreck, vor dem man sich fürchten müsse, sei eine absolut unchristliche Erfindung und in keinem Fall geeignet weder für das Weihnachtsfest noch für unsere Kinder. So oder ähnlich sage ich. Das Ereignis schlägt ein wie eine Bombe und wird zum Stadtgespräch. Das ist mir ganz recht.

Ohne Mittagessen nach Paraquay

Keineswegs möchte ich den reiselustigen Europäer von seiner Reise in den Süden Brasiliens abbringen, andererseits muss ich ihn warnen.

Wenn er Land und Leute erleben möchte, per Mietauto, oder im „Onibus", dann muss er schon damit rechnen, manchmal 200 km zu fahren, ohne eine menschliche Begegnung zu haben. In Europa kommt er bei 1000 Reisekilometern durch mindestens zwei, wenn nicht drei und mehr Nationen unterschiedlichster Art. Bei 1000 km in Brasilien ändert sich manchmal gar nichts. Da ist die Erde immer noch rot und der Busch immer noch grün.

Im Jahr 1970 gab es noch nicht überall Asphalt, als wir, das sind meine Frau Gertraud, meine Mutter zu Besuch aus Deutschland, Dona Olinda eine gute Bekannte aus Tres de Maio und ich, als Fahrer mit unserem Volkswagen-Bus, kurz Combi genannt, aufbrachen, zu einer Fahrt an die Foz do Igquassú. Zunächst mussten wir auf schrecklich kurvigen, steinigen Straßen durch den wilden Westen von Santa Katarina. Noch in den 50iger Jahren durfte man hier keine Reifenpanne haben - es gab Räuber. Dann kamen die Pfingstler in die Gegend - und es wurde etwas friedlicher.

Soeben fahren wir durch den Bundesstaat Paraná. Unser Mitgebrachtes ist verzehrt. Wir hätten dringend eine Mittagspause nötig. Endlich kommt ein kleiner Ort. Die mächtige Schrift auf dem hohen Holzhaus „MANICA HOTEL" lässt uns jubeln. Doch schon beim Eintreten befällt uns leichte Beklemmung. Innen wie außen ist alles rot, die Wände, die Möbel, die Bedienung, die Tischtücher, alles ist rot. - Die Brasilianer sagen: „A poeira vermelha nao faz mal, mas vai pelo sangue" (Der rote Staub schadet nicht, er geht durchs Blut). Doch der Hunger zwingt uns zu bleiben.

„Was gibt es denn Gutes?"„Churrasco!" - natürlich, Spießbraten vom Rind mit diversen Zutaten: Reis, Nudeln, Mandiok, englische und süße Kartoffeln und dazu die obligatorischen schwarzen Bohnen. Im Süden Brasiliens kennt man keine verschiedenen Gerichte, tagtäglich steht von allem gleichzeitig auf dem Tisch. Dazu ist das Salzige versalzen und das Süße verzuckert und alles zusammen ist zu fett. - Wir bestellen.

Dann muss ich pinkeln - was bei dieser Tour mit drei Frauen nicht an jeder Ecke zu machen ist. Man sagt mir: „Dort hinaus, dann rechts herum, durch den Schuppen in den Keller". „Muito obrigado" sage ich „vielen Dank." Aber ich finde das Örtchen nicht. Das liegt daran, dass ich nicht glauben kann, dass das Örtchen hinter diesem Berg staubiger, Nägel gespickter Holzlatten liegen soll? Wie kommt man denn dahin? Ein paar Gestalten, die meine Suche beobachten, geben mir durch Worte und lebhafte Gesten zu verstehen, das sei schon der richtige Weg. Also klettere ich in den glühheißen Holzschuppen über diesen Berg alter Latten, immer vorsichtig, um mir keinen Spreißel oder rostigen Nagel in die nackten Füße in den Sandalen zu treten. Weiter hinten wird es kühler und dunkel. Tatsächlich, da ist ein quadratischer Kellerraum. Es riecht scharf nach Urin. Ich trete in das Halbdunkel und suche nach einem Klosett, Pissoir oder ähnlichem. Aber da ist nichts. Als sich meine Augen an die Dunkelheit gewöhnt haben, sehe ich, dass es weder Türe noch Nebenraum gibt. Nur ein Gegenstand steht unübersehbar in der Mitte des Raumes: Ein verbeulter Nachttopf aus Aluminium - und der ist voll, randvoll mit gelblich trüber Brühe. Einen Abfluss gibt es nicht. Ich fühle mich hier, wie in Franz Kafka's düsterer Welt. - Aber da hilft nichts, ich muss dringend - und bevor mir sonst was passiert, entschließe ich mich, diesen Nachttopf vollends zum Überlaufen zu bringen - ich habe keine andere Wahl.

Wieder zurück über den Nägel gespickten Lattenberg in die Hitze, in das „Manica Hotel", melde ich den drei Frauen, so zurückhaltend wie möglich, die unmöglichen sanitären Verhältnisse des Hauses.

Einmütig bestellen wir sofort wieder ab, begründen unser ungewöhnliches Verhalten mit dem noch weiten Weg und retten uns hungrig hinaus auf die rote, staubige Straße, in das von der Mittagshitze glühheiße Fahrzeug.

Unterwegs können wir mit ein paar Feldbananen unseren gröbsten Hunger stillen. Nach einem langen, schmalen Weg auf weicher, roter Erdstraße durch dichten Urwald (bei Regen hätte ich hier nicht fahren mögen) erleben wir die großartigsten Wasserfälle der Welt, die Foz do Iquassú im Dreiländereck: Brasilien - Argentinien - Paraquai.

Leider herrscht gerade Niedrigwasser, denn es ist Frühling. Trotzdem sind wir noch tief beeindruckt von den gigantischen Wassermassen, die rot schäumend, donnernd in die Tiefe stürzen.

An der Grenzstation vor der „Brücke der Freundschaft" halte ich an, aber niemand ist zu sehen. Dona Olinda meint: „Wir können fahren."

Ehe ich mich versehe, sind wir unerlaubt und ohne polizeiliche Genehmigung über die „Ponte da Amicade" nach Paraquai eingereist. Ein Beamter fragt mich nach dem Einreiseschein - ich habe aber keinen. Er grinst und winkt uns durch.

Paraquai sieht nicht viel anders aus als Brasilien, rote Erde, grüner Busch, ist aber mehr flach. An der Straße sehen wir wunderschöne, weiß blühende Bäume, gegen den dunkelblauen Himmel leuchten, die wir nicht kennen. Ein dicker Geländewagen steht mit Reifenpanne am Straßenrand. Ich halte an, um ihm zu helfen. Der gut genährte Paraquaio und seine Familie machen einen gepflegten Eindruck. Doch über meine Hilfsbereitschaft staunt er unverständlich. - Andere Länder, andere Sitten!

Am Abend erreichen wir die Haupastadt Assunción. Im dichten Verkehrsstrom erkennt uns ein Autofahrer sofort als Fremde. Er gängelt uns zu einem einfachen Hotel. Uns ist es recht - und er lebt davon. Das Abendessen ist gut - wir bringen auch den entsprechenden Appetit dazu mit. Aber diese Nacht wird brütend heiß. Bei laufendem Ventilator schlafen wir so leidlich.

Auch eine kostenlose Stadtbesichtigung mit gezieltem Einkaufsbummel gehören zum Service des Hauses. Leider lässt sich meine Mutter nicht davon abhalten, im glühheißen Auto zu warten, aus Angst es könnte gestohlen werden. Erst nach der Rückkehr ins Hotel, entlässt uns der ungebetene Reiseführer.

Wieder über die „Brücke der Freundschaft", traut der brasilianische Grenzbeamte seinen Augen und Ohren nicht, als ich ihm keine Bescheinigung für unseren Ausflug nach Paraquai vorweisen kann. Schließlich macht er so eine schnelle Bewegung mit der Hand, wie „schnell weg, weg mit euch!", um nicht selbst Ärger mit seinen Vorgesetzten zu bekommen.

Erleichtert fahren wir weiter und kommen wohlbehalten zurück nach Tres de Maio.

Bei den Kaingang

Einfach „evangelisch" darf man sich in Brasilien nicht nennen, wenn man nicht in die Unzahl von Sekten, meist pfingstlerische, fundamentalistische Gruppen eingereiht werden möchte. „Katholisch", das sind alle. Ich war Pastor in der „Igreja Evangelica de Confissao Lutherana no Brasil", kurz IECLB; das hat dort einen soliden Klang.

In meiner IECLB also, im Staat Rio Grande do Sul, wurde eine Erwachsenentaufe bei den Kaingang in Tenente Portela angekündigt und dazu eingeladen. Dieser Stamm lebt (richtiger: vegetiert, weil die umliegenden Siedler, meist deutschstämmige, den Wald, seinen Lebensraum, immer mehr verkleinern, indem sie im Reservat roden und pflanzen) - und das nicht weit von den mächtigen Foz do Iquassú.

Ein tüchtiger brasilianischer Pastor, in dessen Gemeindegebiet das Reservat der Kaingang lag, hat auf einer geräumigen, ebenen Fläche einfache Rundhütten, sogenannte Cabanas, bauen lassen und ein hohes Holzkreuz ins Zentrum des Hüttenkreises gestellt. Ein idealer Treffpunkt für die Kaingang, wenn sie von weither kommend, in den Cabanas Schatten finden und nächtigen können. Dort soll die Erwachsenentaufe stattfinden.

Auch wir mit unseren zwei Kindern sind dorthin gefahren. Die Wiese im weiten Rund der Hütten ist am Mittag schon gefüllt mit Gruppen festlich gekleideter Frauen und Kinder; seltsamerweise in den bunten Trachten der Gaúchos. Die Männer versammeln sich in einer großen Halle, nachdem die Übergabe eines neuen Traktors an die Kaingang (von Spendengeldern aus Deutschland finanziert) gefeiert worden war.

Wir sind nur Gäste, so kann ich mich auch in den Hütten im nahe gelegenen Wald umschauen. Was ich da sehe, in solchen windigen Verschlägen, möchte man bei uns seine Hühner nicht schlafen lassen. Auch eine selbst ernannte „Missionarin" aus Deutschland begegnet mir, die behauptet, schon Geister im Rauch der Hüttenfeuer fotografiert zu haben. Sie zeigte sie mir - es waren reine Rauchgebilde - oh, arme Kaingang, von einem Aberglauben in den anderen!

Gegen Abend kommt Unruhe unter den Gästen auf: Wann endlich findet die Taufe statt?

Die Kaingang bekamen Hunger und entzündeten sich Feuer. Bald ziehen Schwaden von duftendem Churrasco (Spießbraten vom Rind, ohne den es hier kein Fest gibt) durch den Abend. Franziska, unsere Älteste, hat längst Kontakt zu Gleichaltrigen gefunden und Frank unser Jüngster mit hellblondem Schopf, spielt mit dem hübschen Töchterlein des Häuptlings, deren schwarze Haare in der Sonne blau glänzen (ich habe herrliche Dias davon) – doch immer noch keine Erwachsenentaufe!

Dann sickert die Neuigkeit durch: Die Kirchenleitung und anwesenden Pastoren haben erfahren, dass jeder ordentliche Kaingang sein Kind sofort nach der Geburt selber tauft, wo immer es zur Welt kommt. Zweimal taufen, das tut man nicht. So haben sie sich durchgerungen, anderntags statt Erwachsenentaufe, eine große Konfirmation zu feiern.

So werden sie es gemacht haben. Wir konnten nicht dabei sein - meine Frau war hochschwanger. In einer wunderbaren, subtropischen Nacht fahren wir die kurvenreichen 80 Km zurück nach Tres de Maio, während die Kinder im Auto schon schlafen.

Die teuerste Goiaba * der Welt

Mit großer Erwartung fahren wir in Brasilien in unseren ersten Urlaub. Aus dem Inland konnten wir endlich einmal hinaus ans Meer, an den atlantischen Ozean. Unsere Kirchenleitung unterhält ein Ferienhaus bei Itajai, im Ort Cabessudas (d.h. die Starrköpfe), dort haben wir uns eingemietet.

Haushohe, rundlich rotbraune Felsen ragen aus dem sahne gelben Sand wie düstere Köpfe, die auf den traumhaft schönen Strand mit dem leuchtend blauen Meer dahinter hinausschauen. Lange haben wir uns darauf gefreut. Es ist 1971 ein besonders heißer Sommer, doch hier ist er auszuhalten. Während der Mittagszeit geht sowieso niemand in die Sonne – und vor weniger als zwei Stunden nach dem Essen, auch niemand zum Schwimmen.

So liegen wir auf der überdachten Veranda und halten uns möglichst still, um nicht zu schwitzen. Ab und zu weht ein sanfter Windhauch vom Meer her über unsere spärlich bekleideten Körper und zeichnet ein zufriedenes Lächeln auf unsere heißen Gesichter. Nur gelegentlich blinzeln wir hinunter auf das grandiose Schauspiel aus gelbem Sand, schimmerndem Strand, weißer Gischt und marineblauem Atlantik.

Aber was ist das? Ein Geplärr und Gepolter schreckt uns auf, so laut, dass unser Jüngster unter dem Mosquiteiro (Fliegennetz) zu weinen beginnt. Wir strecken die Köpfe hinaus. Was da so dröhnt, ist eine Werbeaktion mitten in der Mittagsstille. Es sind zwei Fahrzeuge. Das vordere brüllt, das hintere brummt und scheppert. „Bicicletas, bicicletas!" (Fahrräder, Fahrräder!) schallt es aus dem Lautsprecher. Hilflos starren wir auf den Zug, der so unaufhaltsam, aufdringlich auf uns zurollt.

Ilda, unser halb indianisches Kindermädchen, sagt: „Faule Eier müssten wir haben, alte Tomaten oder so was und nach ihnen werfen." Da habe ich meine Idee. -

Ich sause hinters Haus, das schräg am Hang steht. Oben wächst ein herrlicher Goiaba-Baum in voller Reife. Zwei große weiche Früchte hebe ich vom Boden und trete auf die Seitenstraße hinaus. Gleich müssen sie um die Ecke kommen - und ich werfe die größte der rosa grünen Früchte hinunter in Richtung Straßen Kreuzung. Die sollen merken, dass sie hier nicht willkommen sind mit ihren Fahrrädern in unserer Mittagspause! Und die Goiaba fliegt - da kommen sie, ein VW-Bus voran - hell leuchtend fliegt meine Goiaba vor den dunkelgrünen Schatten der Nachbarbäume. Der Fahrer hat das Mikrophon am Mund. Die Lautsprecher brüllen und die Goiaba fliegt in weitem Bogen, senkt sich langsam, aber nicht vor dem Auto, wie ich es wollte, nein - sie verschwindet im offenen Fenster des Wagens. Mit „i-e-a-o-u" sinkt das Gebrüll der Werbesprüche in sich zusammen, als hätte jemand den Stecker vom Grammophon gezogen. Stille. Doch plötzlich bremst der Bus so scharf ab, dass ein dumpfer Aufprall folgt. Der hintere Lastwagen ist auf den Bus aufgefahren. Alles ruckelt und schüttelt, die umstürzenden Fahrräder scheppern. Dann ist es still.

Erschrocken bin ich ins Gartentor zurückgetreten. Meine Gedanken rasen: Was ist passiert, als die Goiaba lautlos durch 's offene Fenster flog? Möglich dass ein Tonbandgerät, oder Ähnliches, im Innern getroffen wurde, so dass es kaputt ging. Das ist mehr, als ich erreichen wollte, das ist jetzt eine Straftat und ein Verkehrsunfall und ich bin ein Krimineller.

Was muss ich tun, sicher bin ich gesehen worden? Die Nachbarn wissen, dass wir hier Urlaub machen. Es wird herauskommen und ich - bin Ausländer - soll ich von der brasilianischer Polizei abgeführt zu werden? Die sind unberechenbar. - Nein, ich werde mich selber stellen.

Nach kurzer Beratung mit meiner Familie - ziehe ich schnell Hemd und Hose über - gehe hinunter zu den fassungslosen Männern und sage:„Fui eu" (ich bin 's gewesen). Sie schauen einander verständnislos an, sodass ich es noch einmal sagen muss:„Fui eu". So viel Ehrlichkeit sind sie nicht gewohnt. Endlich, lachen sie und nehmen meinen Vorschlag an: Ich werde mit ihnen zur nächsten Werkstatt fahren, den Schaden schätzen lassen und bezahlen - aber bitte, keine Polizei!

Der Chef weist mir den Platz neben seinem verschwitzten Lastwagenfahrer an. Der räumt schnell die Werbezettel vom Sitz, die er während der Fahrt aus zu teilen hat. Unterwegs frage ich ihn: „Sind das deine Ferien?" Er aber ist froh, dass er diese Arbeit hat. Schon nähern wir uns der Stadt. Sie beginnt ohne Asphalt, bei den Favelas, den Elendsvierteln. Plötzlich tönt es vorne wieder. Unglaublich, der Chef hat sein Tonbandgerät von meiner Goiaba gesäubert und repariert. Lärm und Werbung beginnen von Neuem.

Kinder laufen zusammen, barfuß, dünn, schmutzig. Aufgeregt winkt der Chef nach hinten. Der Fahrer soll Prospekte verteilen! Aber es will nicht so recht klappen, mit der linken steuern und durchs rechte Fenster, vor dem ich sitze, die Prospekte hinaus werfen. Also helfe ich ihm und werfe selber die bunten Zettel den johlenden Kindern zu. Ich fühle mich belustigt und gedemütigt zugleich.

Die Männer in der Werkstatt sparen nicht mit spöttischen Blicken. Ich kann ihr Kopfschütteln über soviel ehrliche Dummheit, oder dumme Ehrlichkeit, von diesem Alemao (Deutschen), verstehen. „Sofort zu bezahlen wären, 340 Cruzeiros novos". „Das ist viel", denke ich, „aber besser, als abgeführt zu werden – brasilianische Gefängnisse sind berüchtigt. „Nein, das Geld habe ich nicht bei mir. Ihr müsst mich schon wieder zurück bringen, dann werde ich bezahlen".

Los geht die Fahrt, nochmals durch die ganze Stadt mit lautstarker Werbung. Der Chef macht sogar Umwege, weil das heute so flott geht mit dem neuen Helfer.

„Zahlen macht Frieden", sagt unser Sprichwort. Aber meine Frau und ich sind gar nicht zufrieden. Diese 340 Cruzeiros novos verkürzen unsere Ferien um eine ganze Woche. Praktisch müssen wir schon morgen packen und „Adeus Cabessudas! Adeus praia e mare!" sagen „Ade, du stille Mittagsruhe" sowieso.

Ich tröste mich mit einem „Wenn": Wenn jemand mit einer Goiaba dieses Philipps-Tonband Gerätchen mit den zwei kleinen, oben laufenden Spulen, durch das offene Fenster eines fahrenden Autos aus dieser Entfernung, absichtlich hätte treffen wollen, er hätte es nicht geschafft. Mir ist es gelungen und ich darf mit Sicherheit behaupten: Es war die „teuerste Goiaba der Welt", die ich geworfen habe!

Natürlich kann diese Geschichte auch "Sieg der Werbung" genannt werden, denn am Ende mache ich dabei mit, was ich am Anfang bekämpft habe.

*) = Guave, ist eine mildsüße, tropische Baumfrucht. Von der man wunderbare   Goiabada kochen kann, eine vorzügliche Marmelade.

Der Unfall

Es gibt Ereignisse, die werden nicht Vergangenheit, auch wenn sie lange her sind. Von solcher Art ist jener Unfall, den meine Familie am 21. August 1971 in Brasilien erlitten hat.

Wir sind auf der Rückfahrt von Santo Angelo nach Tres de Maio. „Die Combi", der VW-Bus der Parochie, ist voll besetzt. Erika, die Frau meines Freundes Franz Thiel und seine Schwiegermutter und Trude Runke unsere Nachbarin mit ihrer Tochter Käte, haben die Mitfahrgelegenheit genutzt, um Verwandte in Santo Angelo zu besuchen. Neben mir sitzt meine Frau Gertraud und unser Söhnchen Frank, Franziska, unsere älteste, sitzt hinten. Wolfram, unser Einjähriger, ist beim Kindermädchen zuhause geblieben, die hat gekündigt und darin lag der Grund für unsere Fahrt: Wir waren auf der Suche nach einem neuen Kindermädchen. Deshalb war es auch keine reine Privatfahrt, wie die Herren vom kirchlichen Außenamt in Deutschland später behaupteten. Zum Dienst in den Kolonie- Gemeinden in Brasilien ist die Mitarbeit der Pfarrfrau unerlässlich. Damit sie ihren vielfältigen Aufgaben in den Gemeinden nachkommen kann, muss ein Kindermädchen für die Kleinsten zuhause sein und auch sonst, um die Hausfrau bei den täglichen Arbeiten, wie Brot backen im Holzofen, große Wäsche mit der Hand, Schlachten von Kleintieren und der Selbstversorgung mit Grünem aus dem Garten zu entlasten.

In Santo Angelo haben wir eine Zusage bekommen und sind nun auf dem Heimweg nicht mehr weit von Tres de Maio. Die rote Erdstraße zieht sich trocken und staubig über den ebenen Camp. In einer leichten Kurve senkt sich die Erdstraße zum Fluß Buricá, zur Ponte baixa. Da ist die Straße plötzlich und unerwartet glitschig, wie Schmierseife! Ein Platzregen muss kurz vor uns niedergegangen sein. Ich versuche alles, was man in solchen Fällen hier tut, erst vorsichtiges Stotterbremsen, dann leichte Schwünge. Doch trotz geringer Geschwindigkeit fährt die Combi Schlitten - und unten wartet eine einspurige Holzbrücke ohne Geländer auf uns, die ich treffen muss, sonst landen wir im Fluss. Plötzlich spüre ich links hinten einen Schlag, die Combi sackt ein und dreht sich nach rechts herum gegen die Fahrtrichtung, bis sie nach links umstürzt. Ich werde hinausgeschleudert und von der nach vorne aufklappenden Türe auf die Straße gedrückt mit dem ganzen Gewicht des Wagens, bis er mich wieder loslässt. Ich liege rücklings auf der Straße. Da kriecht unser blondes Fränkli, das auf unseren Schenkeln geschlafen hatte, aus dem Straßengraben heraus. „Bist du verletzt, bist du in Ordnung?" frage ich ihn. Doch er will nicht sprechen, er ist ganz verstört. Er war im tiefen Schlaf, als er hinausgeschleudert wurde. Er hat einen schweren Schock.

Die letzten Worte meiner Frau vor dem Sturz klingen mir noch heute in den Ohren: „Was machst denn wieder?" Diese Geringschätzung verletzt mich bis heute.

Nachdem sich die anderen Frauen und die Kinder aus dem umgestürzten Auto befreit haben und herum stehen, sagt meine Frau: „Ich kann meine Beine nicht mehr spüren." Sie kann weder aufstehen, noch sich selber hochziehen. Sie sitzt gefangen in der linken Türöffnung auf dem feuchten Lehm der Straße, zwischen Lenkrad und Fahrersitz, wie in einem Kamin - und die Frauen haben nicht den Mut, ihr zu helfen. Ich liege auf der roten Erde mit gebrochenem Becken, und bin unfähig, mich zu bewegen. Ich bitte die Frauen, doch die Combi auf die Räder zu stellen, damit Traudl frei kommen kann, denn mir wird klar, sie hat sich die Wirbelsäule gebrochen. Ich flehe die Frauen an, ich beschwöre sie, weiß ich doch, dass bei Verletzungen des Rückenmarks Minuten zählen. Aber diese Frauen haben nur Angst und sie tun nichts. Schnell ist es Nacht geworden auf der einsamen Landstraße. Ein Kolonist aus der Gegend kommt dazu. Mit seiner Hilfe wäre der Bus leicht auf die Räder zu stellen gewesen, aber nein, auch er hat nur Angst.

Endlich naht ein Auto. Es ist ein Weinhändler, der aus der sechshundert Kilometer entfernten Hauptstadt Porto Alegre kommt. Er hat sich verirrt auf dem Camp mit seinem Flaschen klingelnden Gefährt. Auch er kann uns nicht helfen, denn sein Wagen ist mit Weinflaschen voll beladen. Doch er verspricht, die Nachricht in die Stadt zu bringen. Dann dauert es lange, bis Hilfe kommt, viel zu lange!

Wie ich später hörte, hat die Frau Oberin des Hospitals den Sanitätswagen für uns, für den protestantischen Pastor, nicht freigegeben. Der Weinhändler musste Rui Bernhard, meinen brasilianischen Kollegen, erst im Kino ausrufen lassen, ehe der mit seinem VW-Käfer und einem Taxi zur Unfallstelle kommen konnte.

Als Traudl auf die Rückbank des Autos gelegt wird, spürt sie keine Schmerzen. Mir klappern die Zähne auf der feuchten, nasskalten Erde; so gefroren habe ich in meinem Leben noch nicht. Ein durchdringender Schmerz nimmt mir fast das Bewusstsein, als man mich auf den Rücksitz des Taxis zerrt. Und noch einmal kann ich mich selber schreien hören, als ich aus dem Auto heraus gehoben und auf eine Pritsche gelegt werde, hallt mein Echo in der hohen Empfangshalle des Hospitals wider.

Über Nacht sind unsere drei Kinder wie Waisenkinder geworden – ihre Eltern können nicht mehr für sie sorgen. Aber die Hilfsbereitschaft der Freunde ist umwerfend, sie haben alles geregelt: Franziska wird von Yvonne und Helmut Siebeneichler aufgenommen, Frank von Franz und Erica Thiel. Wolfi kommt zuerst zu Olanda Tesche und später, weil es ihr zu schwer wird, zu Olinda Raskowetzki.

Unsere Krankengeschichte ist schnell erzählt. Die seelische Verzweiflung, durch die wir mussten, ist schon vergessen. Der alte Israel Raskowetschki hat mich besucht, er hat auf Hebräisch mit mir gebetet und mich gesegnet. Meiner Frau wurde von der Kirchenleitung eine Krankenschwester aus Porto Alegre an die Seite gestellt. Die Heilmethode für meinen Beckenbruch bestand aus einem Leinentuch unter meinem Gesäß, das mit zwei eingenähten Hölzern, links und rechts, über eine Art Flaschenzug von zwei Sandsäcken nach oben gezogen wurde. Dadurch wurde mein Becken permanent zusammengedrückt und konnte ohne Operation heilen. Meiner Frau wurden die Dornfortsätze im Bereich des Bruches der Wirbelsäule operativ entfernt. Sie bekam einen Katheter und ihr Schicksal war der Rollstuhl.

Die Schwestern fragten mich, ob ich hier einen Freund hätte, der mir helfen könnte, meine Notdurft zu verrichten? - Es war Franz Thiel, der mir den Hintern geputzt hat, weil die „Schwestern vom Heiligen Herzen Jesu" es nicht tun wollten. Er und ein Japaner haben mir nach vier Wochen Liegezeit wieder auf die Beine geholfen, denn ich musste das Gehen neu lernen. Mein erster Blick aus dem Fenster fiel auf ein Rondell weißer Lilien, die auf der roten Erde unten im Garten des Hospitals leuchtend weiß blühten.

Als ich wieder laufen konnte, wenn auch nur mit Holzstock, zog es mich zu aller erst in die VW-Werkstatt. Ich musste Gewissheit haben, ob ich am Unfall schuld sei, oder weshalb sonst, die Combi so ruckartig umgestürzt war. Sofort sah ich, dass das linke Hinterrad schief hing und nach innen eingeknickt war. Als ich mich auf den kalten Beton legte und unters Auto schaute, wurde mir sofort klar, dass „meine Rutschpartie" nicht die Ursache des Unfalls gewesen sein kann: Die Bruchstelle am Achsgestänge war zweifarbig. Sie zeigte eine rostbraune alte und eine metallisch glänzende neue Hälfte. Ein früherer Schlag musste den fingerdicken Stahl bereits zur Hälfte gebrochen haben, bevor er bei unserer Fahrt ganz auseinander brach. - Wir hatten keine Chance gehabt.

Die Kirchenleitung beschloss: Wir sollen zurück nach Deutschland, weil dort mehr Chancen zur Heilung für meine Frau bestünden. Für ein Leben im Rollstuhl ist das ländliche Brasilien wirklich nicht geeignet.

Mein Freund Franz verkaufte alle unsere Möbel für uns. Er half mir beim Packen der vielen Kisten. Eigentlich saß ich dabei nur herum. Noch zweimal musste ich nach Porto Alegre fahren, um meine zwei „Brasileiros" überhaupt mitnehmen zu dürfen. Denn in Brasilien gilt nicht das Vaterrecht wie in Deutschland, sondern die Geburt auf brasilianischem Boden entscheidet über die Staatszughörigkeit. Frank und Wolfram sind also zuerst Brasilianer und dann auch Deutsche.

Es gab einen großen, bewegenden Abschied in den Kolonie-Gemeinden, wobei viele Tränen vergossen wurden. In Privatautos wurden wir zum Flughafen bei Porto Alegre gefahren und hatten einen grandiosen Flug über den Atlantik. Ich sagte nur: „'te logo" (bis bald), aber daraus wurde nichts.

Bereits ein Vierteljahr später durfte ich meinen neuen Dienst in einer ländlichen Gemeinde in Unterfranken antreten: Schernau mit Neuses am Berg und Dettelbach, während meine Frau noch lange Monate in Reha-Zentren verbleiben musste.

Gemeindeglieder drängten mich, meine Frau „vom Andres einrenken zu lassen", einem Heilpraktiker-Laien aus unserem Dorf, er hieß Andreas Hofmann. Schon durch seine einmalige Behandlung konnte meine Frau das rechte Bein erstmals wieder selbst bewegen (für die Ärzte völlig unerklärlich) und später, nach einer zweiten Behandlung, sogar ihr Bein heben. Dadurch wurde ihr das Steigen von Treppen wieder möglich, was ihre Bewegungsfreiheit wesentlich erweiterte. Bald konnte sie sogar Orgeldienste im Manual Bereich übernehmen und später, die von mir gegründeten Kinderchöre weiterführen. Zusammen mit ihrer Musikalität - sie war eine Meisterin auf der Blockflöte und ich gründete einen Posaunenchor - bewegten wir viel in unseren Kirchengemeinden. Später ließ ein Rollstuhl-gerechtes Pfarrhaus und ein Auto mit Automatikgetriebe ihr Leben fast wieder wie normal erscheinen.

Unsere Kinder waren noch klein. Ihnen sollte es an nichts fehlen. Wir lebten in Dienst und Freizeit wie eine intakte, gesunde Familie, unternahmen mehrere, unvergessliche Urlaubsfahrten nach Schweden und zwei sogar nach Sardinien.

Auf den Tag genau nach zehn Jahren - das war Zufall - reisten wir noch einmal zusammen nach Tres de Maio. Wir wurden freudig empfangen. Doch mehr, als ein starkes und gefühlsbetontes Erlebnis war es nicht. Wir mussten ja zurück zu unseren Kindern und ich zu meiner neuen Arbeit in der alten Heimat.

Kleiner Bericht aus fünf Jahren Brasilien

Unvergesslich, mein erster Eindruck, nachdem wir vom Schiff aus Hamburg in Rio de Janeiro an Land gegangen waren: Welch ein Kontrast zwischen der üppigen, subtropischen Vegetation und dem Vegetieren der Mehrzahl der brasilianischen Menschen hier !

Ich fotografiere wie wild, um alle neuen Eindrücke aufzunehmen:

Wundersame Blüten, aus denen Colibris trinken – Menschen, die in Lumpen am Straßenrand liegen.

Am Corcovado, unter der riesigen Christus Statue, halte ich stolz mein Töchterchen in die Luft. Ich liebe die Wärme und bin gerne hier !

Im Staat Rio Grande do Sul, wo ich bald Dienst tun werde, gibt es schwere Regenfälle. Vom fahrenden Omnibus aus sehen wir, wie eine Familie aus ihrem überschwemmten Haus flüchtet: Aus dem kleinen Ruderboot ragt ein eisernes Bettgestell. Der Mann hält ein dickes Bündel von weißem Tuch über Wasser und die Frau ihr Kind. Durch die Ritzen der verlassenen Hütte schimmert der blinkende Fluss in der Abendsonne. Und wir haben 16 Kisten Hausrat und noch Geld dabei, um uns neue Möbel kaufen zu können -

Den Sprachkurs in Montenegro muss ich vorzeitig abbrechen - in Tres de Maio wird dringend ein Pfarrer gebraucht. Meine erste Amtshandlung dort ist die Beerdigung eines Caboclos. Wer weiß, wie der dunkelhäutige Brasilianer in die „Deitsch Kerch" gekommen ist ? Auch durch seine Hütte scheint der Himmel. - Mein Portugiesisch ist noch sehr schwach. Ich nehme die Agenda der „Evangelischen Kirche Lutherischen Bekenntnisses in Brasilien" für Amtshandlungen in Portugiesisch in die

Hand und verstehe nur wenig von dem, was ich lese. Ich sehe die rote Erde, die ausgezehrten Gesichter, zwischen den mit Aluminiumfarbe gestrichenen Grabsteinen und ich finde kein Grün auf den Gräbern - „die Ameisen" sagt man mir später. Trösten, wie denn, leere Versprechen machen auf ein imaginäres Jenseits?

Kurze Zeit später bietet sich ein Verwandter des Verstorbenen an, unseren Brunnen zu reinigen. Ich freue mich, denn unsere Wäsche wird schon länger nicht mehr weiß. Der Preis ist gering. Als ich dem nackten, frierenden Mann nach getaner Arbeit unsere warme Dusche anbiete, um seinen rot verschmierten Körper zu reinigen, nimmt er nur sehr zögernd an. Soviel Gleichstellung ist er nicht gewohnt. - Wir haben diese Begegnung immer mit der Tatsache in Verbindung gebracht, dass uns nie etwas gestohlen wurde. Einmal hatten wir drei Wochen Urlaub an der Atlantik-Küste. Es war unbeschreiblich schön dort und als wir heimkamen, da steckte der vergessene Haustürschlüssel noch immer an der Tür - von außen ! - und es fehlte nichts.

In fünf von sieben Gemeinden wurde im Gottesdienst Deutsch gesprochen. Das machte mir den Einstieg leichter, denn mit der Landessprache kam ich erst besser zurecht, als wir zu Hause auch Portugiesisch sprechen mussten, weil unser neues Kindermädchen kein Deutsch verstand. Meine jungen brasilianischen Kollegen konnten die Kontakte zu den neuen Mächtigen der Stadt besser pflegen, als ich. So war ich froh, in der Kolonie arbeiten zu dürfen. Aber dort kam es vor, dass die Großmutter sich mit den Enkelkindern nicht unterhalten konnte. Ich litt darunter, der aufkommenden Erwartung, auf ein besseres, fortschrittliches Brasilien, als Deutscher im Wege zu stehen schien. Vom Staat wurde Nationalismus verordnet bis in die ländlichen Grundschulen hinein.

Eine Euphorie lag in der Luft - mir dagegen war der Zusammenbruch des nationalsozialistischen Hitler-Reiches noch gegenwärtig. Oft wurde ich schüchtern gefragt: „Pastor, ist das wirklich passiert, das mit der Judenvernichtung, den KZ 's und so?" - „Ja, leider", musste ich antworten und viel erklären.

Die Frage ihrer Identität war in den deutsch-brasilianischen Gemeinden immer gegenwärtig. Aber das Leben hatte noch andere, vordringlichere Themen:

„Weil du arm bist, musst du früher sterben." - Nicht nur, weil man abergläubisch ist, geht man zum „Brauchen" (Krankheiten durch Sympathie-Zauber vertreiben), sondern, weil man kein Geld für den Arzt hat. Funktionierende Krankenkassen gab es nicht. - Von Jahr zu Jahr wurde die wirtschaftliche Lage der Kleinbauern schwieriger und damit auch ihre Gesundheit immer mehr bedroht.

Traurig erinnere ich mich an die junge Liane Sipp. Ihre Eltern und Verwandten waren rührige Gemeindeglieder. Aber Liane, eine aufgeweckte Konfirmandin, hatte immer Kopfschmerzen. Wie sollten sie dem Mädchen helfen? Liane bekam Schmerztabletten bis zu dem Tag, an dem sie tot umfiel - der Eiter war ins Hirn durchgebrochen. Ähnliches gäbe es, anderes mehr zu berichten.

Was tun, als Seelsorger, als Gemeindearbeit vor Ort? Mitleiden, trösten, Glauben stärken und Vertrauen wecken darauf: „Wo das Evangelium von Jesus Christus gehört und gelebt wird, wird es immer auch zur Besserung der Lebensverhältnisse beitragen." (Prof. Georg Vizedom, Neuendettelsau)

Zunächst war es mein bescheidener Beitrag, die Gottesdienste und Gemeinde Veranstaltungen durch Bild und Musik zu verschönern. An Ideen und Gemeinsinn war ein reicher Schatz vorhanden. Dazu ein Beispiel aus

Manchinha: Ein Wirbelsturm hatte das hölzerne Gemeindehaus hoch gehoben und ein paar Meter weiter wieder fallen lassen, so dass nur noch ein Haufen Bretter dalag. Dann haben alle Leute mitgeholfen. Sogar die Nägel wurden gesammelt, gerade geklopft und wieder verwendet. In nur 14 Tagen war es wieder aufgebaut - und war schöner als zuvor.

Als eine besonders starke Einrichtung erwies sich die „Frauenhilfe". Die geselligen, monatlichen Nachmittagstreffen der Frauen waren ein wichtiges Medium für ihre Familien. Meine Frau Gertraud war dabei unentbehrlich, so konnten wir auch Ernährungslehre mit ins Programm nehmen, wie z.B. die wunderbare Sojabohne, die zwar jeder hatte, aber niemand wusste, wie wertvoll sie ist und wie man sie zubereiten kann. Einige junge brasilianische Kollegen haben landwirtschaftliche Hilfen und ganze Projekte erprobt. Sie konnten in die Gemeinden gerufen werden, denn Hilfe tat Not ! Bei ständig sinkenden Agrarpreisen in einer Welt von Kleinbauern, ging es um das blanke Überleben. Und keine Industrie konnte die jungen Menschen auffangen. So wurde in den Jugendkreisen draußen, beim Schein einer Petroleumlampe, nicht nur nach alter Weise „Der Sandemann ist da..." gesungen und getanzt, sondern auch über die Zukunft beraten.

Dann hat ein schrecklicher Unfall unser Leben schlagartig verändert. Auf dem Heimweg von der Nachbarstadt Santo Angelo, folgte auf den roten Staub der Erdstraße, unvorhersehbar ein Stück Straße „wie Schmierseife". Ein Platzregen war nieder gegangen, nur wenige Meter vor der Ponte Quaraim. Obwohl wir langsam fuhren, knickte das linke Hinterrad ein, die VW-Combi drehte sich gegen die Fahrtrichtung und stürzte um.

Viel zu lange musste meine Frau, gestaucht am

Rücken, auf der Erde im umgestürzten Auto sitzen, denn ich konnte ihr nicht helfen. Ich war heraus gefallen und Türe der Combi hatte mich zerquetscht und lag selbst mit gebrochenem Becken auf der blanken Erde. Leider hatten die mitfahrenden Frauen nicht den Mut, das Auto wieder auf die Räder zu stellen. Unsere drei Kinder waren über Nacht wie Waisenkinder geworden. Doch da hat eine Hilfe eingesetzt, die ich als wahre Nächstenliebe bezeichnen möchte.

Sofort haben drei Familien unserer Gemeinde, die Thiel, die Siebeneichler, die Tesche und später die Raskowetzki, unsere Kinder unter sich aufgeteilt und pfleglich zu sich genommen. Meine Frau und ich lagen im Hospital Sao Vicente de Paulo, wo Dr. Eickhoff und Dr. Bordinho sich um uns bemühten.

Damit war meine Tätigkeit in den mir anvertrauten sechs Kolonie- Gemeinden mit einem Schlag zu Ende. Die Kirchenleitung betrieb unsere Rückkehr nach Deutschland, auch mit der Hoffnung auf spezielle Heilmethoden für meine nun querschnittsgelähmte Frau. Nach vier Wochen Liegezeit lernte ich erst wieder das Gehen. Als ich aus dem Hospital entlassen war, durfte ich beim Nachbar Fridolin Runke mit am Tisch sitzen!

Dank der unermüdlichen Hilfe meines Freundes Franz Thiel, konnte der Haushalt aufgelöst und die Kisten zur Rückreise gepackt werden.

Als ich zehn Jahre später zu Besuch nach Tres de Maio kam, hatte sich dort vieles verändert. Wo ich noch einen Kranz von Feldern mit rauchenden Baumstümpfen um die Stadt herum erlebt hatte, zwischen denen gepflanzt und geerntet wurde, war inzwischen ein Ring von Favelas gewachsen. Wo zu meiner Zeit Kolonisten stolz von ihren Pferdewagen stiegen, um das Wenige einzukaufen, was sie selbst nicht herstellen konnten, wie Stoffe, Nähzeug, Soda für die Seife, Werkzeuge, Arznei und Anderes, sah ich zum ersten Mal, blonde Kolonisten-Kinder in der Stadt betteln. - Die Gemeinde von Manchinha hat inzwischen (von US-Dollars) ein eigenes, neues Pfarrhaus bekommen, mit fünf Badezimmern, zu viel im Vergleich zu den Plumpsgruben der Kolonisten. Da frage ich, was predigt der deutsch-brasilianische Pastor, der sich und seine Familie zur gehobenen Gesellschaft rechnet, inmitten dieser Verarmung und dem Niedergang des bäuerlichen Lebens?

Früher, als wir im klaren Wasser der Flüsse noch baden konnten, was nach den schweißtreibenden Weihnachtstagen mit sich biegenden Kerzen am stachligen Pinienbäumchen, besonders gut tat, hatte ich noch Hoffnung. Doch heute wälzt sich eine trübe, rote Brühe dort, verursacht durch Erosion. - Keine Natur ist so stark, dass sie der nehmenden Hand des Menschen auf Dauer standhalten kann. „Wer über den Hügel pflügt, darf sich nicht wundern, wenn sein Brunnen versiegt"; wenn aber das letzte Wäldchen herunter muss, damit der Bauer sich und seine Familie kurzfristig ernähren kann ? - Auch das Wundermittel Kunstdünger hat nicht gehalten, was es versprochen hatte und die chemische Keule der Pestizide und Fungizide macht Mensch, Tier und Natur nur krank. - Und wenn der Direktor der Agrargenossenschaft mit den Ersparnissen aller Mitglieder nach Paraquai verschwindet, was (leider geschehen ist), dann schwindet leicht auch die Hoffnung der so Bestohlenen.

Es ist die Liebe von und zu diesen Menschen, die ohne Schnörkel redeten: „Du, Pastor, das wollt ich dir sagen...", die ich heute vermisse.

Wenn ich könnte, ich wäre schon morgen wieder fröhlich unter ihnen.

III. Teil

Wieder daheim
Gesammelte Impressionen
Reisen

Balance am Rhein

Ob sie mich für ihre Politik gewinnen wollten, oder einfach nur gastfreundlich waren? Meine politische Heimat sind sie nicht, aber neugierig war ich trotzdem.

Ihr junger Abgeordneter (MDB) lud mich, den Dorfpfarrer, zu einer Fahrt nach Bonn und Köln auf Kosten seiner Partei ein. Wie hätte ich sonst den Regierungssitz der jungen Deutschen Bundesrepublik, das Parlament, den langen Eugen, das ganze Regierungs- Viertel am Rhein, jemals kennen gelernt!?

(Nun will ich Sie, werte Leser, nicht mit der Beschreibung einer Omnibusfahrt unterfränkischer Landsleute an den Rhein langweilen, sondern nur berichten, was mir dort das Merkwürdigste war)

Ein etwa gleichaltriger Katechet und angehender Pfarrverwalter, war mir bei der Quartiernahme in Köln als Kamerad zugeteilt worden. Wir kamen gut miteinander aus.

Eine Schiffsfahrt von Köln nach Königswinter, mit Blick auf die großen Raffinerien links und Schloss Petersberg rechts des Rheins, machte uns Eindruck. Dann ging es zum Wohnhaus des 1967 verstorbenen ersten Kanzlers der jungen Bundesrepublik Deutschland, Dr. Konrad Adenauer, hinauf.

Natürlich atmet sein Haus heute den Geist des Unbewohnten, die Korrektheit eines Museums. Doch die schlichte Bürgerlichkeit wird vom großräumigen Garten umrahmt und mit einem grandiosen Ausblick über den Rhein bis Bonn hin gekrönt. Schade, dass an diesem Herbsttag, die Rosen nicht mehr blühen, zwischen denen er seine großen Reden vorbereitet hat. Ohne ihn wäre dieses Bonn nicht Bundeshauptstadt geworden und - wer weiß - auch nicht so bald nach dem Krieg, wieder ein deutscher Staat entstanden.

Anderntags dürfen wir den deutschen Bundestag während einer Parlamentsdebatte erleben. Worüber, an diesem Tag debattiert wurde, weiß ich nimmer - es kann nicht weltbewegend gewesen sein. Doch ich erinnere mich an sehr viele leere Plätze - mehr Gäste, als Abgeordnete - in dem Hohen Hause.

Dafür war es am Abend drückend eng im Lieblingslokal der Bayern in Bonn. Ich kam neben Minister Dr. Rudolf Seiters zu sitzen. Welch eine Ehre! Wir unterhielten uns lebhaft - nur nicht über Politik. Doch sein Bekenntnis, dass er früh morgens um sechs, mit der Lektüre römischer Schriftsteller im lateinischen Originaltext, seinen Tag beginnt, konnte ich nur mit äußerster Zurückhaltung zur Kenntnis nehmen und meine fehlende Begeisterung nur mit einem artigen Lächeln ausbalancieren - Latein hat nie meine Liebe gehabt.

(Wenige Zeit später erteilte ich Walter Leisler Kiep, auf seinen Bettelbrief für Theologie Studierende, eine deutliche Absage. Ein andermal, als ich in einer Predigt Günter Wallraff zitierte, verließ der Ortsvorsteher der CSU den Gottesdienst. Der Bürgermeister, auch Ortsvorsteher, meiner neuen Gemeinde, bei dem ich mich vorstellte, wusste schon soviel über mich, dass mir klar wurde: diese Partei muss ein Dossier über mich angelegt haben).

Gerade sind mein Kamerad und ich wieder in Köln, es ist Abend und wir wollen uns ein wenig die Stadt ansehen. Am finsteren Koloss des Domes vorbei gehen wir den Rhein aufwärts. Dort wird eine neue Brücke gebaut. Fußbreite Stahlschienen überspannen bereits den Strom. Keine Absperrung hindert uns. Das ist verlockend. Schritt für Schritt balancieren wir vorwärts. Bald wird es schwieriger, denn die helle Uferbeleuchtung reicht nicht bis zur Mitte des Stromes. Das haben wir nicht bedacht, als wir losgingen. Wir sehen nicht mehr genau, wohin wir treten. Links und rechts der Eisenträger glitzert der Fluss herauf. Jetzt heißt es: Immer ins Schwarze treten! - Wenn nur kein Öl auf dem Eisen ist, denn ausrutschen, hinfallen, daneben treten, das ginge hier nicht gut. Doch umkehren wollen wir auch nicht. Freihändig balancieren wir weiter und weiter, malen uns auch nicht aus, was wäre, wenn? - Tief, sehr tief unter uns, zieht unaufhaltsam der mächtige Rhein seine glitzernde Bahn, der Schicksalsstrom der Deutschen. Baumaterial stellt sich uns in den Weg, doch wir können es umgehen. Jetzt beginnen die Straßenlichter der anderen Rheinseite uns zu blenden. Auch der Regen ist stärker geworden. Nass, aber wohlbehalten, setzen wir unsere Füße endlich wieder auf festen Boden.

Wir gehen auf die schwarze Eisenbahnbrücke zu, dann unter ihren zwei gewaltigen, mit dicken Nieten bespickten Bögen entlang in Richtung des schwarzen Domes. Das Getöse vorbei donnernder Züge erschreckt uns so, dass wir uns die Ohren zuhalten.

Bis auf die Haut durchnässt kommen wir in unser Quartier. Am andern Tag spüre ich, wie sehr wir uns übernommen haben: ich bin erkältet. Nach der Heimkehr verliere ich den Kameraden sehr bald aus den Augen.

Man soll sich eben nicht mit so vielen schwarzen Dingen einlassen!

Mein Naturdenkmal

In der Zeit, als ich mit Freund Achim im Muggendorfer Gebürg herumstrich - Sie erinnern sich an meinen „Sonnenaufgang" - stiegen wir den steilen Feldweg von Wölm zur Wiesent hinunter. Da gibt es zwischen Schottersmühle und Behringersmühle nur einen einzigen Übergang und der ist eigentlich verboten: Bei einem alten Wehr liegen zwei U-Eisen über dem schäumenden Flüsschen.

Achim zeigte mir Höhlen in den Felsen des linken Wiesent Ufers, worin Waffen aus dem Krieg versteckt waren. Aber das war es nicht, was meine Sinne erregte. Als wir zum verbotenen Übergang am Fluss zurückkehrten, führte er mich noch zu einer Stelle, von der er sagte:„Das ist etwas Besonderes, was ich dir zeigen will."

Und so war es auch. Nur wenige Meter flussabwärts ragte eine Moos überwachsene, Haus hohe Felsformation am Weg. Am Fuß dieses mächtigen Felsen, über schwarzer, mooriger Erde, wo wir Brennnesseln ausweichen mussten, gab es einen kleinen, spitz zulaufenden Eingang, wie ein kleines gotisches Tor. Wir gingen in die Knie, um hindurch zu passen. Dann tat sich unerwartet ein hoher Raum vor uns auf, mit einem sanften, grünen Licht dämmerig erfüllt.

Wie die betenden Hände Albrecht Dürers, formten zwei hohe Felsenschalen aneinander gelehnt diesen domartigen Raum. Das nur spärlich aus den oberen Rändern hereinfallende Tageslicht, war durch das darüber wachsende Gras und Laub sanft und grün. In den Nischen an den Seiten hätte man bei Gewitter oder großer Kälte besten Schutz finden können. Der Boden in der Mitte zeigte Spuren einer früheren Feuerstelle. Der

Rauchabzug nach oben muss bestens gewesen sein.

Ich hatte damals noch keine Kamera - und später, sofort nach meiner Rückkehr aus Brasilien, war einer meiner ersten Gänge hierher. Aber ich fand die wundersame, grüne Höhle nicht mehr. Ich suchte und suchte. Ich rief Achim an und fragte ihn nach dem genauen Platz, aber er wusste es auch nicht anders.

Später, fast 40 Jahre nach meiner ersten Begegnung, überfiel mich noch einmal die von Sehnsucht gefüllte Erinnerung nach diesem heimlichen Ort, der mir wie ein heiliger Ort war. Zusammen mit Adelheid durchkämmten wir in der Laub freien Zeit des Frühjahrs 2011 den ganzen linken Hang der Wiesent von Behringersmühle bis zur Schottersmühle hinauf. Wir schauten in jede Höhle, wir krochen um jeden Felsen, doch ohne Ergebnis.

Ich befragte die Kletterer und besuchte die Höhlenforscher der Fränkischen Schweiz; ich fuhr wöchentlich mit dem Motorrad dort hin und suchte. Ich schrieb sogar nach Bayreuth an die Regierung von Oberfranken, doch alles ohne Ergebnis - niemand wusste etwas von dieser Felsen-Höhlenformation.

Ein kleiner, ebener Platz, wo noch unbemooste Felsen im Halbkreis steil dahinter aufragen, ganz in der Nähe des einzigen Übergangs, brachte mich auf die Idee: Meine grüne Felsen-Höhle könnte einem Steinbruch zum Opfer gefallen sein.

Das Rathaus von Gößweinstein ist dafür zuständig. Ich rief dort an. Aber zu mehr als:„Ko scho sa. Dou hommer amol a poar Staa rauskullt", war dem Mann nicht zu entlocken, „Is a scho lang her." So lange auch nicht. Die zuständige Gemeinde sollte schon mehr darüber wissen.

Nur ein ermunternd aufgeschlossener Herr, ein Regierungsbeamter aus Bayreuth, beteiligte sich sehr hilfsbereit an meiner Suche. Er führte sogar noch eine persönliche Begehung des Geländes durch und bestätigte meine Schilderung der Lage.

Am Ende aber konnte er mich nur mit seiner Zusage trösten: „Schade, dass diese Höhlenformation verloren ist. Ich hätte sie als ein Naturdenkmal schützen lassen."

Wartburg (DDR)

Das Dekanat Kitzingen hat zu einem Ausflug des Pfarrkapitels nach Eisenach und auf die Wartburg eingeladen.

Sehr früh am Morgen trifft man sich, um die weite Fahrt nur in einem Tag durchführen zu können. Zwei Omnibusse voller Pfarrer und Pfarrfrauen, Emeriti, Pfarrwitwen und andere Interessierte sind dabei, insgesamt 98 Personen.

Die gefürchtete Grenzkontrolle verläuft einschüchternd, wie es die Grenzpolizei der DDR offensichtlich haben will. Unsere Pässe werden eingesammelt und beide Busse zur Seite herausgewunken. Dann lässt man uns warten. Wir, im zweiten Bus, wissen nicht weshalb.

Erst Jahre später konnte ich von unserer Reiseleiterin erfahren, was passiert war: Drei der Herren im vorderen Bus hatten den Rat von erfahrenen DDR-Besuchern nicht beachtet:„Nur keine politischen Gespräche, egal mit wem!". Stattdessen hatten sie mit dem DDR-Reiseführer, einem pensionierten Politologen, heftig über „Die

Wahlen in Bayern und Franz-Josef Strauss" diskutiert. - Das war der Grund, weshalb wir so lange aufgehalten wurden. Erst nach zwei Stunden Wartezeit, durften wir weiter.

Unsere damalige Reiseleiterin erinnert sich noch heute an die Worte des DDR-Reiseführers am Abend vor der Rückreise: „Seien sie unbesorgt, ich sage nichts. Sie kommen wieder nach Hause". - Das war deutlich.

In Eisenach angekommen, geht es zuerst in ein großes Hotel zum Mittagessen. Da ist kein Schick, eher ein Werkskantinen-artiges Milieu und erneut umständliches Warten bei unfreundlicher Bedienung.

Anschließend besuchen wir das Luther-Haus. Vor der Kasse steht eine graue Trennwand mit der Aufschrift: "Durch stille Sein und Hoffen würdet ihr stark sein. Jesaja 30,15". Welch ein revolutionäres Wort, denke ich, eine Hoffnung, die über das bestehende System und dessen Staatsideologie weit hinaus weist. Dass es überhaupt hier stehen darf und es niemand übertüncht hat, kann nur darin liegen, dass die örtlichen Funktionäre es nicht verstehen. Andrerseits, angesichts der damals wie zementierten Teilung Deutschlands, wirkte der Spruch eher harmlos; das war wohl der Grund, weshalb die Apparatschiks ihn dort beließen. Dann steigen wir hinauf in eine verwinkelte, weiß getünchte Dachstube. Hier soll Frau Cotta, die reiche Wirtin, den jugendlichen Martin Luther beherbergt haben.

Anschließend dürfen wir das Haus besuchen, in dem die kommunistische Partei gegründet wurde – schade, denke ich, dass nur ein Polizei-Spitzel-Regim dabei heraus gekommen ist - oder war das abzusehen?

Als wir nach der Stadtbesichtigung, wo uns auch viel Baufällige begegnet ist, wieder beim Bus eintreffen, warten dort Kinder, die betteln, auch ein paar Erwachsene sind dabei. Die erfahrenen DDR-Reisenden unter uns haben Kaugummi, Lebkuchen und andere süße Sachen bei sich, was dankbar entgegen genommen wird. Ich habe so was nicht bei mir.

Dann bringt uns der Bus rasch hinauf zur Wartburg, nur noch ein kleiner Anstieg - hier am Tor bei der Zugbrücke soll der, in Schutzhaft genommene Martin Luther, als Junker Jörg verkleidet „dem Volk aufs Maul geschaut" haben, um die richtigen Wörter zu finden, für seine Übersetzung des Neuen Testamentes, das er erstmals aus dem griechischen Original ins Deutsche übertragen hat. - Gott sei Dank, liegt die Wartburg in der Mitte Deutschlands! Welche Schriftsprache hätten wir bekommen, wenn Luther nicht Thüringer gewesen wäre? Von der eigentlichen Burgbesichtigung, blieb mir wenig Erinnerung. Wahrscheinlich wurde sie von dem Eindruck eines stärkeren Erlebnisses auf dem freistehenden Burgfried überdeckt:

Steile Holztreppen sind zu nehmen, bis ich oben auf einer offenen Plattform mit meiner Spiegelreflexkamera (Ihagee Exakta Dresden mit Carl Zeiss Objektiven) ein Bild vom Burghof und den herbstlich bunten Höhen des Thüringer Waldes zu bekommen versuche, als mich ein Mann anspricht.

Er fotografiert mit einer Exa I und wir haben sofort unser Thema. Ich nenne ihm Zeit und Blende, wie sie mein separater Belichtungsmesser anzeigt. Wir sprechen nur über Fotografieren und bedauern das trübe Wetter. Dann kommt seine Frau mit zwei Kindern nachgestiegen. Interessiert und mit großer Freundlichkeit und Aufgeschlossenheit unterhalten wir uns. Dabei kommen auch unsere Berufe zur Sprache. Als ich sage: „Ich bin Pfarrer", sehen sie sich groß an und erschrecken. Sofort führt die Frau ihre beiden Kinder etwas abwärts. Der Mann fragt nochmals nach. „Ja" sage ich „ich bin Evangelisch-Lutherischer Pfarrer aus Franken in Bayern". Er nimmt nicht Reißaus, sondern tritt näher an mich heran, drängt mich weiter nach oben und spricht nur noch gedämpft mit mir. Seine Frau hat Mühe, ihre zwei Kinder von uns fern zu halten.

Als ich unverständlich dreinschaue, erklärt er mir schnell: „Die Kinder dürfen nicht hören, dass wir mit einem Pfarrer geredet haben". „Warum nicht?" frage ich. „Ja" sagt er leise „die Kinder werden in der Schule ausgefragt. Und wenn bekannt wird, dass ihre Eltern sich auf der Wartburg mit einem Westler getroffen haben, noch dazu mit einem Pfarrer, werden den Kindern und erst recht uns, denn wir sind beide im Lehramt, die größten Schwierigkeiten gemacht." Ich kann es nicht fassen, doch ein herzliches Verlangen nach Gedankenaustausch, um uns näher kennen zu lernen, hat uns ergriffen.

Unser Gesprächsort auf der zugigen, freien Treppe ist nicht angenehm. Trotzdem kommt die Frau mit den beiden Kindern wieder ein paar Stufen höher und wechselt ein paar Worte mit ihrem Mann. Dann führt er die Kinder abwärts, offensichtlich, damit nun die Frau mit mir reden kann. Die Fragen sprudeln nur so aus ihr heraus: Wo und wie wir leben im Westen und ob dieses und jenes wahr sei, wie sie es gesagt bekommen? - Doch die Kinder sind unruhig, schauen immer öfter nach ihrer Mutter herauf. Ein kalter Wind kühlt uns aus. Wir müssen den Turm verlassen.

Bis wir durch den Burghof, das Tor und die Brücke weiter abwärts zu den Bussen kommen, ist es immer wieder dasselbe traurige Spiel: Abwechselnd führt der Mann die Kinder, damit die Frau mit mir sprechen kann und dann wieder umgekehrt.

„Wollen wir nicht unsere Adressen tauschen?", frage

ich. Aber beide wehren heftig ab. Das sei unmöglich für sie, ihre Post werde kontrolliert. „Nein, wir können keinen Kontakt miteinander halten", sagen sie traurig. Und ihre Namen? Mehr, als dass sie in Zwickau leben und beide Lehrer im Staatsdienst sind, geben sie nicht von sich preis.

Zu allem Übel hat ein Nieselregen eingesetzt. So stehen wir mit diesem Brennen im Herzen hilflos auf dem Omnibusplatz, umarmen uns hoffnungslos und die Tränen laufen uns über die Wangen herab, so dass sie sich miteinander vermischen. Wir wissen es - das ist ein Abschied für immer!

Unser Busfahrer hupt schon. Alle sitzen zur Abfahrt bereit. Nur ich fehle noch. Mit aufgelöstem Gesicht muss ich einsteigen, setze mich wortlos auf meinen Platz und der Bus ruckt an. Winken war schon nicht mehr möglich, wir hatten uns bereits aus den Augen verloren.

Die rote Ellen

Einmal im Leben hat mir mein frühkindlich erworbenes Asthma einen Kuraufenthalt beschert. Das war dann in Bad Dürrheim in der Baar.

In Erinnerung an eine Adria-Fahrt, die mir gründliche Reinigung der tiefsten Atemwege gebracht hatte, bat ich den Kurarzt, von Medikamenten abzusehen und mir statt dessen nur warme Sole-Inhalationen verabreichen zu lassen. Er ging darauf ein. So hatte ich wirklich einen sehr guten Heilerfolg. Und das war nicht alles.

Im Anschluss an die Inhalation absolvierte ich täglich

ein reichhaltiges Programm: Atemgymnastik, Schwimmen, Waldlauf, lange Spaziergänge - und am Abend Kegeln. - Weil mir „Grüß Gott" zu vereinnahmend und „Guten Tag" zu kalt klang, grüßte ich die recht lebensfrohen Mitmenschen im Haus mit einem freudigen „Hallo!". Einige spöttelten darüber, aber mein Gruß wurde doch Mode und schon bald wusste ich nicht mehr, weshalb ich hier war, ich fühlte mich gesund und frisch. Für mein Zimmer besorgte ich eine große Glaskugel mit echtem Goldfisch (andere Tiere waren nicht erlaubt) und eine rechteckige Vase für Blumen, Zweige und Gräser die ich von ausgedehnten Fotowanderungen mit auf 's Zimmer brachte. Der Kurarzt zeigte sich hoch zufrieden bei seiner Visite.

Es waren an sich schon faszinierende Tage. Dann aber sah ich eine zierliche, rothaarige Frau, die am Ende des Kurparks mit einer kleinen, älteren Kamera auf den Knien um eine Blumengruppe kroch. Wir kamen ins Gespräch über Belichtung, Blenden und Objektive und beschlossen, andertags gemeinsam auf Fotojagd zu gehen.

Es war ein berauschender Herbst mit strahlend blauem Himmel, in dem das sich verfärbende Laub wie Feuer und Gold leuchtete und wir verbrachten die meiste Zeit außerhalb unserer Anwendungen von nun an gemeinsam. Wir dehnten unsere Spaziergänge zu kleinen Fahrten in die nähere Umgebung aus und luden meinen Tischnachbarn Kurt, der auch leidenschaftlich fotografierte, zu Touren in den Hochschwarzwald, zu den Quellen der Donau und sogar zu einer Tagesfahrt in die Schweiz mit ein.

Wir hatten herrliche Tage zusammen. Ich ging nicht mehr mit der Kegelgruppe, sondern nur noch mit Ellen - und zwar zum Tanzen. Ich glaube es nicht! - nie hatte ich

Tanzen gelernt (vor allem deshalb nicht, weil ich immer für die Tanzenden mit meinem Cornett oder meiner Klarinette aufgespielt habe). Doch mit Ellen konnte ich tanzen. Sie sagte sogar: „Du tanzt gut." - Ich war Butter in ihrer Nähe. Eines Nachmittags in ihrem Zimmer fasste ich den Mut, sie zu berühren und ich erschrak, als sie mich unter Tränen einen Verführungskünstler nannte.

Aber, es war auch eine Wand zwischen uns. Sie hatte nicht nur wunderschönes, rotes Naturhaar, sondern ihr ganzer süßer, roter Kopf war voll von extrem roter, kommunistischer Doktrin. Sie verdächtigte mich, auch an allen Untaten des Christentums mitschuldig zu sein. - Es waren die späten 70iger Jahre. Da lebte die Hoffnung auf kommunistische Weltverbesserung und Weltherrschaft durch die „Diktatur des Proletariats" in einer „klassenlosen Gesellschaft" noch in vielen Köpfen, so auch in dem ihren. Und ich war für sie so eine Art Klassenfeind. Obwohl mir ihr Standpunkt von der Familie der Schwester meines Vaters her geläufig war. Doch auch mit Kurt zusammen, hatten wir viele gute und verbindende Gespräche.

Eines Tages machte sie unerwartet die Andeutung, dass sie Kontakt zu den Sympathisanten der „Rote-Armee-Fraktion" habe, zwar nur gelegentlich, aber immerhin, und ließ durchblicken, dass sie ihnen auch Unterschlupf gewährte. -

Eine sehr heiße Sache damals! - Hätte ich sie anzeigen sollen, können? Pfui Teufel, nein!

Ach, unser Blut wallte und unser Geist sprühte, nicht nur in solchen dunkelroten Streitgesprächen.

Den späten Nachmittag jenes Tages, an dem wir uns in ihrem Zimmer näher gekommen waren, verbrachten wir dann in meinem Zimmer - laut Hausordnung „streng verboten". Deshalb deckte ich ihre Kleider sorgfältig mit den meinen zu. Und im letzten Augenblick, bevor ich zu ihr unter die Decke schlüpfte, fielen mir ihre zierlichen roten Schuhe unter dem Bett auf. Rasch versteckte ich sie im Nachtkästchen. Im Zimmer war es dämmerig geworden. Nur ihre Marmor weiße Haut leuchtete mir bis in alle Knochen hinein -

Plötzlich rappelte es heftig an der Tür. Schnell zog ich der lieben Ellen die weiße Bettdecke über den hochroten Kopf und hielt zum Schein einen ganz friedlichen Nachmittagsschlaf. Nach kurzem, harten Anklopfen, auf das ich nicht antwortete, kam die Stationsschwester herein geschossen und legte etwas auf den Tisch, wie ich hörte. Dann folgten lange Sekunden peinlicher Stille - jetzt sieht sie sich im Zimmer um - aber sie ging wieder. „ffffffff" zische ich leise durch die Zähne, das war knapp gewesen - knapp vor dem Hinauswurf. Die Stationsschwester kannte ich, als eine gestrenge, unnahbare Alemannin, die nicht Schwäbin genannt werden wollte. Nur gut, dass ich die roten Schuhe versteckt hatte.

Nach diesem Schreck ließen wir uns aber nicht mehr stören - zu groß war unsere Freude aneinander. Erst der Gong zum Abendessen rief uns wieder ins normale Leben zurück - will sagen, wir mussten diese Unterbrechung hinnehmen, um nicht aufzufallen.

So durchlebten und durchliebten wir diesen bunten Herbst, als die beste Frucht und Geschenk dieses Jahres für uns beide.

Erst mit dem Fallen aller roten und gelben Blätter fiel auch unsere Liebe in das nasse Grau des kommenden Winters. - Um ihretwegen, in ihrem seltsamen Milieu, durfte ich der roten Ellen nie mehr begegnen. Zuviel Angst hatte sie davor, was sicher auch berechtigt war. Wir durften uns nicht einmal schreiben. Doch auch ich musste zurück in mein normales, schwarz forderndes

Leben. Unser Abschied hatte etwas Tödliches.

Nur oberflächlich tröstete mich der Spruch vom Wandteller in der Küche meiner Mutter:

„Leuchtende Tage, nicht weinen, weil sie vergangen,
sondern lächeln, dass sie gewesen!"

Engel

Ich war schwer erkältet, hatte Fieber gehabt. Heute erst bin ich auf dem Weg der Besserung erstmals wieder in der Stadt.

Ein kalter Wind bläst und mein Windspiel tänzelt unruhig neben mir. Es friert, ich nehme es hoch und stecke das zitternde Tierchen in meinen Mantel. So stehe ich an der Ecke vor dem Dom und schaue dem Straßenverkehr und dem vielen Männlein Laufen zu.

Da spricht mich eine feine Dame an, wegen des Windspiels. Wir reden miteinander und verstehen uns gut.

Als wir uns wieder treffen und über den freien Platz vor der Residenz gehen, geschieht es, dass ich erstmals nach Jahren, wieder die warme, lebendige Taille einer Frau, im Rhythmus gemeinsamen Gehens, in Hand und Arm verspüre. Neu und wunderbar durchströmt mich ein hoffnungsvolles Gefühl. Ich lebe auf.

Das wurde ein Frühling, wie keiner zuvor. Als wir uns im Rosengarten trafen und sie ihr seidenes Sommerkleid mit den rosa-grünen Arabesken anhatte, durfte ich mit in ihr "Burgzimmer" im dritten Stock. - Ich sah das runde Muttermal auf ihrer Brust und fühlte die Narben der Verletzungen auf ihrem Schambein, die ihr russische Soldatenstiefel zugefügt haben. Erst die schweren Glockenschläge, die herein drangen, mahnten mich zum Gehen. Wie oft musste sie ihr Bettzeug wechseln, weil wir es nassgeschwitzt hatten. Sie ist sehr belesen. Noch vor einem Jahr hat sie in New York Jazz getanzt, jetzt plagen sie starke Schmerzen im Rücken. Sie trinkt gern und oft Kaffee. In New York hatte sie Dschortschy Hyde geheiratet, ja, einen von den Londoner Hyde Park Stiftern. - Er war Arzt, war bei den Ledernacken der USA, hat einen Diplomatenpass und arbeitet für die IRA. Er trank zu viel und bald verweigert sie sich ihm. Er rächte sich an ihr durch Schlafentzug. So erzählte sie. Dann floh sie hierher in ihre "Burg".

Eines Tages sagte sie, Dschortschy sei da. Sie habe ihn gesehen, wie er unten am Telefonhäuschen stand und rauchte. So besuchte ich sie weniger. Wir waren beide noch verheiratet, aber sehr hungrig nach mehr Leben. Einmal besuchten wir ein Hallenbad in der Nähe ihrer "Burg" und trieben es, als wir noch nass waren in der engen Kabine. Wenn wir mit dem Auto ins Grüne fuhren, um im Freien spazieren zu gehen, hatte sie immer Angst, dass wir überfallen werden. Nur in der Stadt fühlte sie sich wohl. So gut wir uns auch verstanden - wir hatten keine Zukunft. Zu unterschiedlich war unser Lebensstil: Sie liebt die städtische Kultur, ich mehr die Natur. Sie hat große Freude an Trödelmärkten, sagt, in ihre Wohnung könne man nicht mehr treten deswegen und will sie mir auch nicht mehr zeigen. Dschortschy ist inzwischen verstorben.

Als ich beruflich weiter weg zog, ging unserer Liebe das Körperliche ganz und gar verloren. Auch die geistige Verbindung war ein immer dünner werdender Faden.

Doch sie ermunterte mich zum Schreiben, sie förderte mich. Mütterlicherseits ist sie mit E.T.A. Hoffmann verwandt. Doch es gelang uns nicht, uns wieder zu treffen. Das letzte Mal sah ich sie zufällig auf einem Bahnsteig in Würzburg, wo ich mit der jungen Rike umsteigen musste, auf der Fahrt zur großen Motorrad-Ausstellung nach Köln. Das war vor 20 Jahren! Immer wollten wir uns im winzigen Kaffee "Lebenslust" in Fürth treffen. Ihr gefiel der Name so gut. Aber es kam nie dazu - und heute ist die "Lebenslust" geschlossen. -

Soeben haben wir freundlich miteinander telefoniert.

Sommerferien in Schweden

Bei meinem ersten Besuch in Schweden im Herbst 1966 herrschte dort noch Linksverkehr. Sich auf gerader Linie einfach links zu halten, das war einfach, aber bei der kleinsten Einmündung, oder Abzweigung, siegte sofort die Gewohnheit und ich ordnete mich wieder rechts ein. Erst das Hup- und Aufblendgewitter anderer Verkehrsteilnehmer brachte mich auf die linke Straßenseite zurück. Die wenigen Autobahnen in Skone waren damals noch wenig befahren. Einmal wurde ich zum Geisterfahrer und konnte mich nur dadurch retten, dass ich über den nur begrasten Mittelstreifen hinweg wendete.

Wie kam ich, als Nürnberger, der eine Fürtherin geheiratet hatte, überhaupt nach Schweden? Natürlich mit meinem Lloyd-Alexander und dann deshalb, weil Traudl vor ihrem Studium ein Jahr lang Hämpidrädet (Kindermädchen) bei einer schwedischen Pfarrersfamilie war. Sprache, Leute und Land hatte sie schnell kennen und lieben gelernt. Mir ging es in kurzer Zeit ähnlich. Mit Bewunderung, fast mit Neid, erfüllte es mich, wie dort die alte Kultur ungebrochen, nahtlos von der Stein- und Bronzezeit an bis in die Moderne übergeht. Diesen Geist des Echten, des Gewachsenen, erlebte ich besonders in der Wohnkultur unserer Freunde, aber auch in der Landschaft, mit ihren reichen Schätzen an antiken Denkmalen.

Unser Familienanschluss war die Basis zur Erkundung des Landes. Gasthäuser mit preiswerter Übernachtung, wie in Franken, gibt es in Schweden nicht, statt dessen nur wenige, sehr teure Hotels. Wir durchfuhren Südschweden kreuz und quer. Erfreuten uns an den Steilküsten des Kattegat, dem Kulla Berge, Hovs Hallar und Torekov über die herrliche Nordsee und fuhren durch das seenreiche Inland bis zu den langen Sandstränden von Ystad und wieder hinauf an der Ostsee bis Kiwik. Und wir staunten über die hohe Moral des Landes, z. B. beim Kauf von etwas Gemüse stand neben der Ware auf dem Feld meist nur ein offenes Kästchen mit der Bitte, bei Papierscheinen einen Stein darauf zu legen.

Erst recht nach unserer Rückkehr aus Brasilien wurde Schweden unser Land der Sommerferien. Blennows, so hieß die schwedische Familie, hatten ein Sommerhaus bei Skillinge, dort durften wir zu Gast sein. Nur wenige Meter durch ein Kiefernwäldchen - schon waren wir am Strand der Ostsee. Ich erinnere mich an ein Morgenbad mit Gertrud, Blennows Tochter. Das Wasser war klar und wir schwammen tauchend neben einander, als wären wir zwei Fische.

Jahr für Jahr nahmen wir ein Kind mehr mit nach Schweden, zuerst Franziska, dann Frank, der wegen seiner blonden Haare sowieso für einen Schweden gehalten wurde und zuletzt Wolfram, als er fünf wurde.

Umgekehrt besuchten uns die Schweden in Franken. Wir zeigten ihnen unser Nürnberg und Ausgewähltes in unserer mittelfränkischen Heimat. Ganze sechs Jahre später kam Göran Ellnegard, der Organist, mit seinem achtstimmigen Chor von vierzig jungen Sängerinnen zu uns nach Schernau. Bei diesem Anlass sang erstmals in der Geschichte ein evangelisch-lutherischer Chor aus Schweden (sic) in der römisch-katholischen Wallfahrtskirche zu Dettelbach. Es war ein erhebendes Konzert!

Wir wurden mit dem Ehepaar Erik und Elsi Lindgren bekannt, die uns im darauffolgenden Sommer in ihrer Stüga in völliger Waldeinsamkeit an einem kleinen See wohnen ließen, wo wir Fischotter und Wildkatze begegneten. Mit ihrem Boot konnten wir zu einer kleinen Insel fahren. Traudls Flötenspiel und mein übermütiges Getöne mit Eriks altem Tenorhorn, waren die einzige Unruhe am See.

Über die Sängerinnen des Chores lernten wir noch andere schwedische Familien kennen, so auch Popermeiers. Gyula Popermeier, aus Ungarn, ludt mich und Frank zu einer Angelfahrt ins Skagerak ein. Er mietete einen alten Fischerkahn mit Dieselmotor und schon schaukelten wir hinaus - und wer fing den größten Fisch? Der Kleinste von uns, mein blondes Fränkli. Ich sehe noch heute sein Gesicht, wie ihm der schöne Dorsch leid tat, der an seiner Angel baumelte.

Als Hans Blennow eine Pfarrstelle bei Malmö antrat, durften wir auch dort im riesigen Pfarrhaus, im ehemaligen Konfirmandenzimmer unterm Dach übernachten. Vom lauten Gurren unzähliger Tauben wurden wir geweckt. Im Kirchhof unter uns sprangen Kaninchen umher und von der großen Wiese vor dem Pfarrhof holten wir Pilze zu Mittag. Hans Blennow war ein Feinschmecker. Manches Rezept von ihm haben wir in unsere Küche übernommen. Außerdem war sein Haus voller Musik. Hans spielte Brache und die Frauen Blockflöten. Mir ist die Farbenpracht der Zimmer unvergesslich, wenn die Sonne in den langen Mittelgang schien und Raum für Raum in einer anderen Farbe aufleuchtete, war ich ganz beglückt.

Später wollten wir einmal die Insel Öland kennen lernen. Dort fanden wir bei einem großen Bauern auf Smedby ein ehemaliges Knechtshaus als Ferienwohnung. Wir fühlten uns sehr wohl dort. Von hier aus erkundeten wir Öland seiner ganzen Länge nach, von Leuchtturm zu Leuchtturm. Wir besahen die prähistorischen Stätten ebenso, wie des Königs Sommerresidenz, die alten Windmühlen, die Stora Alvaret (die große Steinwüste), Ecketorps Borg und winzige Fischerhäfen an der Ostseite. In einem Heimatmuseum fiel uns auf, wie ungeschützt die Gegenstände zur Besichtigung da lagen - bei uns unmöglich, vieles würde gestohlen werden. Am Abend wollten wir noch unseren Strand erkunden, doch der schwere RO 80 blieb im Morast stecken. Die Kinder schleppten flache Steine zum Unterlegen herbei. Ein schwedisches Ehepaar wollte uns helfen, ich aber lehnte dankend ab. Im Gehen wunderten sie sich noch über diese verrückten Deutschen - doch wir waren stolz, uns aus eigener Kraft befreit zu haben. Zurück zum hoch gelegenen Quartier, sahen wir noch die Abendsonne feurig hinter dem Festland verschwinden. Das wurde natürlich fotografiert.

Auf einer Postkarte bewunderten wir die Ölands-Brücke bei nächtlicher Beleuchtung. Das wollten wir selbst erleben. Wir beschlossen, eines abends dorthin zu fahren, den Standort zu suchen und selbst zu fotografieren. - Mit Fränzi, Fränkli und Wolfi fahre ich los. Tatsächlich finden wir den Standort. Doch es ist keine blaue Stunde mehr. Mit Hilfe einer Taschenlampe bauen wir unsere Exakta mit dem passenden Objektiv auf, klick und wir haben unser Bild - leider hat Wolfi diesen Anblick im Auto verschlafen.

Bei der Rückreise im Fährschiff von Dänemark nach Puttgarden (es gab damals noch keine Vogelfluglinien-Brücke) höre ich Schreie. In aller Öffentlichkeit ohrfeigt ein Vater sein Kind und - sie sprechen deutsch. Die Mitreisenden schütteln die Köpfe und ich schäme mich, ein Deutscher zu sein.

Schweden war uns zur Routine geworden. Leider hat sich mein Heuschnupfen, den ich pünktlich Anfang Juli bekam, meistens in Schweden wiederholt. Deshalb hielten wir Ausschau nach dem Süden, nach Kroatien, dessen herrliche Küstenstraße wir von früher her kannten. Zuerst fuhr ich mit Wolfram zur Erkundung allein dorthin. Aber einen Platz, wo Traudl vom Rollstuhl aus ins Meer könnte und es zugleich abenteuerlich wäre, fanden wir nicht.

Verwandte erzählten uns von Sardinien. Ich las mir Einiges darüber an - bis wir richtig scharf auf Sardinien waren. Zwei Sommer lang fuhren wir nach Sardinien - das muss ich aber extra erzählen.

Hans Blennow sah ich zum letzten Mal im Dom zu Bamberg. - Was tut ein Evang.-Luth. Pastor aus Schweden im römisch-katholischen Dom zu Bamberg?

Blennows waren bei uns in Aufseß zu Besuch. Während Barbro, seine Frau bei meiner Frau blieb - sie hatten sich immer viel zu erzählen - fuhr Hans mit mir nach Bamberg. Wir hatten einen besonderen Anlass: Wolfram, unser Jüngster, hatte den Auftrag, mit seiner „Kirchenbänd" den Schluss-gottesdient der Jugendwallfahrt musikalisch zu gestalten. Über der Krypta, zu Häupten der Grablege des Kaisers - hatten sie ihre Lautsprecher aufgebaut. Ich drückte mich neben diese hin und verlor Hans aus den Augen.

Die Jungwallfahrer mit ihren Wimpeln zogen in den Dom ein. Der alte Erzbischof saß schwer auf seinem Thron. Das mächtige Glockengeläute war verstummt. Da setzte die Bänd mit dem Vorspiel ein. Ruhig und souverän füllte Wolframs Bass den alt- ehrwürdigen Raum. Die Bänd intonierte und begleitete alle Lieder. Exakt und reinstimmig führte Wolframs Bass. - Ich sinnierte: Erstmals seit die Welt besteht, erklingt ein Elektrobass im Kaiserdom zu Bamberg - und den spielt mein Sohn Wolfram Carlos.

Wieder läuteten die Glocken, der Gottesdienst war zu Ende und als die Doppelflügel des Fürstenportals zur Kaiserpfalz hin weit geöffnet wurden, standen dort lange Tische, gedeckt mit Frankenwein und Kunigunden-Kringeln und jeder durfte nehmen, essen und trinken, wie er wollte. Da sah ich Hans wieder, er war kein Freund fundamentaler Strenge, freudestrahlend mit Weinglas und Kringel in den Händen, sagte er zu mir: „Das kann es bei uns in Schweden nicht geben, die Jugendlichen täten sich betrinken, leider."

Halb ungläubig darüber, was er hier sah, aber glücklich, dass er es erleben durfte schüttelte er den Kopf. Wir einigten uns auf die Formel: „Pfui über alle Dogmatik ! Es lebe die Gastlichkeit, der Frohsinn, es lebe die Freundschaft !"

Auf Sardinien

Die Ferien beginnen bereits mit der Anfahrt - unser Urlaubsprinzip konnten wir verwirklichen.
Traudl, Franziska, Frank und Wolfram, ich am Steuer unseres Orange farbigen NSU RO 80, den Rollstuhl und die Bootstakelage auf dem Dach, rollen wir über die Alpen gen Italien. Bei Rovereto wird uns die Autobahn zu langweilig und wir finden in Nago am Nordufer des Gardasees ein preiswertes Hotel als Nachtquartier. Vom Balkon aus, wo wir zu Abend essen, beobachten wir quirliges, südliches Leben, wie wir es nicht kennen. Die Männer spielen Boccia, ein paar Jugendliche Fußball, die Frauen sitzen und reden miteinander, Kinder tollen dazwischen, Pärchen flanieren. Es ist laut, lebendig und friedlich zugleich. Wir schlafen gut. Anderntags folgen wir dem linken Seeufer. Eine Augenweide, wie der blaugrüne See von hohen Bergen umstanden daliegt und ein malerischer Ort dem anderen folgt. Die Fußprobe im Seewasser fällt eher abschreckend, kalt aus. Dann wird das Land flach - von den großen Kulturstädten sehen wir nur die Hinweisschilder - der Apennin steigt auf. Doch bei Orvieto, der Stadt auf dem Fels, wollen wir mehr sehen. Wir fahren hinauf und sind wie geblendet von der Pracht des weißen Domes. In den engen Gassen meinen wir uns verfahren zu haben, aber da geht es durch. Im Land der Etrusker machen wir eine Picknick-Pause. Ich schwärme sosehr von Etrurien, dass die Kinder es mir nicht glauben wollen, bis wir zu unseren Füßen, einfach so, prächtige Tonscherben, ein zierliches Hufeisen und sogar ein goldenes Ringlein finden. Auch die Reste eines gut erhaltenen Aquäduktes - die Wasserrinne war noch abgedeckt - bringen uns zum Staunen.

In der Ferne unter uns glitzert der Lago di Bolsena. Die Stadtmauern von Viterbo beeindrucken uns allein schon im Vorbeifahren. Am Abend müssen wir Civitavecchia erreichen, um uns nach Sardegna einzuschiffen.

Überfahrt und Ankunft

In einer großen Halle am Hafen, vor den vielen Schaltern der Fahrkartenausgabe, haben sich lange Menschenschlangen gebildet. Plötzlich knallt das Schalterfenster herunter. Die Menschen davor rennen verärgert zu anderen Reihen und müssen sich erneut anstellen. Doch auch hier knallt nach kurzer Zeit das Fenster herunter - um an anderer Stelle unerwartet wieder zu öffnen. Wir haben den Eindruck, die italienische Eisenbahngesellschaft, hält die Leute zum Narren. Zum Glück haben wir unsere Fahrkarten in der Tasche. Zwei Liegesessel haben wir gebucht. Die Kinder legen sich neben uns. Von sieben Uhr abends bis sieben Uhr morgens dauert die Überfahrt im überfüllten, verschwitzten Schiff.

Umso stärker ist unser Empfinden, als wir uns am Rande der Landstraße wieder frei bewegen können.
Im rosa Morgenlicht versetzt uns die erste Prise des intensiven Duftes Sardiniens in Erstaunen – unbeschreiblich ist dieses Aroma! Wir beschnuppern verschiedene Pflänzchen, woher der intensive Duft kommen könnte? Doch jedes riecht anders, alle zusammen ergeben dieses wunderbare Parfüm.

Es ist nicht weit bis Calla Liberotto, wo uns Antonio Dessena vor seinem Haus erwartet und uns seine Familie vorstellt.

Wir bekommen den Teil des Hauses zu ebener Erde. Dessenas wohnen darüber. Schnell haben die Kinder ihre Zimmer gefunden, während ich das Nötigste auspacke. Noch am ersten Abend bittet uns Herr Dessena, ihm mit unserem Auto zu folgen; er sagt nicht wozu. Es geht in die Berge zu einem geräumigen Haus, Autos stehen davor. Wir werden hinein gebeten und einem Mann vorgestellt, während um uns herum Männer stehen, wie eine Leibwache. Seine Frau, die neben dem Herrn sitzt, spricht uns mit Deutsch an. Ich weiß nicht, wie uns geschieht. Offensichtlich werden wir geprüft - und für wert befunden, in Sardinien willkommen zu sein.

Tatsächlich, haben wir uns nie als Touristen gefühlt, sondern waren immer Gäste in diesem urwüchsigen Land.

Am nächsten Morgen stillen wir unsere Neugier auf das Meer und den Strand. Es sind nur fünf Minuten zu gehen, an einer kleinen, duftenden Hütte vorbei, der Pizzeria. Man kann sogar mit dem Rollstuhl bis in den Sandstrand fahren. Draußen begrenzen bizarre Felsgruppen links und rechts den lieblichen Halbmond einer kleinen, sandigen Bucht.

Schon bald bauen wir unser Boot auf, einen alten Metzler-Katamaran, aufblasbar mit zwei bananenförmigen, gelben Schwimmern, einem blauen Trampolin, großem buntem Segel, weißer Fock und sogar einen Motor haben wir dabei, einen Tomos 3.5.

Bei der ersten Ausfahrt bin ich leichtsinnig. Ich segle mit Wolfi vor dem Wind - das fährt sich leise, leicht und unmerklich schnell. Bis wir uns umschauen, sind wir schon in der Bucht von Orosei. Ich denke: kein Problem, wir können zurück kreuzen - doch wir kommen nicht voran, wir werden abgetrieben. Deshalb wollen wir den Motor zu Hilfe nehmen - aber der springt nicht an. Der Benzinhahn lässt sich nicht aufdrehen. Endlich erreichen wir schärenartige Felsen, wo wir landen können. Ohne Werkzeug versuchen wir zu reparieren, nur mit Messer und Stein, und es gelingt uns. Bei strahlendem Sonnenschein, aber von Gischt und Gegenwind durchgefroren, kehren zurück. Unsere Lektion haben wir erhalten und noch etwas dazu: Am Abend spüren wir einen fürchterlichen Sonnenbrand auf unseren Rücken. Wir müssen die Nacht auf dem Bauch schlafen. Am nächsten Morgen am Strand sagen uns einige Mädchen ein Rezept: Wir sollen uns mit einer Mixtur aus Olivenöl, Rotwein und Zitrone einreiben - und sie teilen ihre dick belegten Mortadella-Brötchen mit uns - die waren unvergesslich gut ! Und das Rezept hat auch geholfen.

Unser Hauptaufenthaltsort ist das Wasser. Es ist so warm hier, dass wir einen ganzen Tag lang schwimmen, tauchen und Fische beobachten können, ohne zu frieren; selbst den Kindern wird es nie zu kalt.

Franziska findet in der Tochter des Hauses eine Freundin. Mit einer uralten Vespa (ohne Nummernschild und Helme) knattern sie durch die Gegend.

Mein Frank hat Maria Gracia als Freundin gefunden - sehr arme, aber liebe Leute. Oder er tollt mit seinem Freund Pepe und dessen älteren Schwestern und Cousinen am Strand herum; deren Vater, ist der Advokat Dr. Satta aus Nuoro. Er hat ein großes Haus mit Zaun direkt am Strand. In seinem Garten mit hohem Zaun darf ich unseren Katamaran nachts abstellen.

Wolfram, ist noch ein Kind, er zieht sich gern mit dem hübschen Nachbarmädchen Mira zum Spielen zurück - vom Nachbarhaus winken sie herüber. Das sieht ganz nach großer Kinderliebe aus.

Traudl muss oft alleine am Strand sitzen. Nur bei sehr ruhiger See wagt sie sich ins Wasser. Einmal fährt sie auf dem Katamaran mit. Wir finden warme und flache Sandstrände und bleiben bis zum Abend.

In vielen Nächten ist es so heiß in den Räumen, dass sich nicht nur die Hitze, sondern auch die Stechfliegen darin aufhalten. Da hilft kein Giftsprühen. Wolfi und ich beschließen, im Schlafsack auf dem Balkon zu nächtigen. Da weht immer ein frisches Windchen vom Meer her - und die Schnacken mögen keinen Zug.

Eines Tages lädt uns Herr Dessena ein, seine Mutter zu besuchen. Bei Bisquit und Getränken geht es etwas steif und feierlich zu. Aber dann darf Franziska das Festgewand der Tochter anziehen, die Tracht von Orosei - und sie sieht so würdevoll und festlich darin aus, dass alle begeistert applaudieren. - Uns ist eine große Ehre zuteil geworden: Wir wurden der Padrona da Familia vorgestellt.

Das Fest

Plötzlich heißt es, Giovanni will ein Fest geben, er hat Geburtstag, ein Fest für alle. Dieser Giovanni ist ein kleiner, etwas zwielichtiger Sarde, der immer da herumstreicht: Ob er nur Nachbar, oder verwandt ist, erfahre ich nicht.

Am Tag vorher wollen die Männer wegfahren, nur Frank und ich sollen mitkommen. Ein zerbeulter, alter

Fiat 500 bringt uns auf einem Esels Steig von Sträßchen hoch in die Berge. Dort haben sie eine Quelle, von der sie wöchentlich Trinkwasser holen und auch einen Weinkeller. Jetzt begreife ich: Wir sind zur Weinprobe hier. Die Männer nehmen kleine Kuhhörner von der Wand. Als Frank auch danach greifen will, wehren sie es ihm - "das ist nur für Verheiratete" - und er bekommt ein Glas.

Als etwas zu alt, zu warm, von dunklem Geschmack, aber süffig, finde ich den Rotwein. Am Morgen wird ein Lamm geschlachtet. Nach dem Ausbluten steckt der Schlachter ein Stück Schilfrohr in die Innenseite der Läufe und bläst mit aller Kraft hinein. Am Ende liegt das Lamm aufgebläht wie ein Luftballon. Unter Klopfen und Boxen löst er das Fell vom Fleisch, keine Haare dürfen daran kommen, sonst wird es bitter. Die ganze Arbeit, auch das Zerteilen, vollbringt der Schlachter allein mit einem kleinen Klappmesser, dem typisch sardischen Pujut pattada mit elegantem Ziegenhorngriff, in punischem Stil, aus nicht rostfreiem, aber sehr scharfem Stahl.

Alles Fleisch, Reis, ganze Zwiebeln, Knoblauch und Gewürze kochen in einem großen Kessel im geräumigen Keller unter Dessenas Haus. Sobald es kühler wird, kommen die ersten Gäste und nehmen auf einfachen Bänken an langen Tischen vor ihren Tellern Platz. Serviert wird auf riesigen Schalen aus Korkrinde. Da kommt Freude auf ! Aber immer, wenn eine neue Schale aufgetischt wird, holt sich einer mit seiner Gabel alle Zwiebeln heraus. Das gefällt den andern nicht - aber es ist ein Fest, da wird nicht gestritten.

Als der Hausherr einen runden, ganzen Pecorino bringt, gibt es Begeisterungsrufe. Der Höhepunkt des Festmahls naht. Mit großer Geste sticht er in die Mitte des Käses, dreht die Klinge herum und zeigt allen, was da vorne an der Spitze zappelt - eine Käsemade ! Ergo, der Käse ist reif ! Freudengejohle bricht aus. Der Käse wird auf einem Brett herum gereicht und jeder bohrt darin, denn nahe bei einer Made ist der Pecorino am schärfsten. Natürlich wird reichlich vom Roten dazu getrunken.

Mein Jüngster sitzt neben einem alten Opa und die beiden unterhalten sich prächtig. Sie prosten sich zu und reden so herzlich miteinander - doch keiner versteht vom andern auch nur ein Wort. Ich ermahne meinen Wolfi, nicht zu viel zu trinken. Doch der Opa schenkt ihm schon wieder nach. Traudl war bereits in die Wohnung hinauf gegangen und bald folgt ihr etwas ruckartig auch mein Wolfram. Plötzlich höre ich es von oben schreien: „Der Wolfi, der Wolfi"! Ich springe hinauf und sehe, wie Traudl sich bemüht, ihm einen Eimer hinzuhalten. Aber kaum hat sie den Eimer bei seinem Kopf, macht er einen Schnalzer und erbricht sich am Fußende. Schafft sie den Eimer dorthin, ist er mit einem Ruck schon wieder oben. So geht das hin und her. Ich greife ein, bin aber auch nicht schnell genug. Doch dann ist unser Spukteufel leer und wird müde.

Ich gehe wieder zu den Feiernden hinunter. Jetzt haben sie Tische und Bänke beiseite geschoben; es wird getanzt. Zu meiner Verwunderung ist ihr bevorzugter Tanz der spanische Tango. - Dann bei vorgerückter Stunde, bilden die Männer einen Kreis, fassen sich an den Schultern und singen mit großer Kraft und natürlich auf Sardhu, nicht in Italienisch. So sehr ich mich auch anstrenge und ihr Gesang mir tief in die Seele fällt, kann ich nicht verstehen, wovon sie singen. Mit großen Augen verfolgen die Frauen den Gesang, je nachdem wie sie schauen, meine ich etwas zu begreifen. Doch mehr als die kraftvollen Schlussworte „...eebam...eebam" kann ich nicht verstehen (Sardisch ist die, dem vergangenen Latein ähnlichste Sprache). Erst, als sich alle Blicke, auch die der Sänger aufmunternd auf mich richten, merke ich, dass es auch Stehgreif Verse sein könnten mit einem Kehrreim - und jetzt meinen sie mich mit ihrem Lied!

Das ist mein Höhepunkt des Festes, ja des ganzen Urlaubs - ich fühle mich und meine Familie aufgenommen in ihre uralte Tradition und Gemeinschaft.

Mit meiner Leica fotografiere ich viel. Steige auf kahle Hügel und setze mich der Gluthitze aus. Mit den Kindern besuche ich Nuraghen und klettere darin herum. Der ursprüngliche Zweck dieser urtypisch sardischen Türme, aus mächtigen Steinen, ohne Mörtel zyklopenhaft aufgeschichtet, ist bis heute nicht völlig geklärt und wie vieles andere auch, auf Sardinien voller Rätsel, die auch wir nicht lösen werden. - Unsere Ferien gehen zu Ende.

Das Wiedersehen

Im Sommer 1983 gibt es kein Halten mehr: Zum zweiten Mal sind wir auf dem Weg nach Italien mit dem Ziel: Sardegna.

Jetzt fahren wir im Dunkelblauen, einem neueren Ro 80, der Orangene war durch gerostet. Wir finden unser Hotel in Nago wieder und weil es noch hell am Tag ist, besteige ich mit Wolfram die hoch über Nago aufragende Burgruine. Wir haben einen herrlichen Blick nach Norden bis Arco und auf die Berge dahinter - hat nicht Albrecht Dürer als erster hier aquarelliert? - nach Süden langgestreckt verliert sich der Gardasee in Dunst und Schatten. Tief unter uns liegen die Häuser und Gärten von Nago in der Abendsonne. Wir stehen auf einer Zinne, jauchzen und winken einer Weibsperson zu, die dort unten gärtelt und tatsächlich, sie antwortet uns mit einem freudigen Winken.

Am Abend machen wir zusammen noch einen kleinen Stadtbummel, essen Pizza, schlecken Eis - und sind wieder richtig im Urlaub.

Am andern Morgen ist die Fahrerseite unseres neuen Autos von vorne bis hinten mit einem tiefen Kratzer beschädigt. - Was soll das? Wer macht so etwas? Wir sind verstimmt.

In Civitaveccia geht es immer noch so verrückt zu. Ich denke und sage es auch: „Von denen sollen wir die Zivilisation bekommen haben?" Das kann ich nicht glauben. Wir steigen in unsere Fähre. Am Morgen verlassen wir verschwitzt und krumm gesessen das große Schiff über eine Hintertreppe, weil Traudl sich da besser stützen kann und haben eine seltsame Begegnung: Zwei dicke Carabinieri führen an langen Ketten, die über die Stahltreppen rasseln, einen Gefangenen ab. Wir sind erschrocken. Als mir der traurige Blick des kleinen Sarden begegnet, empfinde ich tiefes Mitleid mit ihm und seinem Volk. Erschreckend steht uns die Tatsache vor Augen, dass Italien noch immer die Sarden verachtet und unterdrückt, wo es nur kann.

Bald umfängt uns - uns wieder tröstend - der unverwechselbare Duft Sardiniens. Schon taucht der majestätische Felsen der Isola Tavolara aus dem morgenfrischen Meer auf. Langsam werden wir wieder fröhlicher.

Die "Seekühe" und andere Entdeckungen

Dessenas erwarten uns schon in Cala Liberotto. Bald erfreut uns wieder das Meer und der Strand. Frank macht mich auf die schwarz gebrannten Jungen aufmerksam, die von hohen Felsnadeln am linken Strand kopfüber in ganz flaches Wasser springen, ohne sich zu verletzen. Ich kann nur staunen, aber nicht verstehen, wie sie das machen? Zum Glück will es Frank nicht probieren. Meistens, während Frank bei seinen sardischen Freunden ist, begleitet mich Wolfram auf unserm Boot. Wieder lassen wir uns die Küste hinab treiben, entdecken hohe, offene Höhlen und eines Tages auch die „Seekühe", wie wir sie nennen. Erst, als wir näher kommen, erkennen wir: Es sind riesige Ablagerungen von abgestorbenem Seegras, das die Winterstürme auf mehrere Meter hohe Felsen hinaufgeschleudert haben. Wir finden einen Anlegeplatz und sind überrascht, wie federnd weich und trocken wir auf diesen „Seekühen" herum toben können. Mit flachen Steinen üben wir „Diskuswerfen" darauf.

An anderen steilen Felsen finden wir ganze Nester von gelbem Schwefel und rotem Rost.

Es sieht aus, als wäre die schwarze Lava erst gestern erkaltet. Wir entdecken ein zum Meer hin offenes, zur Steilküste hin mit einer Unterwasserhöhle abgeschlossenes Becken; wo viele winzige, leuchtend blaue Fischlein Schutz suchen. Seewärts ist unter Wasser ein steinerner Bogen, zu dem wir hinunter - und hindurch tauchen. Um aus dem Becken an Land zu kommen, gibt es nur eine Stelle, einen kleinen Korallenfelsen, den man erklimmen muss. Sonst ist es überall zu steil. Von Oben kann man zurück ins Meer springen. Einmal war starker Seegang und Wolfi wurde von den Wellen immer wieder vom Korallenfelsen herunter gezogen. Er japste schon. Ich musste ihm zu Hilfe kommen.

Obwohl sie auf einer Insel leben, sind die Sarden kein Volk von Fischern, oder Seefahrern, sie sind Schäfer und Bauern. Die Küsten wurden immer nur von den Invasoren besiedelt - heute von den Touristen bevölkert.

Wir fahren miteinander ins Inland, besuchen steinzeitliche Ruinenstätten, Feengrotten, mehrere Nuraghen und das Dorf Orgósolo, einen Ort langjährigen Widerstandes gegen die fremden Eindringlinge. Heute laufen Touristen mit gezückten Kameras darin herum, um die Murales, Gemälde an den Wänden der Wohnhäuser, zu bestaunen, die Unterdrückung und Kampf dokumentieren. Doch die Sarden haben bald gemerkt, dass ihre „kommunistischen Befreier" auch wieder nur eine Fremdherrschaft gewesen wären. Heute herrscht hier eine Art Grabesstille. Viele der Ochsenblut farbigen, ehemaligen Polizeistationen sehen wir als Ruinen an den Straßen.

Einmal halten wir nahe einer Kreuzung vor einem Haus, um nach dem Weg zu fragen. Aber so einfach geht das in Sardinien nicht. Wir werden ins Haus gebeten. Uns werden Bisquit und Getränke angeboten. Sie wollen alles von uns wissen. Nur sehr langsam nähern sie sich unserer Frage, eigentlich erst, als wir schon im Gehen sind. Da kommt die Tochter des Hauses im vollen Ornat ihrer Festtracht die Straße herauf geschritten. Wir müssen sie bewundern, die zierliche, ebenmäßige junge Frau, in leuchtendem Rot mit Gold, mit der üppigen, roten Korallenkette und den zwei goldenen Miniaturbrüsten (der Venus ?) am Hals. - Erst dann zeigt uns der Hausherr die gewünschte Richtung und wir scheiden als Freunde.

Zur jährlichen, großen Zusammenkunft aller Trachten Sardiniens fahren wir nach Núoro. Vorher besichtigen wir den Orto bene (den guten Garten). Aber es beginnt zu regnen und während des großen Umzugs regnet es stark. Kalt ist es nicht, aber wir sind durchnässt und ich mache mir Sorge wegen meiner Leica, doch sie hält dicht.

(Diesen Festzug zu beschreiben, ist mir unmöglich, lieber Leser. Sie müssen ihn selbst erleben! Doch zur Fahrt zum Sopramonte mit der Wanderung zum Monte Corrasi, 1349 Meter über dem Meeresspiegel - nur 20 km Luftlinie zum Meer - lade ich Sie gerne ein. Sie müssen aber schwindelfrei und gut zu Fuß sein.)

Der Himmel strahlt wieder blau über Sardinien. Von Oliena aus finden wir die Auffahrt. Erst kommen enge Serpentinen, dann ein gerades Stück, bis vor eine Felswand, daran entlang zeigt der Weg aufwärts - oder ist das nur ein ausgewaschener Pfad? „Doch, das ist der richtige Weg zum Monte Corrasi", sagt der Capo eines kleinen Straßenbautrupps, dem wir begegnen. „Habt ihr auch genügend Wasser dabei?" fragt er. „Da, ein paar Schritte zurück, ist eine Quelle; hier, nehmt diesen Kanister." Wir befolgen seinen Rat und bedanken uns herzlich. Der Weg wird wieder besser, uns begegnet ein Hirte, ist aber schweigsam und scheu. Dann liegt ein über mannshoher Felsbrocken auf dem Weg. Wir kommen um eine Handbreite vorbei. Rechts oben sehen wir, was uns bevorsteht: Der Weg drückt sich in vielen Windungen, wie Schwalbennester an die steile Bergwand – eigentlich ein Kunstwerk, dieses von Hand gelegte Sträßchen. Mit äußerster Vorsicht, immer die grausige Tiefe neben uns, lenke ich unsern schweren Wagen hinauf. Tief durchatmen - es ist geschafft.

Oben finden wir überraschend eine große, helle Plattform, als Wendeplatz. Einsam steht ein Stuhl in der Mitte und daneben eine leere Weinflasche. Es ist absolut still hier oben – und wir sehen über uns einen Adler kreisen.

Südlich hinter einer leicht ansteigenden Steinwüste liegt unser Ziel, der Gipfel des Monte Corrasi. Aber die flach wirkende Steinwüste dorthin ist kein Spaziergang, wie sich herausstellt, sie ist von Schroffen und Abgründen durchzogen. Felsnadeln ragen aus grün bemoosten, unergründlichen Tiefen empor. Ich muss meinen Frank ermahnen, hier keine Klettereien zu machen. Ein Absturz, hätte schlimmste Folgen und wir haben kein Seil dabei. Der Weg wird uns lang. Doch oben finden wir ganz liebliche Ruheplätze für Schafe und Hirten. Wobei mich nie das Gefühl verlässt, wir liefen immer im Fadenkreuz von Rebellen, die versteckt hier oben leben. Doch den Kindern sage ich davon nichts. Wir erreichen den markierten Gipfel mit herrlicher Aussicht, das Meer bleibt im fernen Dunst verborgen. Als Frank einen mächtigen Felsbrocken besteigt, merke ich beim Fotografieren, wie weit der schräge Fels überhängt. Frank steht schon in der Luft - ich erschrecke und bitte ihn, ganz langsam zurück zu gehen.

Nach dem mühsamen Rückweg finden wir Auto, Stuhl und Flasche unverändert. Ein älteres, verkohltes Schweinegerippe am Rand unterhalb der Plattform zeigt uns, dass hier schon kräftig gefeiert wurde.

Über das von Hand gelegte Sträßchen - es ist ein großartiges Kunstwerk! - taste ich mich mit unseren 1,6 Tonnen abwärts und hoffe, dass es uns aushält. Wir kommen auch an dem Felsbrocken, ohne in die Tiefe zu stürzen, wieder um eine Handbreite vorbei.

Uns passiert überhaupt kein Unglück auf dieser gewagten Fahrt - und es war kein Bisschen langweilig, sondern das reine Abenteuerglück.

Die Diaschau

Wieder „zuhause" in Cala Liberotto frage ich Herrn Dessena, ob ich in seinem geräumigen Keller einen Diavortrag halten dürfte, ich habe gelungene Bilder von 1981 und auch meinen Diaprojektor mit dabei. Er willigt ein und übernimmt die Einladungen. Den Advokaten Satta lade ich persönlich ein. Auch er ist erfreut. Wir sind schon miteinander gesegelt auf seiner schnellen Jolle, wobei er so steil in den Wind fuhr, dass mir die Stahlwanten der Fock in die Hand schnitten.

Als der Abend kommt, füllt sich der Keller rasch mit Jung und Alt, viele kennen wir nicht. Aber die Familie Satta fehlt noch. Nach einer halben Stunde Warten fahre ich hinunter und frage, ob sie noch kämen ? Ja, sie kommen, gleich ! Die Mädchen rennen noch aufgeregt durchs Haus, um sich fein zu machen.

Sarden aus den unterschiedlichsten sozialen Schichten, die von sich aus, nicht miteinander feiern würden, kommen an diesem Abend zusammen. Eine ganze Stunde später, sind Sattas auch da. Sie finden mit Mühe noch Sitzplätze. Meine Begrüßung ist kurz, dann bitte ich: „Licht aus !"

Ich kommentiere auf Deutsch, nur gelegentlich mit etwas Portugiesisch (mit dem ich auf Sardinien besser zurecht komme, als in Italien). Allein mit den wenigen Schönheiten, die ich vor zwei Jahren fotografiert habe, erleben die Leute ein Feuerwerk ihrer Heimat. Begeisterung entsteht, mit viel Ah und Oh und dazwischen wird heftig diskutiert. Es ist eine Freude im Raum und der Abend ist gelungen.

Der Advokat schenkt uns zwei Flaschen Wein: die berühmtesten Weiß- und Rotweine Sardiniens.

Die Cala di Luna

Schon im ersten Urlaub auf Sardinien sind wir mit einem Touristenboot zur Grotta di Bue marino gefahren (längst gibt es dort keine Meeresrobben mehr). Nun will ich wieder hin, nicht um nochmals die riesigen Höhlen zu besichtigen, sondern mit dem eigenen Boot und dann weiter bis zur Cala di Luna zu fahren.

Ich habe gelernt, den Katamaran fahrbereit (ohne Segel) auf das Autodach zu schnüren, mit dem Motor im Kofferraum. Eine junge Deutsche (ich weiß weder Namen noch Umstände) und Wolfram wollen mit. Wir lassen das Boot nach Cala Gonone von einem kleinen Sträßchen aus ins Wasser. Zu unserem Glück ist kein Wellengang und wir können mit dem flachen Katamaran, nur mit zwei Paddeln tief in die Höhlen am Meer hineinfahren - beeindruckend, ganz von Felsen umschlossen zu sein. Bald danach erreichen wir mit Hilfe des Motors, noch zu guter Stunde die Cala di Luna.

Ich bin überwältigt. Wie sich hier die schärfsten Kontraste in vollkommener Harmonie darbieten ! Über einem völlig klaren, türkisfarbenen Meeresstrand stehen zur Rechten riesige gelbe Felswände in denen sich haushohe Höhlentore auftun. Wo sich die Felswände zur Mitte der Bucht hin senken, liegt die grüne Mündung eines Flüsschens mit einem kleinem See davor, mit einer Wolke von rosa Oleander umkleidet, die alle anderen Farben überhöhen. Zur Linken setzt sich die Steilküste mit einem kahlen, begehbaren Bergrücken fort. Doch in der Mitte der Bucht liegt eine riesige, weiße Felsplatte, leicht schräg an rotes Gestein gelehnt, als die weiße Scheibe des Mondes im Meer – wir sind in der cala di Luna !

Während sich unsere Begleitung, wie andere Besucher auch, am Strand gelangweilt in der Sonne räkelt, gehen Wolfram und ich unserer Begeisterung nach. Wir steigen ein wenig hinauf, um diesen heiligen Ort überblicken zu können und diese Wunder der Natur in Bilder einzufangen. Aber es gelingt nicht zufriedenstellend. Die ganze Schönheit wird zu sehr eingezwängt und verkleinert. Ich werde mir bewusst, keinen schöneren Ort, als den, der hier vor uns liegt, je gesehen zu haben. - Wenige, rein weiße, vom Meer gerundete Steine nehme ich mit - eine schwache Erinnerung.

Das fremde Boot

Der August geht zu Ende. Ein erster Sturm kündet den Herbst an. Als wir am Morgen nach einer Sturmnacht neugierig zum Meer gehen, hören wir von Weitem das Grollen der Brecher gegen Fels und Strand. - Aber was schwimmt dort?

Draußen im grauen, aufgewühlten Wasser dümpelt kielobers ein Boot, offensichtlich ist es unsinkbar. Doch es könnte aufs offene Meer hinausgetrieben werden, oder an den Felsen zerschellen. Wir fahren zurück und beraten uns mit Herrn Dessena. Er meint, wir könnten es ruhig herausholen, wenn das ginge. Als wir zum Strand zurück kommen, steht da ein dicker Landrover und die Insassen beobachten begehrlich das herrenlose Boot. Sie hätten auch Platz auf ihrem Autodach. - Doch wir schwimmen hinaus, ziehen das Boot an Land und kommen ihnen zuvor. Mit wütenden Blicken fahren die Leute im Landrover davon. Irgendwie schaffen wir das

Boot zu Dessenas und bugsieren es auf sein Garagendach. Dann gehen wir zusammen zur Polizeistation und machen Meldung. Die Polizisten möchten das Boot in ihrem Gelände sicherstellen. Aber Dessena meint, bis der Eigentümer sich meldet, kann es ruhig auf seiner Garage liegen. Zu uns sagt er: „Wenn die erst etwas haben, dann ist es fort." Vielleicht hat er auch die heimliche Hoffnung, das Boot selbst behalten zu können; wir hätten es ihm gegönnt.

Doch am Wochenende erscheint schon der Besitzer in Polizeibegleitung, ein kleiner Rechtsanwalt aus Sassari. Er kann sein Boot in Empfang nehmen. Als Dank will er uns zu einer Rundfahrt einladen - na ja, er weiß nichts von unserem schnellen Katamaran.

Nach der Spazierfahrt werden wir noch in seinem Ferienhaus mit Bisquitt und Limonade bewirtet. Wir sind es zufrieden, raten ihm aber, sein Boot in Zukunft besser fest zu machen.

Am Abend des andern Tages reisen wir ab. Noch eine Nacht auf der Fähre und dann - ausgeruht, wie ich bin - schaffen wir die Heimfahrt von Civitavecchia bis Aufseß an einem einzigen sonnigen Tag. Allerdings habe ich auf den letzten Kilometern schon das Gefühl, als ob ich schwebe.

Große Liebe – Großer Fehler

Vom Holunderbusch schneide ich ein fingerlanges Stöckchen, drücke das weiche Mark zurück, lasse zur besseren Tarnung die Rinde daran und stecke mein eng zusammengerolltes Zettelchen hinein. In einer bestimmten Ritze der äußeren Burgmauer verberge ich die heimliche Nachricht.

Plötzlich streicht Zigarrenduft durchs Gebüsch. Das ist der Rentner, den die Barone als Schlossführer eingestellt haben. Geht er nur spazieren oder will er spionieren?

Denn sie wird kommen, wird mich suchen, doch nicht finden, weil ich dienstlich verhindert bin. Sie wird das Holunder Stöckchen ertasten, ins Dorf zurück schleichen, unter einer einsamen Laterne den Zettel im Holunder Röhrchen herausziehen und lesen:

Mein Herz, fass Mut
und sei nicht bleich vor Liebeskummer.
ich bin ja hier, ich leb für Dich.
Gott segne Deinen sanften Schlummer.

Mein Herz, halt durch,
iss Dich auch satt und leb gesund.
Ich bin ja hier, denk nur an Dich
und füttre Deinen wilden Hund.

Mein Herz, sei stark
und zähl die Stunden nicht,
es können Jahre werden.
Ich bin ja hier, ich liebe Dich,
Du bist mein letztes Glück auf Erden.

Wir hatten uns die Freiheit genommen, miteinander einen Hund zu besorgen, Arasí, ihren Hund, eine Collie-Wolfshund-Mischung, weiblich, wohlgeformt, noch tapsig, mit freundlichem Wesen. Mein voriger, ein schwarzer Schäferhund, der sich nicht einsperren ließ, hat immer ein Spitzchen gekriegt, wenn sie in der Nähe war, worüber wir herzhaft lachten. Leider hat ihn ein junger Bursche aus dem Nachbardorf auf der Heimfahrt von der Disco, so gegen 4 Uhr morgens überfahren. Als er ihn tot im Kofferraum bringt, sage ich nur: „Wer ihn getötet hat, der soll ihn auch begraben" und schicke den Jungen Mann weg. Aber auch die sanfte Arasí, lag eines Tages tot im Garten, mit einem vergifteten Fisch neben sich. Vier Hunde wurden mir in dieser Baronie vergiftet - das aber nur nebenbei.

An einem Sonntag, gegen Ende des Gottesdienstes - ich singe gern mit voller Stimme frei heraus - als ich mich vom Altar wieder zur Gemeinde wende, sehe ich, dass Rike ohnmächtig geworden ist. Die Baronin, die zufällig neben ihr sitzt, hilft ihr auf. Sonst verläuft der Sonntag mit seinen zwei Gottesdiensten, der erste in der Baronie, der zweite in einer rührigen Landgemeinde, reibungslos.

Angefangen hat alles damit, dass ich, nachdem ich hier neu aufgezogen war, den verwilderten Pfarrgarten zu kultivieren versuchte. Mein Buschmesser aus dem Land der Gaúchos tat mir dabei gute Dienste. Bald lag ein großer Haufen Buschwerk und Äste mitten auf der Wiese zwischen der Ringmauer und dem hoch gebauten Pfarrhaus.

Ich freute mich immer auf die Wochenenden, dann kam Rike mit ihren Eltern aus der großen Stadt in deren Sommerhaus hierher. Meistens schaut das blonde, hoch gewachsene Mädchen bei uns vorbei und ich unterhalte mich gern mit ihr.

Noch vor dem Herbst, lege ich an den großen, nun abgetrockneten Laubhaufen Feuer. Später kommt Rike dazu. Als das Feuer niedergebrannt ist, springe ich darüber. Nach ängstlichem Zögern, etwas am Rand, springt auch sie. Bald springen wir zusammen über das Feuer. - Das hätte ich nicht tun dürfen. Doch ich wusste damals nicht, was das im hiesigen Brauchtum bedeutet.

Meine zwei Söhne öffnen Rike das Pfarrhaus. Bald geht sie darin ein und aus. Jahre gehen - Jahre kommen. Ich liebe meinen Beruf. Er hat nur den Nachteil, dass ich mit der Arbeit nie fertig werde. Niemals kann ich am Abend sagen, heute habe ich alles getan, was getan werden musste, immer bleibt Ungetanes übrig - dieser Besuch hätte noch gemacht werden müssen, jene Schulstunde noch vorbereitet und dieser Brief noch geschrieben werden müssen. Und schon wieder ist an die Predigt für den kommenden Sonntag zu denken.

Meine Frau, die an den Rollstuhl gebunden ist, mag Rike nicht. Ich kann sie verstehen, denn ich verbringe jede freie Minute an den Wochenenden mit ihr. Es wächst eine Freundschaft zwischen uns, die immer dichter wird.

Eines Tages gehen wir Pilze suchen. Es ist heiß. Auf einer schattigen Wiese setzen wir uns und lassen uns umkippen. Ich komme hinter ihr zu liegen. Parzival musste leiden, weil er zu wenig gefragt hat - ich habe zu viel gefragt und Unpassendes: Ob ihr schon Haare am Bauch wüchsen? „Wo?" fragte sie. „Na da unten." Sage ich und deute hin. Ich berühre sie nicht. - Welch unüberlegter Tölpel ich war.

Am andern Tag kam die Bescherung, ihre Mutter trat auf: Was da gestern gewesen sei ? Rike ist weinend heimgekommen. - Nichts ist gewesen, nichts für mich.

Doch mit meiner dümmlichen Frage habe ich sie aus ihrer kindlichen Unschuld herausgerissen. Danach sahen und sprachen wir uns Jahre nicht mehr.

Als sie eines Tages doch wieder läutet, bitte ich sie von Herzen um Verzeihung, für etwas, das ich weder getan, noch richtig verstanden habe - und küsse sie zart auf die Wange. Auch das hätte ich nicht tun sollen. Sie sagt, mein Jüngster werde ihr jetzt das Küssen beibringen. Doch es kam anders.

Jetzt reden wir wieder miteinander, über alles Mögliche. In unserem Jugendkreis, mit seinen Veranstaltungen und Ausflügen, kommen wir uns doch wieder näher; es ist ein natürliches Vertrauen zwischen uns. Und ich wahre immer den Abstand - bis ich es eines Tages nicht mehr will.

An einem 1. September fahren wir auf die Neubürg. Auf der einsamen Bergfläche mit weitem Rundblick legen wir uns ins trockene Gras und küssen uns zum ersten Mal.

„Das Höschen lassen wir aber an" sage ich und wir haben es auch gehalten, obwohl mir der kühne Schambogen ihres jugendlichen Körpers, wie das Tor zum Paradies erschien. Wir erleben einen aufregenden Winter und sind so verliebt ineinander, dass wir keine Kälte spüren bei unseren einsamen Gängen.

Als sie 17 wird, haben wir unser erstes Rendevous in der großen Stadt. Nicht mit reinem Gewissen, aber mit großer Lust fahre ich dorthin. Doch die laute, graue Stadt ist wenig einladend für uns. Mir fällt nichts Besseres ein, als Rike den Hembach zu zeigen, den Lieblingsplatz meiner Eltern, aus den heißen Sommern meiner Kindheit.

Heute herrscht hier tiefer Winter. So habe ich den Hembach noch nie gesehen. Wunderlich geformte Eisgebilde bedecken das murmelnde Bächlein, das sich zwischen mächtigen Fichten hindurch schlängelt. Alles Grün ist weiß überzuckert. Es ist eine Eiswelt. Doch wohin mit uns? Wir finden eine kleine Grube mit trockenem Gras und Laub, rollen uns zusammen und halten uns eng umschlungen, nur notdürftig mit meiner Jacke bedeckt. Doch die Kälte dringt durch. Wir stehen auf und wollen weiter.

Da steht einer mit geiferndem Hund, dem Gewehr im Anschlag, das er etwas in meine Richtung an hebt, als er mit biederer Stimme fragt: „Was suchen sie denn hier?" Schwer zu erklären, doch leicht zu erraten - meine lange Blonde wird weiß wie der Schnee ringsum. Der Forstmann sagt: „Sie haben hier nichts zu suchen. Im Wald müssen sie sich an die ausgewiesenen Wege halten!" Das ist mir neu. Ich wende ein, dass ich von Kindheit an mit meinen Eltern im Sommer hier gewesen bin. Im Herbst hat mein Vater hier Pilze mit mir gesucht. Freier Zugang zur Natur, ist doch gesetzlich garantiert, oder? Der Grüngewandete hebt mit süßsauerem Grinsen seinen Drilling wieder etwas an. Er geht so weit, uns zu zwingen, ihm bessere Einsicht vorzulügen, damit er uns gnädig gehen lässt.

Ich liebe Rike mit Haut und Haaren. Auf sie setze ich meine Zukunft, mehr als erlaubt und mehr als klug ist. Mit ihr hoffe ich, wieder einen beweglichen Menschen um mich zu haben und den Rollstuhl meiner Frau los zu werden. Mit ihr soll wieder hoher Wuchs in meine Blutlinie kommen. Ich bin wie von Sinnen, wahnsinnig und blind vor Liebe.

Der Sommerwind

treibt den Duft des Jasmin
aus meinem verwilderten Garten herauf,
ganz unnütz, denn du bist nicht hier,
die diesem Duft einen Sinn geben könnte.

Der Sommerwind lässt liebliche Orte
in Höhen und Tiefen aufleuchten wie Himmelbetten,
ganz unnütz, wenn wir nicht hingehen können
Hand in Hand, um uns zu legen.

Der Sommerwind weht viel zu weit für uns.
Wir sind durch den Telefon-Engel verbunden
und durch die explodierenden Räder,
die uns zusammenführen unter der Tarnkappe.

Gelobt sei die Anonymität! Sie ist gnädiger,
als die Götzen moralischer Christen, sie deckt
ihren milden Mantel wenigstens launisch
über die Liebenden, die außerhalb des Gesetzes sind.

Ich habe ein paar Dinge, ich trage Waffen,
ich gehorche niemandem.
Ich liebe das Flimmern
deines Leibes und das Leuchten deiner Seele.
Ich bete nur noch mit dir.

 Im Nachhinein darüber zu lächeln hilft nichts. Es hilft auch nichts meiner midlife crisis die Schuld zu geben oder ihrer frisch aufgebrochenen Liebe. Uns beiden war es bitter ernst. Wie oft bin ich in die Stadt gefahren, nur um sie zu sehen, oder um auf einem einsamen Parkplatz die Autoscheiben beschlagen zu lassen. Ich gab ihr alles, was ich hatte und sie auch mir. Über ein Jahr lang können wir unsere Gefühle füreinander vor der Öffentlichkeit verbergen. Ihren 18. Geburtstag feiern wir in den Trödelstuben und einem seltsamen hölzernen Kunstwerk vor dem Germanischen Nationalmuseum.

Im ersten Frühling, als meine Frau mit Sohn Wolfram nach Schweden gefahren war, fahren wir an den Bodensee, sehen Unteruhldingen, die Insel Mainau und die Reichenau. Das ging noch gut. Doch in den Sommerferien treiben wir unser Versteckspiel auf die Spitze.

Wir fahren nach Kroatien: Die Küstenstraße, die Sonne, den weißen Karst und das blaue Meer ! Neben einem einfachen Zelt, haben wir sogar mein Boot dabei, einen alten aufblasbaren Katamaran und wo wir länger bleiben, fahren wir damit übers blaue Meer. - Wir finden einen kleinen Hafenort mit stillem Campingplatz und kalter Dusche im Freien. Der alte Wirt der einzigen Bar ist gut Freund mit uns. Die stämmige Frau im Lebensmittelladen kennt uns schon. Und wir erleben den Jubel unseres Gastlandes mit, als Kroatien ein eigener Staat wird. Alle Lastwagen und Pkw fahren mit Freudengehupe durch das kleine Fischerdorf. Eine Gruppe junger Männer bringt und schwingt mit Jubelrufen und Freudensprüngen die neue Fahne ins Dorf, ich fotografiere sie. Nachts gibt es ein Fest am winzigen Hafen. Auf dem schmalen Streifen Strand zwischen Straßenmauer und Meer wird ein Schwein am Spieß gebraten. Man isst und trinkt, singt und spielt die ganze Nacht. Ein alter Fischer, der früher, als junger Mann schon in Deutschland geboxt hatte, wie er uns erzählt, ist besonders freundlich zu uns. Er sagt: von seinen Feigenbäumen neben dem Zeltplatz, dürfen wir essen soviel wir wollen, und wir lassen sie uns schmecken.

Dahinter erheben sich steile Berge mit vielen Gipfeln. Da möchten wir einmal hinauf. - Erst ist es ein Weg, bald wird er zum Pfad, bis nur noch Spuren auf den Steinen erkennen lassen, wo er verläuft. Verstreute Grabsteine ohne jede Einzäunung sehen wir. Wir steigen höher, bis wir hinter dem Sattel, überraschend tief unten ein kleines Dorf sehen. Dort arbeiten Menschen auf den Feldern. Wir winken ihnen zu und sie winken zurück. Der hohe Gipfel zur Rechten, den wir von unten immer im Blick haben, reizt uns. Wir erklimmen ihn und erleben eine erhebende Aussicht: Unzählige kleine Inseln verlieren sich immer weiter hinaus auf das schimmernde Meer, bis sie in die rote Sonne hinein verschwinden. Küssend fotografieren wir uns selbst. Doch die sinkende Sonne mahnt zur Umkehr. Den Steig, den wir gekommen sind, verfehlen wir. Endlich sehen wir ein Haus, wo Kinder spielen und Frauen sitzen. Wir fragen nach dem Weg. Doch so schnell lassen uns die Frauen nicht gehen. Wir werden mit Brot und Wein bewirtet. Wo sind die Männer? „Alle in Deutschland arbeiten" sagen sie. Als es Nacht wird, drängen sie uns zum Gehen, schenken uns noch einen Beutel mit frischen Mandeln und verabschieden uns herzlich. Wir finden den Abstieg. Todmüde sinken wir in unser Zelt.

Wir fahren die Küstenstraße weiter und nehmen die Fähre hinüber auf die Insel Jelsa. Es ist Nacht, als das Schiff dort anlegt. Freundliche Leute sprechen uns an, laden uns ein, mit ihnen zu kommen. Wir schlafen in einem nagelneuen Apartment - doch auf Dauer wäre uns das zu teuer. Unten am Strand stellen wir unser Zelt auf. Rike legt mit brennenden Teelichtern eine Straße ihrer Liebe bis in unser Zelt hinein. Aber die Nachbarn über uns rufen frech herunter und stören uns sehr. Am nächsten Morgen bauen wir unser Boot auf. Doch das lässt sich nicht um die gegenüber liegende Landzunge herum kreuzen, wir treiben ab, sind liebestoll, bis Leute vom Kai herüber schreien. Es sind wunderbare Tage auf Jelsa. Wieder auf der Rückfahrt, müssen wir auf einem verlassenen Seitensträßchen im offenen Auto nächtigen. Unmöglich, alle Erlebnisse dieser Reise zu erzählen. Es war ein Rausch, ein überwältigender Tagtraum, ein verbotenes Glück, wie wir bald zu spüren bekamen.

Aufgeflogen sind wir, als Rikes Mutter mit meiner Frau gesprochen hat. Die hatte vorher durch meine älteste Tochter Wind bekommen, denn dummerweise hatten wir sie angerufen, als wir wieder im Land waren. Rikes Mutter erstattete Anzeige bei meinem Dekan. Er musste reagieren. So, wie bisher, konnte es auch nicht weiter gehen.

Nun wehte ein anderer Wind. Die landeskirchliche Strafmaschinerie lief an: Sofortige Supension vom Dienst, getrennte Verhöre, innerkirchliches Gericht in München, wobei ich mich zu meiner Tat bekenne und gelobe, von Rike nicht mehr zu lassen. Im weltlichen Sinn, haben wir keine kriminelle Tat begangen. - Ich werde zu fünfjährigem Predigt- und Sakramentsverbot verurteilt, dazu Gehaltskürzungen, hohe Unterhaltskosten und Strafversetzung in eine fremde Stadt, um dort möglichst viele Rollstühle zu schieben.

Dem Gesetz war Genüge getan. Nur gut, dass meine drei ehelichen Kinder bereits volljährig waren. Beim Auszug aus dem Pfarrhaus füllte Rike mit mir einen ganzen Baucontainer mit altem Hausrat zu Abfall. Außerdem schleppten wir viele schwere Umzugskartons auf den Kirchenboden der Nachbargemeinde, die uns das großzügig erlaubte. Ihnen bin ich dafür dankbar, so lang ich lebe! Wohin sonst mit all den Büchern und dem anderem Ballast?

Auf dem Trempelmarkt in Nürnberg setzen wir 1.500 DM um, das war viel; bis ein alter Vorderlader zu einer polizeilichen Anzeige führte und die Strafe von 2.500,- DM uns alles wieder nahm.

Rike und ich hatten jetzt die schönste Zeit miteinander. Obwohl knapp bei Kasse, fuhren wir hin, wohin wir wollten. Nachdem Rike die Schule abgeschlossen hatte schmiss sie gut begründet zwei Lehrstellen in Nürnberg, eine bei einer Autoverleihfirma, wegen Anzüglichkeiten des Chefs, die andere als Floristin (beim Meister der Innung !), weil sie nur schwere Räumarbeiten machen musste, auch an Sonntagen. Sie zog von zuhause aus in eine Einzimmerwohnung im Haus eines Staatsanwaltes südlich von Nürnberg und war zunächst ohne Einkommen. Da fiel mir die Firma Wicklein an der Stadtgrenze zu Fürth ein. Wir fuhren hin. Die Firma gab es nicht mehr. Doch eine große Lebkuchenbude stand gegenüber und, wie es aussah, ging das Geschäft gut. Wir fragten, und der Verkäufer sagte, ja, jetzt in der Weihnachtszeit könne er schon Hilfe gebrauchen. Das war dann schwer für sie im kalten Winter, so halb im Freien, von früh bis in die Nacht. Obwohl der Brezelbäcker ein Spitzbube war, verdiente sie gutes Geld und konnte durch den Verkauf von Lebkuchen ihre Miete bezahlen.

Mir gelang es, aus dem möblierten, himmellosen Kellerraum, den man mir zugewiesen hatte, wo nachts vor lauter Geknacke der Heizung nur ein dünner Schlaf möglich war, heraus zu kommen. Ich konnte ein winziges Reihenhäuschen im Kürengrund mit großem Garten preiswert mieten. Doch zuvor musste ich einen treffsicheren Brief an den Vermieter schreiben, denn der meinte plötzlich, wir seien dieselben Kiffer, wie die Vormieter, nur weil ich die zufällig kannte, und hat uns den Schlüssel wieder abgenommen. Aber wir wurden noch

Freunde.

Rike konnte zu mir ziehen und sie fand bald eine passende Lehrstelle in dieser Stadt. Ich musste sie nur einmal ermahnen, dass Lehrjahre keine Herrenjahre sind. Sie hielt durch.

1989 durften wir die Öffnung der Grenze der DDR miterleben. Wir gerieten vor das geschlossene Tor der überdimensionalen Grenzanlage. Soll ich meine Hand durch das Grenztor stecken, um mich mit der aus Erfurt kommenden Menschenkette zu verbinden? Wird nicht doch geschossen? Die NVA-Grenzsoldaten stehen noch unter Waffen. Ich überwinde die Angst, strecke als erster meinen Arm durch die kalten Stahlstäbe und reiche dem unbekannten Deutschen auf der andern Seite die Hand. - Nicht lange danach geht das Tor auf.

Ein Freund, der einzige Mensch, den ich hier von früher her kenne, hat sein Schifferklavier dabei - Volkslieder, die alle kennen und mitsingen, verwischen sofort das Hüben und Drüben. Wir weinen und lachen in einem über so viel Glück. All den Scharfmachern und Säbelrasslern war es nicht gelungen, uns in einen Bruderkrieg zu stürzen. Alle politischen Ideologien waren angesichts dieser Wiedervereinigung zu Idiotien geworden. Uns ist bewusst, etwas ganz Großes mitzuerleben und wir schwören uns, dieses Glück niemals zu vergessen.

Nach einem Jahr wurde ich in Ansbach geschieden. Den Rechtsanwalt hatte ich im Telefonbuch nach dem Alphabet ausgesucht. Das war ein Fehler, ich hatte praktisch keine Hilfe, er hat nur kassiert. Außerdem hatten meine Vorgesetzten keinerlei Interesse, es mir finanziell gut gehen zu lassen. Es folgten: Scheidungskosten und gerechte Übertragung von Rentenanteilen auf meine geschiedene Frau. Ich war pleite.

„Da besinnt sich das Kind und ..." ich kann doch Motorräder reparieren; kann alte, verrostete „Mühlen" billig kaufen, herrichten, aufpolieren, bis sie funkeln wie Brillanten und entsprechend teuer weiter verkaufen. Wenn Rike von ihrer Arbeit heim kam, hatte ich schon ein gebrauchtes Motorrad in der Zeitung gefunden, Adresse notiert, Preis ausgehandelt und wir fuhren hin, um die Ersten zu sein. War das Maschinchen noch intakt, fuhr ich es heim. Wenn nicht, schnürten wir es auf unseren neuen Autoanhänger, der damit bald amortisiert war. Wir kauften in ganz Franken und in allen angrenzenden Ländern, vom bayrischen Wald bis zum Saarland, vom Bodensee bis nach Thüringen, ein Motorrad nach dem andern.

Zuhause rappelte ich mir die Finger wund, bis die Maschinen liefen und blitzblank dastanden. Etwas Glänzendes, wenn es dazu noch funktioniert, das wollen die Leute. Viele Motorräder ließ ich auf meinen Namen zu. Bald war ich mehr bekannt, als mir lieb war. Als ein Käufer sagte, ein renommierter Händler habe ihn zu mir geschickt „weil, der verkauft mehr, als wir alle zusammen" wurde es mir zu heiß und ich hörte schlagartig damit auf. Ab 1994 gab es sowieso einen Knick: Niemand wollte mehr ein Motorrad kaufen - die Softchopper waren außer Mode.

Glücklicherweise hatte ich zu der Zeit schon, wegen „Arbeitsunfähigkeit aus Krankheitsgründen" in den vorzeitigen Ruhestand treten können. Einmal im Leben musste mein frühkindlich erworbenes Asthma, das mich besonders in jungen Jahren und auch sonst gequält hat, für etwas gut sein. Ganze vier Zeilen schrieb mein Hausarzt und die Vertrauensärzte der Krankenkasse erlebten einen kurzatmigen Patienten. Das muss - ganz ohne Absicht - an den vielen Pfeifen gelegen haben, die ich damals rauchte. Doch dann hatte ich Freiheit, konnte ein altes Häuschen auf dem Land erwerben und instand setzen. Denn dafür hatte ich bereits das Geld beisammen:

Eigener Grund

Ich fuhr durchs Land
sehnsüchtig nach
einem eignen Häuschen
bis ich es fand.

Überall Spinnenherde
Moder und Moos
der Giebel stürzt ein
das Fachwerk Blumenerde

Wasser unten
Wildnis oben -
danke Gott
ich hab es gefunden!

Trotz alledem
ich kaufe es
ich baue es
aber mit wem?

Wie eine alte, nicht verheilte Wunde, war unerwartet diese Frage aufgebrochen. Vorher aber hatten wir noch das reine Glück, nur einmal die Pille abgesetzt und schon war Rike schwanger und wir strengten sogleich unsere Trauung an. Doch sie hatte erst noch einen Kampf mit gewissen Ärzten zu bestehen. Da waren welche, die wollten allen Ernstes eine Bauchhöhlenschwangerschaft diagnostizieren.

Wir fuhren gerade heimwärts auf unserer neuen Harley-Davidson von einem Treffen mit alten Freunden vom CVJM auf der Burg Wernfels, da machte die Harley „bloff" und blieb stehen - mitten auf der Autobahn keine Kompression mehr ! Eine Zylinderkopfdichtung muss herausgeflogen sein. Volle drei Stunden warten wir in Lärm und Gestank bei der Telefonsäule auf den Abschleppdienst. Rike geht es schlecht. Sie war bereits nüchtern geblieben und hat die vorbereitende Medizin für die morgige Operation der angeblichen Bauchhöhlen-Schwangerschaft schon eingenommen. Doch am andern Morgen ist ihr Kampfgeist neu erwacht: Sie verweigert die Operation und besteht darauf, vom Oberarzt untersucht zu werden. „Alles in Ordnung", sagte dieser „eine ganz normale Schwangerschaft". Damit hat sie unser Kind gerettet !

Bei der Geburt selber war sie nicht die Größte. In ihren Wehen schwor sie, nie wieder ein Kind haben zu wollen. Als die kleine Lille ihr zum Stillen gebracht wird, ist gerade dieser lange Lulatsch von Assistenzarzt im Zimmer. Da packt uns die Wut: „Da schauen sie" sage ich laut, dass es alle hören „das ist ihre Bauchhöhlenschwangerschaft, die sie herausschneiden wollten !" Wortlos verdrückt sich der weiße Kittel.

Lille gedeiht prächtig. Als Rike wieder zur Arbeit gehen muss, versorge ich das Kind. Doch bald fällt mir auf: Rike ist darüber schrecklich eifersüchtig, wenn sie von der Arbeit kommt und Lille schläft auf meinem Bauch. Das erste Wort, das Lille sagt, ist nicht Mama oder Papa, sondern "Ogl, Ogl". Von unserm letzten Urlaub auf Öland in Schweden haben wir ein künstliches Vögelchen mitgebracht, das richtig zwitschern kann und Lille hat große Freude an ihrem „Ogl".

Zur standesamtlichen Trauung sind wir mit dem ganzen Motorrad-Klub-Brattendorf im Gefolge im Motorrad vorgefahren. Die kirchliche Trauung haben wir mit der Taufe der kleinen Lille zusammengelegt. Ein freundlicher Kollege vollzieht die Amtshandlungen. In einem kleinen Gasthaus auf dem Land feiern wir. Dabei sehe ich erstmals meinen einzigen Bruder wieder, der sich nach dem Tod unserer Mutter mit mir verstritten hatte, wegen Wohnrecht und Sparbüchern und so was, was mir immer unverständlich und nur schmerzhaft war. Jetzt ist auch seine Frau mitgekommen. Wir Brüder umarmen uns, vergießen heiße Tränen und versprechen, uns nie mehr zu verfeinden. - Doch er hat sich nicht daran gehalten.

Da waren auch Gäste, wie Rikes abergläubische Tanten, die mich überhaupt nicht mochten. Sie rissen das Kind an sich und fingen gleich Streit an. Mir war sehr unwohl dabei, denn ich musste daran denken, was Ricke mir erzählt hat, wie man früher Geburtenkontrolle betrieb, da kam die Pat ans Wochenbett, nahm das Neugeborene auf den Arm, trug es aus dem Zimmer und als sie zurück kam, legte sie der Mutter das tote Kind in den Arm. - Wie giftig die Tanten hinter meinem Rücken auf Rike eingeredet haben, kann ich nur vermuten. Dass wir uns auf den Stufen einer Friedhofskapelle fotografieren ließen, hat ihren Aberglauben noch richtig beflügelt.

Doch von nun an besuchen sich die Familie meines Bruders und meine neue Familie wieder. Wir fahren nach Gröbenzell und übernachten dort. Wir passen auf Lille auf, als Georg und Rike etwas am Bodensee klären müssen.

Dann aber kommt es zu jenem folgenschweren Erlebnis, das ich nur „zum Kotzen" nennen kann:

Wir haben uns in Nürnberg bei Ellen, meiner Schwipp-Cousine verabredet und sitzen um den Kaffeetisch. Helmut ihr Mann, den sie noch immer "Butzi" nennt, ist ein Stiller, der meistens in sich hinein lächelt. Georg, mein jüngerer Bruder, sitzt etwas abseits von mir und hat meine kleine Lille auf dem Schoß - die ganze Zeit über.

Von Ellen weiß ich, dass mein Bruder ihr früher lange Briefe geschrieben hat. Aber Ellen und ich verstehen uns gut. Durch die Erinnerung an ihre Mutter Irene und besonders an ihre Oma, meine Tante Gretl, deren Liebling auch ich war, sind wir von klein auf miteinander verbunden. Endlich kommt Ellen mit dem Kaffee aus der Küche. Ich weiß nicht, weshalb mein Bruder so weit, von Gröbenzell hinter München bis hierher gefahren ist ? Und mir scheint es komisch, dass mein Kind auf seinem Schoß sitzt, doch Rike findet das richtig.

Wir verabschieden uns bald, denn mein Bruder will uns noch den Nürnberger Judenfriedhof zeigen. Es soll dort viele Gräber mit dem Namen „Sämann" geben (ich wusste damals noch nicht, dass wir - so sicher wie das Amen in der Kirche - nicht jüdischer Abstammung sind). Als wir dort ankommen, ist unsere kleine Lille im Auto eingeschlafen. Leise drücke ich die Autotüren an. Wir gehen durch die kleine Pforte in den Friedhof. - Aber jemand muss beim Auto bleiben, Lille könnte aufwachen und sich schrecklich allein fühlen.

Rike will unbedingt die Sämanns-Grabsteine sehen. Also bleibe ich hier und gehe zum Auto zurück, um nach unserer Kleinen zu schauen. Sie schläft noch. Ich gehe ich auf und ab und die Zeit wird mir lang. Mit schnellen Schritten laufe ich zurück zum Friedhof, schaue hinein, aber weder Frau noch Bruder sind zu sehen. In Sorge um mein Kind, renne ich mehr, als ich gehe, wieder zurück zum Auto. Doch sie schläft noch. Wieder vergeht

Zeit. Ich bin unruhig. Wieder laufe ich zum Friedhof, wage sogar einen Ruf hinein in die Tiefe des stillen Ortes, erhalte aber keine Antwort. Wieder renne ich zurück zum Parkplatz. Sie schläft noch immer. Was kann ich tun, dass die Beiden endlich kommen ? Wir haben noch eineinhalb Stunden Heimweg vor uns und mein Bruder noch viele mehr.

Wieder renne ich zum Friedhof, rufe noch einmal hinein. Nichts. Atemlos kehre ich zum Auto zurück - aber mein Kind schläft noch. Es ist schon dunkel geworden - keine Zeit, um Friedhöfe zu besuchen. - Da kommen sie, plappern von tollen, alten Grabsteinen. Ich kann meine Wut gerade noch in ruhige Worte fassen, viel zu ruhige Worte, denn es rast in mir. Doch zur Eifersucht habe ich keinen Anlass - oder sollte ich ?

Auf der Heimfahrt im Itzgrund weiß mein Körper mehr, als mein Kopf. Ich muss mich übergeben. Schnell kurble ich das Autofenster herunter. Rike fährt in einen Seitenweg ein. Mir ist zum Kotzen, ich steige aus und erbreche mich wieder.

Eines ruhigen Abends dann, gab es ganz leise einen feinen, aber tiefen Riss zwischen Rike und mir. Ohne Vorwarnung fragte sie mich: „Ob ich mir vorstellen könnte, dass sie mit meinem Bruder zusammen lebt?" -

Was kann ein Mann darauf antworten? Kann er bitteln und betteln, dass sie doch bei ihm bleiben soll ? Oder kann er die Frau zwingen, die solche Pläne hat, bei ihm zu bleiben ? Nein, er kann es nicht. Er muss akzeptieren. Da habe ich Rike verloren. Aber da ich Frieden halten wollte mit ihr und meinem Bruder, dachte ich, es wäre das Beste auch für mein kleines Kind, mit ihnen in Freundschaft zu bleiben. - Natürlich war mein Bruder, der sieben Jahre jünger ist, als ich, Ingenieur der extraterrestrischen Forschung am Max Planck-Institut in Garching, mit Abstand die bessere Partie, als ein geschiedener Pfarrer im Rentenalter.

Eines Tages fuhr sie allein mit der Kleinen nach München - ich aber zu Adelheid und Jonathan, zu meiner früheren Geliebten und unserem gemeinsamen Sohn.

Mir war klar geworden, dass die Zeit gekommen ist, mich zu Adelheid und unserem Sohn zu bekennen. Von Adelheid war damit endlich die Not genommen, mich jahrelang als Vater unseres Kindes, vor ihren Eltern, vor den Ämtern und aller Welt geheim halten zu müssen. Sie hat schrecklich darunter gelitten. Trotzdem rief ich sie an und sagte ihr, wie es bei mir steht und fragte sie, ob sie sich vorstellen könne, noch mit mir zu leben? Und sie sagte: „Ja."

Von da an waren wir endlich ein Paar und mehr - wir waren eine eigene Familie.

Mein Bruder verließ seine Frau und seine drei erwachsenen Kinder, mietete eine große Wohnung am Ammersee und zog mit Rike und Lille dorthin. Adelheid und Jonathan zogen zu mir nach Sülzfeld. Um dem achtjährigen Jungen die Mühen eines Dorfkindes zu ersparen, der morgens als erster geholt und nachmittags, als letzter vom Gymnasium in der Kreisstadt mit dem Bus gebracht wird, haben wir Joni im Windsbacher Knabenchor angemeldet. Er musste dort vorsingen, was schwierig war, aber er schaffte das prima und wurde sofort aufgenommen (wie schon mein Sohn Wolfram aus erster Ehe).

Nun sah es so aus, als hätte alles eine neue, gute Ordnung gefunden. Wir fuhren alle sechs miteinander in die Sommerferien nach Kroatien. Das war toll. Adelheid und ich hatten sogar meine Schafhündin Haime mit dabei. Mein Bruder schlief mit Rike und Lille in einem Apartment, wir aber mit Joni in unserm Zelt. Die Tagesausflüge und Strandgänge gestalteten wir gemeinsam.

Wieder daheim, fuhren wir an den Ammersee, Joni blieb dort sogar über Nacht dort. Georg und Rike besuchten uns dann in Sülzfeld. Da ihnen die Wohnung am Ammersee zu teuer wurde, fanden sie eine neue nicht weit hinter Bamberg. - In Bamberg wurde ich später gerichtlich von Heike geschieden. Ohne Rechtsbeistand ging ich hin und willigte in alles ein, weil ich Frieden zwischen uns bewahren wollte - Rike aber kam gleich mit zwei Rechtsanwältinnen aus Nürnberg.

An Lilles drittem Geburtstag, als wir aus einem schattigen Bierkeller auf dem Rückweg zu ihrer neuen Wohnung waren - Adelheid hatte einen selbst gebackenen Geburtstagskuchen mit dabei - kamen wir nicht mehr zum Kaffeetrinken. Noch auf der Straße brachte es Rike hervor: Adelheid habe Lille schon mehrmals nach dem Leben getrachtet. Und sie nannte mehrere Begebenheiten - ich wollte meinen Ohren nicht trauen; aber mein Bruder sagte nichts dagegen und Rike blieb bei ihren ungeheuerlichen Anschuldigungen. Adelheid wollte sofort heimfahren. Das taten wir auch.

Später erfuhren wir, Rike habe den Geburtstagskuchen weggeworfen „er könnte vergiftet sein." - Und mein Bruder ? Unglaublich. Er stand hinter diesen Anschuldigungen gegen Adelheid: Als Lille noch kleiner war, sei sie hinter Adelheid unsere steile Haustiege hinauf gekrabbelt, aber Adelheid sei an ihr vorbei in den Garten gelaufen, damit Lille sich zu tot fallen sollte. - Beim Walberla-Fest habe Adelheid mit Lille gespielt und sie so nah am Felsabsturz stehen lassen, dass sie abstürzen sollte. (Tatsache war, dass Rike zu viel getrunken hatte und Lille nicht mehr von Adelheids Hand wich). - Am Strand im Urlaub habe Adelheid unserm Hund gewehrt, das trübe Salzwasser zu trinken, Lille aber von ihrer Spielzeug

Schaufel schlecken lassen, damit sie krank werden sollte. - insgesamt fünf solche „Mordversuche" haben die Beiden aufgezählt. Ich konnte sie nicht alle behalten. Damals hätte ich prozessieren sollen - aber ich wollte nicht.

Bringen wir das Trauerspiel zu Ende. Bald kaufte mein Bruder mit Rike ein eigenes Haus bei Neustadt/Aisch, weit genug weg von uns. Bei Kindergarten- und Schulanmeldung hatten alle drei den gleichen Namen, das war praktisch. Rike sagte kurz nach unserer Scheidung, ich hätte nur ein eingeschränktes Besuchsrecht für Lille bekommen. Davon wusste ich nichts – das war auch gelogen. Ich habe mich erkundigt; der junge Mann im Jugendamt riet mir aber: „das Ganze zu vergessen." Weshalb ? Und außerdem riet er mir, das Buch eines Zen-Meisters zu kaufen. Toll !

Eines Tages ruft mich Rike an: Mein Bruder ist gestorben - bei einer Spazierfahrt mit dem Fahrrad von einer Kirchweih zurück - mein einziger Bruder!

Aus dem Hinterhalt
ererbter Intrige
raffiniert berechnet
geleugnet die Liebe
verrät das Weib
der Bruder "mordet"
das Kind wird zerrissen
die Ehe verschlissen
der Rechtsrichter segnet
Zerfall und Verleumdung
beschmutzt unser Name.

Mein Bruder tot
besudelt mit Neid
im Schoss meiner Frau

gut finanziert
einschließlich Hölle
zerrissener Seelen
das Kind belogen -
Salomons Urteil
hat mich betrogen.

8.8.1999

Rikes Szene im Krematorium, als der Sarg sich senkte, wie sie mit wütendem Geschrei, eine weiße Rose hinterher warf, sagte jeder: Sie hatte sich übernommen. - Der Pfarrer, den ich fragte, ob ich nicht doch noch prozessieren sollte, meinte: „Jetzt hat ein Höherer gesprochen." So ließ ich es sein.

Es war nicht gut, dass Rike mir all die Jahre den Kontakt mit meinem Kind unmöglich gemacht hat. Nie durfte ich ein Wort mit Lille alleine wechseln. Ein Kinderbrief, ein E-Mail, ein paar Fotos, ein kurzes Treffen, wenn ich wieder mehr Unterhalt zahlen sollte, das war alles. Jahrelang habe ich mein Kind nicht gesehen; für sie bin ich nur, „der Werner". Seit Rike wieder geheiratet hat, einen früheren Lehrer von Lille, ist es ganz aus mit Kontakten. Wir schreiben uns über Rechtsanwälte.

Es war erst im Jahr 2010, als ich meiner Schwägerin, zum Geburtstag gratulierte, musste ich erfahren: Rike habe damals gedroht, mich der Pädophilie anzuklagen, wenn ich nicht in die Scheidung eingewilligt hätte; nein, das wusste ich nicht.

Aber ich wollte von ihr loskommen, ihre Lügen waren mir zu viel geworden. Und ich hatte meine Verpflichtung zu Adelheid und Jonathan erkannt. Im Nachhinein hören zu müssen: "Pädophilie" - damals beim Pilze suchen ? Oder gar mit Lille, als sie klein war – unfassbare Verleumdungen sind das!

Als Lille 18 geworden war, wurde mir wieder ein Treffen im Dorf Friesen erlaubt. Gleich zu Beginn des Essens redete Rike so auf ich ein, dass mir der erste Bissen Schweinebraten im Hals stecken blieb. Mit Würgen und Schäumen musste ich hinaus. In der Toilette wurde ich den Brocken zwar los, aber wieder zurück, rückte meine große Lille angeekelt von mir weg. Wir gingen noch ein paar Schritte im kalten Wind. Dann kam Rike damit heraus: Ich müsste jetzt „noch viel mehr Unterhalt bezahlen, weil Lille studieren will." Ich sagte: „Ich kann das nicht, ich komme so aus den Miesen nicht heraus; nicht, dass ich nicht wollte." Sie sagte: „Ich war schon beim Rechtsanwalt." Da musste auch ich mir einen Rechtsbeistand nehmen.

Das ist das traurige Ende einer großen Liebe - die von Anfang an ein großer Fehler war.

> Einziger Bruder,
> du bist zu früh gegangen,
> denn wir sind immer noch
> mit deinem Tun befangen.
> Wir sagen nicht,
> du hättest dich davongeschlichen,
> doch viele Fragen bleiben
> schmerzlich unbeglichen.
>
> War es die Mutter,
> die ins Vertrauen dich gezogen
> und ohne zu wissen,
> dich um dein Kind-Sein betrogen?
> Was ist geschehen,
> dass du unerwartet
> gegen den älteren Bruder,

wie ein Feind geartet?
War es dein Weib,
mit der du gegangen,
mit der du gezeugt,
die du liebend umfangen?
Schau, deine Kinder,
sie möchten dich lieben.
Sie suchen den Vater.
Wo bist du geblieben?

War es mein Weib,
die dich mit Lügen umschlungen,
deinen blauen Blick getrübt,
dich zum Bruderhass gezwungen?
Ich bin noch hier –
und auch mein zartes Kind.
Kannst du helfen von dort Drüben,
dass sie zu ihrem Vater find't?

Bin ich es gewesen,
der in all den Jahren
nicht tat, was er konnte,
um Frieden zu bewahren?
Was hab ich dir getan,
was gegen dich betrieben?
Wie lässt sich der Schaden begrenzen?
Du bist die Antwort schuldig geblieben.

03.10.2000

Im Tal der Wunder

Mein Schwager Robert, seine Frau Gudrun und deren beide Buben, Michael und Klaus, und ich mit meinen Söhnen Frank und Wolfram, wollen einen billigen Urlaub in Frankreich machen.

Robert fährt vor uns her bis zu einem Platz, den er kennt, am Lac de Serre Poncon südöstlich von Gap. Da sind viele Camper, vor allem Franzosen, die dort wild kampieren. Die sanitäre Situation ist entsprechend. Es gibt weder Klosetts noch Trinkwasser. Die Leute steigen den Berg hoch hinauf, um ihre Notdurft zu verrichten. Leider sind bald die Trampelpfade auch belegt – was uns ekelt. Mein Jüngster und ich lösen das Problem, indem wir sehr früh am Morgen, wenn alle noch schlafen, in den See steigen, so schnell wir können, weit hinaus schwimmen, dass niemand sehen kann, wie wir draußen „die Fische füttern".

Die Landschaft ist grandios. Der See unter uns schimmert in allen erdenklichen Blautönen. Lang hingebreitet liegt er vor uns, vom zarten Morgenlicht über das weiße Licht des Mittags, dehnt er sich bis in die rote Abendsonne hinein. Seine Morgenseite ist von mächtigen Bergen begrenzt, bekrönt von den Höhen der ansteigenden Seealpen, deren Vorposten, hier eine unwirklich steil aufragende, romantisch seltsame Burgruine ist.

Robert und seine Buben sind begeisterte Wildwasserfahrer. Mit seinem Freund Hartwig stellt er solche Boote aus einem einzigen Plastikguss selbst her (nur, mir schlafen in jeder Art von Kajak die Beine ein). Hartwig mit Frau und Töchterlein, sind nachgekommen. Wir spielen öfter kleine Blockflöten-Stücke miteinander und die junge Frau ist dabei immer oben ohne, was mich erst verlegen macht, dann aber finde ich es schön.

Frank, mein Ältester, pubertiert zurzeit heftig und sondert sich auch etwas ab. Zu der aufragenden Burgruine geht er aber mit. Eine zweite Tagestour unternehme ich nur mit Wolfram, sie führt uns ins Hochgebirge. Der Aufstieg zehrt an unserer Geduld, doch oben werden wir reichlich belohnt mit einer Blitz sauberen, lieblichen Bergwelt und mehreren kleinen Bergseen, aber zum Baden zu kalt. Weit über der Baumgrenze begegnen uns noch Mountainbiker mit ihren Rädern auf den Schultern. Einmal staunen wir: eine vielköpfige französische Familie kommt uns mit Hurra entgegen - alle in Badehose oder Bikini, nur mit leichten Sandalen an den Füßen - mitten im Hochgebirge, wie wir auch.

Ich muss unbedingt meine alten Dias nochmal hervorholen, was sich da an Erinnerungen erhalten hat. Denn mir war das Missgeschick passiert, dass ich die Tasche mit allen Wechsel Objektiven meiner Leica-R, zuhause habe stehen lassen. So musste ich den ganzen Urlaub nur mit einer „Tüte" von 360 mm Teleobjektiv bestreiten - eine ungewöhnliche Aufgabe!

Langeweile gibt es bei uns nicht. Meine zwei Jungs beschweren sich zwar, dass ich nachts im Zelt schrecklich schnarche, doch zu extremen Ruhestörungen wachsen sich die nächtlichen „Feiern" einer größeren Gruppe von Belgiern aus. Die werden immer dann munter, wenn ein ereignisreicher Tag von uns seine Nachtruhe fordert. Ihre lautstarken Umtriebe dauern bis in den Morgen. Zähe Leute, diese Belgier! Schon Julius Caesar schrieb in seinem „Gallischem Krieg": „Belgae invicti sunt".

Eines Morgen brechen wir auf, zu einer mehrtägigen Fahrt ins Vallee du Merveilles, ins Tal der Wunder. Gudrun bleibt bei den Zelten und Michael ist auf Wildwasserfahrt in den Schluchten der Ubaye. Zu fünft fahren wir in meinem dunkelblauen RO 80 unzählige Serpentinen, Serpentinen links, Serpentinen rechts, in die Seealpen hinein. Frontantrieb und Wankelmotor bringen uns zwar sicher hin, doch als wir bei L'Authion auf 2000m Höhe endlich das Auto abstellen, ist mir schwindlig. Alle nehmen ihre Rucksäcke auf, nur ich drücke mich herum, ich kann und will nicht aufbrechen, ich fühle mich schwach und mir ist gar nicht nach Bergsteigen zumute. Die andern laufen schon voraus - ich muss einfach mit, so schwer es mir fällt.

Hoch über dem Tal finden wir abseits vom Pfad einen geeigneten Zeltplatz. Frank und Wolfram stellen unser Zelt auf. Mein Atem geht schwer. Kurz vor dem Schlafengehen habe ich so etwas, was sich in mir, wie ein Knacks im Herzen anfühlt. Doch während der Nachtruhe erhole ich mich wieder.

Die Sonne weckt uns früh in einer wunderbar klaren Bergwelt. Wir frühstücken, lassen die Zelte verschlossen zurück und brechen mit leichtem Gepäck auf. Nach meiner Karte wählen wir den Weg über den Pass du Diable. Davor wird es immer steiler. Mein Herz rast vom vielen Inhalieren (ich hatte damals noch dieses verflixte Berotec). Der Cime du Diable grüßt bedrohlich herunter.

Endlich stehen wir auf einer Hochfläche, die sich zum Tal der Wunder hin sanft senkt. Gegenüber leuchtet der Monte Bego, in früheren Zeiten, wurde er als Sitz einer Gottheit verehrt. Es wird berichtet, die antiken Seefahrer, die das alte Nike, heute Nizza, ansteuerten, haben sich an seinem Sommer wie Winter weithin leuchtend weißen Gipfel orientiert.

Nur noch wenig Weg, dann sehen wir andere Besucher und mit ihnen auch die ersten geheimnisvollen Felszeichnungen.

Die Menschen der frühen Bronzezeit sind in diese Einsamkeit herauf gestiegen, um ihren Göttern Wünsche und Dank darzubringen. Auf alle, von den Gletschern glatt geschliffenen Steinflächen, haben sie Punkt für Punkt ihre Zeichen eingebunzt. Es sollen über 30 Tausend sein. Die Darstellungen variieren von simplen Wünschen nach Waffen, Vieh und Parzellen bis hin zu nicht deutbaren Gebilden. Es ist eine solche Vielfalt hier, dass wir nicht wissen, wohin wir zuerst schauen sollen. Die Besucher, wenn sie nicht herum klettern, um immer neue Zeichnungen zu entdecken, sitzen still, fast andächtig auf den Steinen und unterhalten sich in gedämpftem Ton.

Wir folgen dem ansteigenden Tal bis es enger wird und tief unter uns kleine blaugrüne Seen herauf blicken. Mich begeistern die Farben der Steine. Rotes, grünes und weißes Gestein liegt hier so rein nebeneinander, dass mir allein diese Farbigkeit, wie ein Wunder erscheint.

Über den Pass du Diable müssen wir wieder zurück und dann hinunter durch eine trostlose, graubraune Steinwüste. Alle paar hundert Meter muss ich inhalieren. Wolfram, mein Jüngster, geht nicht mehr von meiner Seite. Er macht sich Sorgen um seinen Vater, während die andern vorausgehen. Bei schräg stehender Sonne, ganz klein, tauchen in der Ferne unsere Zelte auf. Ich möchte am liebsten hier bleiben, mich ausruhen – mir ist bewusst: ich werde wahrscheinlich nie mehr hierher kommen. - Doch wir müssen packen und zum Auto zurück. Dort angekommen, werden wir Zeugen von Deutschenhass: Mein neuwertiger, dunkelblauer RO 80 ist über und über mit Schlamm aus den umliegenden Pfützen beschmiert. -

Ich möchte aber nicht gleich wieder zurück fahren, ich möchte das Mittelmeer sehen, und alle sind einverstanden. So steuern wir Richtung Nizza und halten auch schon nach einem Platz zum Übernachten Ausschau. Doch der Autoverkehr ist dicht und viele Häuschen stehen entlang der Straße. Da entdecke ich auf meiner Bergkarte ein schmales Sträßchen, eine Altstraße, die direkt nach Nizza führt. Sie ist gesperrt, trotzdem fahre ich hinein. Überall diese Schilder: Privee! Privee! Lange finden wir keinen Platz zum Nächtigen.

Endlich wird es einsamer und wir kommen an eine geräumige Stelle, wo das Auto Platz hat und wir unsere Schlafsäcke bequem ausbreiten können. Es ist ein warmer Abend und mir geht es wieder besser. Mäuschen rascheln im Laub hinter uns. Ein unbekannter Vogel schreit. Übermütig sage ich etwas vom „Nachtgieger", der herumschleicht, um kleine Kinder zu zwicken. Damit habe ich leider Wolfi, meinen Jüngsten so verunsichert, dass er weinen muss und sich vor Angst lange nicht beruhigen kann - während alle andern schallend lachen. Wolfi hat noch nie so offen und ungeschützt in freier Natur geschlafen. Ich allein habe diese Nacht wachend zugebracht - war wohl eine Nachwirkung des vielen Inhalierens. Trotzdem war es für mich eine unvergessliche, eine erhabene Nacht.

Wir liegen unter tief hängenden Esskastanien und ich sehe das Licht des vollen Mondes über und durch sie dahin wandern vom Aufgang bis zu seinem Untergang. Die hellen, stachligen Früchte und breiten Blätter glänzen in den zartesten grün, blau und lila Farben, in dieser südlichen Nacht.

Etwas in Sorge, dass uns doch jemand aufstöbern könnte, erheben wir uns früh. Und das alte, teils mit Gras überwachsene, Sträßchen führt uns tatsächlich mitten ins Zentrum von Nizza - direkt ans Meer!

Mächtige, verschnörkelte Hotelbauten säumen die

menschenleere Strandpromenade, wo wir das Auto abstellen. Eine dicke, weiche Luft umfängt uns und - schon schwimmen wir mit Hurra im Mittelmeer. Warm und weich fühlt sich auch das Wasser an – es schwimmt sich so leicht darinnen.

Wir merken nicht, wie die Zeit vergeht, plötzlich ist alles voller Menschen. Schon liegen sie Decke bei Decke. Jetzt wäre auch kein Parkplatz mehr zu finden. Für uns ist es Zeit, zu fahren.

Zurück zu unserem Lac nehmen wir jene Straße, auf der schon Napoleon Bonaparte von Elba kommend mit einem eilig zusammengestellten Heer gezogen war, um sich nochmals - für 100 Tage - an die Macht aufzuschwingen - wir aber, um einen merkwürdigen Urlaub in den französischen Seealpen ausklingen zu lassen.

Frank Americo

Katzen in der Wohnung halten, scheint mir wie Affen hinter Gittern, doch die wollige Graue legt sich wohlig auf den weißen runden Küchen-Wohnzimmer-Esstisch, wo wir gerade Kaffee trinken. Zwei andere verstecken sich vor mir. Der Kanarienvogel im Käfig oben an der Decke wagt ein paar Piepser und ein gepflegtes, großräumiges Aquarium mit prächtigen Scalaris blubbert vor sich hin.

Ich bin nur zu Besuch bei meinem blonden Frankli in seiner zweiten Wohnung in Neuendettelsau. In der ersten hat er seine erste Frau verloren. Das war Susan, die blonde Engländerin, die Tochter des Leuchtturmwärters von Gibraltar. Sie hat ihn zwar von seinen Drogenabenteuern an der „Linea da Conception" herausgeholt, denn Susan wollte gut versorgt in Old Germany leben. Seine Mutter schickte ihm das Fahrgeld zur Heimkehr. Dann arbeitete Frank als Fräser am Ort und verdiente gut. Susan war hübsch, doch die abgöttische Liebe meines Fränkiboys war ihr zu wenig. Sie wollte mehrere Männer, erst einen seiner Arbeitskollegen und nachdem sie Franks Konto geplündert hatte, wählte sie den Zahnarztsohn im Haus, von dem sie bald ein Kind erwartete.

Frank zog um und richtete sich die Dachwohnung im Nachbarhaus ein, ganz nach seinem Geschmack: Vor dem Luxusfernseher mit neuesten Verstärkern und Computern sitzt oder liegt man auf einem knautschigen, bunten Ecksofa unter der großen Bandeira Brasileira und der Landesfahne von Rio Grande do Sul an der Wand. Der Couchtisch ist mit vielen Nippes belegt. Im Zimmer verteilt stehen und hängen, Gitarren, Posaunen und jede Menge grünes Gerangel, so dass man den Kopf einziehen muss, wie im Urwald.

Ob ein gewisses „Gras" auch dabei ist ? - ich denke schon.

Dank Internet bandelt er mit einer fernen Philippinin an. „Ach Papa, ich brauche eine südländische Frau, eine aus den Tropen." (Das kam auch daher, dass er sich den Ami-Schinken „Smaragdwald" fünfmal angesehen hatte). Meinen Einwand: „Da wird soviel Fremdes und Unbekanntes zwischen Euch stehen", will er nicht hören.

Die Philippinin kommt. Wieder wird geheiratet. Da sitzt sie nun allein zwischen Katzen, Fischen und Pflanzen, ohne Sprachkenntnisse, ohne Kontakt zur Außenwelt. Bald wird sie krankhaft eifersüchtig in ihrer Einsamkeit. Sie bringt das Aquarium mit Waschpulver zum Aufschäumen und zuletzt wird sie handgreiflich. Danach wurde sie wegen Suizid-Gefahr abgeholt - fand aber bald Unterkunft und Weiterkommen in der Missions-Familie in Neuendettelsau.

Zeit vorher, waren beide noch zu Besuch bei uns. Es war ein extrem kalter Neujahrstag. Wir rutschten voller Begeisterung auf dem glasklaren, tragfähigen Spiegeleis eines nahen Weihers. Sie staunte und war nicht zu bewegen, auf das Eis zu treten. Woher sollte sie auch wissen, was Eis ist und dass man darauf gehen kann, wo darunter die Wasserpflanzen zu sehen sind?

Inzwischen ist mir die Nase zu gegangen, die Augen tränen, die Atmung geht schwer. Meine Katzenallergie hat eingesetzt. Ich dränge zum schnellen Aufbruch. Frank versteht mich nicht; er denkt vielleicht, ich sei ein schlechter Vater.

Unerwartet wurde Frank selbst von einer schrecklichen Allergie geplagt. Wieder als gelernter Elektrogeräte-Mechaniker tätig, bekam er vom Talkum in der Isolierung der Kupferdrähte geschwollene Finger und dicke Hände mit starkem Juckreiz. Er musste seinen Beruf und diese Leiharbeitsstelle aufgeben. Die Berufsgenossenschaft spielte dabei eine böse Rolle: sie stritt die Ursache seiner Allergie einfach ab. Die hatten die besseren Rechtsanwälte - und ihm zahlten sie gar nichts - obwohl er zu diesem Prozess extra von Brasilien angereist war, wo er inzwischen lebt.

Das war auch ganz schnell gekommen. Wieder per Internet, korrespondierte er mit einer Brasilianerin, mit Katia Cirlene Nougeira Santos. Sie hat alles für ihn vorbereitet: Wohnung, Arbeit und Freunde. Als er einen billigen Flieger findet, ist er fort. Außerdem ist er selbst Brasilianer - 1968 in Tres de Maio geboren - ist er von

Natur aus Brasilianer, Deutscher ist er durch mich, denn bei uns gilt Vaterrecht, in Brasilien das Landrecht. Immer hat er seinen brasilianischen Pass verlängern lassen - als ob er es geahnt hätte, dass er ihn eines Tages noch braucht. Bald wurde er zum „Brasileiro legitimo", zum legitimen Brasilianer mit Wahlrecht.

2008 konnte ich ihn mit Adelheid, meiner Lebensgefährtin, in Brasilien besuchen.

Wir hatten einen wunderbaren Flug. Nur gut, dass Menschen die Gabe haben, alles Unangenehme, wie Langeweile, Sitzbeschwerden, schlechte Luft, Umsteigen, endlose Warteschlangen, Passkontrollen u.a.m. bald zu vergessen.

Bei Anbruch der Dunkelheit kommen wir in Sao Paulo an. Endlich frei und in frischer Luft. Mein Küchen-Portugiesisch reicht, um einen freundlichen Passanten zu bitten, eine bestimmte Nummer anzurufen. Bald fahren zwei Brüder mit großem Hallo vor, es sind Franks Freunde (mir ein Rätsel, wie sie uns erkannt haben). Mit ihnen muss ich portugiesisch sprechen - Adelheid versteht leider kein Wort. Sie bringen uns irgendwo hin, in den Bereich des niederen Häuser-Dschungels von Santos. Mit ihrem Vater dürfen wir dort zu Abend essen. Erst später kommt die Dona da casa mit der jüngsten Tochter dazu. Dann geht mit zwei Autos die tolle Fahrt ab. Alle haben einen riesigen Spaß an uns. Es wird schnell, und kreuz und quer gefahren, gehupt, gewinkt, gelacht. Es ist warm und regnet in Strömen. Ich sage zu Adelheid: „Schau, da sind Holzhäuser ohne Fenster, wie ich sie vom Land, von der Kolonie her kenne." - aber da schauen Mädchen heraus - die sich anbieten. Das gab es in der deutschen Kolonie noch nicht.

Als endlich angehalten wird, hören wir den Atlantik rauschen. Wir sind in Praia Grande, bei Frank und Katia.

Sie wohnen im Parterre und noch eine Stufe tiefer. Es ist eng, stickig, ohne Sicht auf den Himmel. Ich bin erschrocken, denke an Tsunamis, und wie hier alles absaufen müsste, wenn sich der Atlantik nur um Zentimeter hebt.

Wir werden im vierten Stock des riesigen Gebäudes untergebracht. Jetzt im September ist hier Frühling, also noch keine Feriensaison für die Paulistas. Alles ist leer und hallt im großen Innenhof. In einem abgegriffenen Apartment, schlafen wir auf harten, abgewetzten Matratzen. Die Palmen an der beleuchteten Straße unten rauschen im Seewind zu uns herauf. - Morgen - morgen werden wir den Atlantik sehen!

Frank ist vom Elektriker zum „Professor" aufgestiegen. Das heißt, er unterrichtet in einer Filiale der Sprachschule „Wizard". Das ist ideal für ihn, denn in Englisch, Deutsch und Spanisch, ist er zuhause. Das Portugiesische lernt er schnell nach, wenn er im Alltag nichts mehr anderes hört. Katia arbeitet in einem nahen Einrichtungsgeschäft. Frank kann mit dem Fahrrad zur Arbeit fahren. Oft nimmt er vorher noch ein Bad im Atlantik. Das liebt er.

Adelheid und ich bummeln auf dem breiten Sandstrand, der nach Nord und Süd im Dunst der Brandung verschwimmt. Über dreißig Kilometer soll der große Strand lang sein, die Praia Grande. Landwärts gesäumt von Häusern, teils mit hohen Bettenburgen, denn hier wird lustig spekuliert. Aber, wie gesagt, zur Zeit sind wenig Gäste hier. Wir nehmen unsere Schuhe in die Hand, wie andere Spaziergänger auch, um beim Gehen im Wasser plantschen zu können. Ich ziehe sogar das Hemd aus. Wir laufen und laufen und sind dabei sehr glücklich. Erst Hunger und Durst treiben uns wieder zurück. Dann sind wir höchst erstaunt, an allen unbedeckten Stellen der Haut haben wir starken Sonnenbrand - der Himmel war doch bewölkt !? Das ist eben eine andere Sonne hier.

Nach vier Tagen Strandlaufen müssen wir aber weiter. Ich muss alte Freunde in Rio Grande do Sul besuchen - 1600 Km weiter südlich.

Leider gestaltet sich unser Abschied von Frank und Katia etwas hektisch.

Sie hat die letzte Nacht in ihrem Candomble zugebracht - vielleicht ihr ganzes Geld wieder der „Mutter" des Macumba-Zirkels hin getragen. Alte, afrikanische Kulte sind hier die gängige Religion. Frank hat uns eingeschärft: „Nachts habt ihr am Strand nichts zu suchen, das ist zu gefährlich !" - Früh am Morgen sehen wir, die Reste nächtlicher Opferfeiern: Weiße Gedecke, mit Obst- Blumen- Kerzen- und Speiseresten - bevor ein Lastwagen mit einem großem Eisenrechen alles wegräumt.

In letzter Minute (beim Streichhölzer kaufen) erfahre ich, dass der Omnibus, den wir nehmen müssen, nicht an dieser nahen Haltestelle vorbei kommt. Frank und Katia wissen das nicht. Schnell schleppen wir unsere beiden Koffer zum Taxifahrer an der Ecke, der uns zum überregionalen Busbahnhof bringen wird. Frank wartet immer noch auf Katia, sie hat ein Auto bestellt, das aber nicht kommt. Der Taxifahrer hupt schon. Wir umarmen uns - es ist keine Zeit für Tränen.

Inzwischen hat Frank eine kleine Eigentumswohnung gefunden - luftig im dritten Stockwerk - und sogar ein gebrauchtes Auto gekauft. Aber die Bankschulden drücken ihn sehr. Katia ist bei ihm geblieben; sie geht wieder in die Kirche und trägt auch zum gemeinsamen Leben einen Teil bei. Er ist glücklich mit zur Familie Nougeira Santos zu gehören – während ich auf brasilianische Enkelkinder warte.

Gestern Abend hat er mich erstmals angerufen - es knackte und schwankte die Leitung - er möchte im Sommer 2013 kommen und auch wieder mit seinem heißgeliebten, weißen Daimler fahren, den er mir hierlassen musste. Das klappte aber nicht.

Nun wollen sie am 13. November 2014 kommen. Sechs Jahre war er nicht mehr hier. Katia möchte einmal mit der Eisenbahn fahren - und Frank will ihr Schnee zeigen. Das lässt sich sicher machen. Aber es ist keine gute Jahreszeit für ihr dünnes Tropen-Blut - sie werden frieren. Und der weiße Daimler ist bereits Schrott - ich werde ihnen meinen alten Ford Focus leihen, dass Frank seiner Brasilianerin, seine Heimat zeigen kann. Ich freue mich riesig auf die beiden.

Ein kleiner Tod
Zwei Segelgeschichten

Eigentlich waren wir vorgewarnt worden. Schon unsere erste Ausfahrt mit dem neu erworbenen, englischen Katamaran, einem schlanken Zweirumpfboot, mit 12 qm Segelfläche, war nicht ungefährlich. Viel zu kurz hatte ich Adelheid in die Handhabe des schnellen Bootes eingewiesen. Als sie bei einer Wende die Leine der Fock nicht schnell genug los brachte, reichte ein kleiner Stoß der Bora, dem gefürchteten Küstenwind Kroatiens, uns blitzartig kentern zu lassen.

Hilflos mussten wir zusehen, wie unser Acht-Meter-Mast langsam in der blauen Tiefe verschwand. Instinktiv kletterten wir, so schnell wir konnten, kielobers.

Nachdem Adelheid meine Brille gerade noch aufgefischt hatte und ich unsere Spitzhündin „Nanni" an einem Büschel schwarzer Haare kurz vor dem Abtreiben zu fassen bekam, lachten wir lauthals. - Sonne über uns, blaues Meer unter uns, die Küste in Sichtweite. Was sollte uns passieren ? Irgendwann würde jemand vorbei kommen, um uns zu helfen. Und so kam es auch.

Ein kleines Boot mit vier kroatischen Burschen kam vorbei. Wir konnten uns nur durch Gesten verständigen. Auf meine Zeichen hin hebelte und zog ihr schwer beladenes Boot unseren Aluminiummast mühsam, weil das Wasser schwer auf dem Segel lag und bremste, langsam aus der dunklen Tiefe. Ob sie uns ans an Land schleppen sollen? Ein lächelndes, aber dankbares Abwinken war unsere Antwort.

Voll Freude über unser Glück im Unglück übten wir bei strahlendem Wetter noch Wende um Wende. Suchten dabei nach unserem Trinkwasserbeutel und meinen Sandalen, die wir noch vorbeitreiben sahen, aber vergeblich. Vor der Abendflaute knirschten wir mit etwas viel Fahrt und lautem Hurra auf den Kies beim Campingplatz, wo unser Zelt stand.

Die slovenischen Zeltnachbarn begrüßten uns erfreut, doch auch ein wenig besorgt. Zum Glück war unsere Kamera im Staufach trocken geblieben. Wir baten sie um ein Foto. Das zeigt uns beide voller Stolz in den leuchtenden Farben dieses Tages.

Das mit dem kleinen Tod, war dann ganz anders. Mit unserem schnellen Katamaran haben wir die herrlichste Fahrt hinaus zu einer lieblichen Lagune. Unter den starken Motorbooten hier, sind wir stolz, das einzige Segelboot zu sein.

Ausgiebig schwimmen wir im warmen, Türkis farbigen Wasser. Wie neugierige Kinder schlendern wir dahin und dorthin, heben kleine Steinchen als Andenken auf und sind wie betrunken von der kargen Schönheit ringsum. Wir spüren weder Hunger noch Durst. Auch die Heimfahrt bei halbem Wind gelingt uns elegant und schnell.

Erst beim Anlegen gibt es Schwierigkeiten: Jemand hat unsere Ankerboje, eine leere Colaflasche zum Wiederfinden der Ankerbefestigung am Grund, entfernt und das Ankerseil versenkt - eine kriminelle Tat. (Ich weiß wer: Ein Italiener war wütend auf uns, weil unsere Spitzhündin ihm ein Schnitzel geklaut hatte, als er es braten wollte; er hat auch behauptet, hier dürften nur Motorboote anlegen).

Die Flut ist gestiegen und ich muss nach dem Ankerseil tauchen, kann es aber im trüben Wasser nicht finden. Der Wind hat aufgefrischt und droht den Katamaran gegen die Steinbrocken des Kai und gegen ein Nachbarboot zu schlagen. Adelheid versucht vom Ufer aus das Boot wegzuhalten, so gut sie kann. Ich ziehe schwimmend und Wasser tretend mit einer Hand das Boot am Seil gegen den Wind, während ich mit der freien Hand unter Wasser nach dem Ankerseil taste.

Nach mehreren vergeblichen Schwimm- und Tauchversuchen fühle ich, wie meine Kräfte nachlassen. Mir wird kalt und mir fehlt die Luft. Aber das Boot muss festgemacht werden! Wieder und wieder trete ich Wasser, tauche und taste mit der freien Hand den Grund ab, während die andere Hand das Boot zieht.

Endlich bekomme ich ein Zipfelchen vom Ankerseil zu fassen, zu wenig, um die beiden Enden zu verknüpfen. Ich ziehe gegen Wind und Wasser und alle Mächte die beiden Seilenden zueinander. Es reißt mich schier auseinander, doch mit letzter Kraft kann ich etwas an Seillänge gewinnen und - jetzt oder nie, setze ich den Knoten, kurz bevor etwas in mir zerreißt.

Atemlos schwimme ich zum Boot – handle mich daran entlang - „Adelheid lauf schnell zum Zelt, hol mir ein neues Inhalat, meines hat das Meer behalten!" Bleischwer klettere ich die Felsbrocken hinauf - knie nieder, wie ein Tier auf allen Vieren, um mehr Luft zu bekommen – ich bin allein, „es wird schon werden", waren meine letzten Gedanken. *)

In Gerüttel und Geschüttel wache ich auf, mein rechter Arm schmerzt furchtbar; jemand bohrt darin herum. Ich sage: „Hör auf, du tust mir weh, das geht sowieso nicht, die Adern machen dicht, da kriegst du keine Spritze rein!" wütend bin ich und reiße etwas von Mund und Nase, das mich einengt. Erst dann dämmert mir: Du bist im Sanitätsauto und der, den du so angeraunzt hast, das ist der Notarzt. Doch die tolle Fahrt mit Gerüttel und Getöse geht weiter.

Plötzlich spüre ich Ruhe - wir fahren auf Asphalt. Ich höre Stadtgeräusche. Nach letztem Geratter werde ich in ein ruhiges Zimmer gerollt. Hier ist es kühl. Wir sind im Krankenhaus von Zadar. Ich fühle mich wohl hier.

Ein sympathischer Arzt untersucht mich. „Immer noch Herz-Rhythmus-Störungen" sagt er auf Deutsch. Ich bekomme Spritzen und einen Tropf. Freundliche Schwestern betten mich. Sie sprechen Kroatisch. Wir verstehen kein Wort voneinander, verständigen uns nur durch Blicke und wenige Gesten. Mit müdem Lächeln und dankbarem Blick vertraue ich mich ihnen an. Adelheid, die selbst Krankenschwester ist, ist immer dabei und hilft mir. Sie darf in einem Bett neben mir schlafen. Das ist so im Süden.

Es wird eine wunderbare Nacht, voller Fremdheit und

doch geborgen in dem starken Gefühl zunehmender Besserung.

Noch ein anderer Patient wird hereingefahren, er hat eine brummige, raue Männerstimme, muss immer wieder husten hinter dem grauen Vorhang. Mehr als seine Füße, habe ich nicht von ihm gesehen. Ein bärbeißiger, alter Partisan - bilde ich mir ein.

Spät nachts besucht mich nochmals der sympathische Arzt. Schwestern kommen und gehen. Blicke und Lächeln genügen. Mein Herzschlag normalisiert sich. Ich schlafe tief.

Als es Tag wird, darf ich schon aufstehen. - Aber sollen wir ohne Frühstück gehen? Ich erbettle mir eines, das dann entsprechend mager ausfällt. Bald mischen wir uns unter die vielen Wartenden. Es ist bunt und laut hier. Man schickt uns von Tür zu Tür, die Rechnungen zu bezahlen - nicht teuer, aber alles in bar. Endlich dürfen wir ins Freie. Ein warmer Hauch weht uns entgegen. Patienten und ihre Begleiter drängen sich um eine Frühstücksbude. Palmen geben Schatten und üppige Blüten duften aus allen Sträuchern.

Das hier ist der Balkan, nicht der Campingplatz ! Hier sind wir im Süden. Mit unsicheren Schritten treten wir auf die laute, sonntägliche Straße.

Schwarz gekleidete Frauen weichen mit strafenden Blicken von uns zurück. Ah, mehr als meine rote Badehose und ein rotes Unterhemdchen habe ich nicht an. Auch Adelheid hat nur ein kurzes, buntes Hemdchen über ihrem Bikini und unsere durchscheinenden Plastik-Badeschuhe (wegen der Felsen und Seeigel) lassen uns von unten her noch nackter aussehen. Ich meine, die Leute auf der Straße sagen zu hören: „Diese unanständigen Touristen, sogar am Sonntag Morgen laufen sie halbnackt durch unsere Stadt." Wir können es nicht ändern.

Als Entschuldigung halte ich abwechselnd einen Arm mit den wenigen weißen Verbänden hoch. Weiß aber nicht, ob ich verstanden werde.

Die Apothekerin jedenfalls braucht lange, bis sich ihre Miene aufhellt. Erst als ich nach einem Crataegus oxyacanta Präparat verlange, statt einfach Weißdorn zu sagen, lächelt sie - und bedient uns in fließendem Deutsch.

Am Omnibusbahnhof müssen wir noch stundenlang warten. Neugierig sättigen wir uns mit unbekanntem Gebäck und Kaffee. Ein ledergesichtiger Mann will uns zu sich einladen. Bis wir endlich, so halbnackt, wie wir sind, mit den sonntäglich, dunkel gekleideten Einheimischen, in den öffentlichen Omnibus steigen.

Als wir im weißen, heißen Mittagslicht zum Campingplatz zurück kommen und die mit Pinien beschatteten Zeltstraßen hinunter gehen, ist uns feierlich zumute. Alles ist so still hier. Auch unser Hündchen „Nanni" kommt ohne einen Laut unter unserem roten Passat hervorgekrochen und legt ihren Kopf an mich. Wir umarmen uns und weinen vor Freude.

Als die slowenischen Zeltnachbarn am Abend nach uns schauen (sie hatten Nanni versorgt und uns anderntags unaufgefordert Geld für die Heimreise geborgt), begrüße ich sie mit einem lauten: „Hurra Deutschland!"

Da war ich schon wieder übermütig.

Adelheid verdanke ich, dass ich noch am Leben bin. Sie hat mich dort neben unserm Boot untergehen sehen – und mich unter Mithilfe eines jungen, kräftigen Kroaten heraus gefischt, dann am Kai inmitten einer neugierigen Menschenmenge tot liegen sehen und mich wiederbelebt. Andere haben den Transport geregelt. Es war noch nicht der große Tod - und ich habe mich nicht gefürchtet.

*) Die Wahrheit nämlich, war ganz anders. Das erfuhr ich aber erst später, als mein erstes Buch gedruckt war und ich Adelheid daraus vorlas. - „Nein" sagte sie „so war das nicht", deshalb:

Hirnriss

Im Tod,
war nichts mehr.

Erst wiederbelebt
kamen Schmerzen und Freude.

Viel später merkte ich,
in meinen Gedanken war ein Riss:

Ich erinnerte mich, dass ich schwamm
die andern sagen - du wurdest gezogen
ich rief nach Arznei - du konntest nicht sprechen
ich kletterte hinauf - du wurdest gehoben
ich kniete nieder - du wurdest gebettet
ich war allein - um dich waren viele
ich atmete ruhig - dein Atem verging

Offenkundig
starb ich
in einer anderen Wirklichkeit,
als ich dachte.

Meine Erinnerungen
waren nur Vorhaben und Wünsche,
die das Leben erhalten,

oder den Tod erleichtern sollten.

Mit dieser Erfahrung
lebe ich dankbar.

Kirchenrenovierungen

Zwei Innenrenovierungen von Kirchen habe ich in meinem Berufsleben zu verantworten gehabt.
Bei der ersten, in Schernau, war ich noch sehr unerfahren, wenn auch nicht völlig unnütz.
Wenigstens konnte ich verhindern, dass die Kapitelle der Säulen nicht mit einer Senf ähnlichen Farbe verschandelt wurden (statt vergoldet zu werden, wie es beschlossen war). Denn als der Kirchenmaler sagte: „Fritz, mach amol a Gelb dou nauf!" stand ich daneben - Außerdem konnte ich ein vergessenes Hinterglasbild (der Einzug Jesu in Jerusalem) wieder in der Mitte des Altars anbringen lassen. Und den verlorenen Totenschädel unter dem Kreuz konnte durch einen selbst geschnitzten ersetzen (aus einem Zwetschgenbaum der Kindergartenwiese) und das Auge Gottes im Strahlenkranz über der Orgel aus einem alte Stück Holz erneuern und einen großen Kronleuchter aus Bronce mit zwei passenden, Kerzenständern in Schweden fertigen lassen und holen, auch konnte ich die Paramente und Antipentien für Altar, Lesepult und Kanzel nach eigenen Entwürfen für das ganze Kirchenjahr selbst sticken und anfertigen, zuletzt beweinen die zwei Gipsengel (unpassend am Altar) heute würdevoll die Tafeln der Gefallenen in den beiden Aufgängen zu den Emporen.
Bei der zweiten Innenrenovierung, in Brunn bei Heili-

genstadt, war ich den Umständen nach und vom Ende her gesehen, eher unentbehrlich gewesen. Das klingt wie Eigenlob, ist aber sachlich richtig. Doch leider muss meinen Bericht mit einer kleinen Katastrophe beginnen lassen, da die Gründung der Kirche in Brunn völlig im Dunkeln liegt - wird sie es nun auch für immer bleiben müssen:

Als ich am frühen Nachmittag von der Schule komme, fahre ich wieder den kleinen Umweg zur Baustelle nach Brunn, um zu sehen, wie es dort vorangeht. Aber was ist das? Alles Erdreich des Innenraumes mit sämtlichen Kulturschichten ist bis auf den Mutterboden heraus geräumt - und bereits weggefahren. Als ich den stämmigen Baumeister zur Rede stelle, sagt der trocken: „Konnst ja naus geh' Pfaarer daun Müllplotz un nach dennen poar Knöchla selber buddeln. Mir homm unner Arbet gmacht."

Doch damit war die Ruhestätte der Bekannten und Unbekannten im Innenraum Bestatteten geschändet und die Entstehungszeit des Gebäudes lässt sich nun nicht mehr erhellen. Bei der Kirche in Brunn wäre die Datierung besonders interessant gewesen, denn sie ist weit und breit die einzige Kirche, die weder gebrannt hat, noch zerstört wurde; selbst die Soldateska des 30-jährigen Krieges haben Brunn nicht gefunden. - Waren die Bauarbeiter als Grabräuber tätig? Wir wollen es nicht annehmen. Leider wird mir dieser Verlust von Seiten historisch interessierter Personen heute noch als Fahrlässigkeit angelastet. Doch ich bin unschuldig daran und bedauere diesen Verlust selbst am allermeisten.

Um so erfreulicher gestaltet sich dann die Finanzierung. Sie beginnt damit, dass sich der Herr Landrat aus Bamberg mit seinem Bau-Team zur Ortsbesichtigung angesagt hat. Diese Herren sind verwöhnt. Deshalb frage ich die Kirchenvorstände, ob sie etwas Besonderes, für Brunn Typisches, hätten, eine Sitte, eine Tracht, ein Getränk, eine Speise oder Ähnliches. Aber (zu der Zeit) fällt ihnen nichts passendes ein. Also nehme ich mein Kornett, stelle mich etwas erhöht neben die alte Linde (wurde 2009 gefällt) beim Eingang der Kirche und spiele der ankommenden mehrköpfigen Delegation einige Volkslieder und Choräle in so herzzerreißender Weise entgegen, dass - ja, dass der Herr Landrat später eine unerwartet hohe Summe für Brunn genehmigt und die politische Gemeinde vor Ort automatisch die gleiche Summe zuschießen muss. Worauf der Bürgermeister verlauten ließ: „Der Pfaarer muss den Landrot verzaubert hoom."

Auch das Landesamt für Denkmalpflege können wir für uns gewinnen. In der Nachkriegszeit war eine Innenrenovierung durchgeführt worden, die einem Kahlschlag glich. Die Wände waren weiß gekalkt und auf dem Altartisch aus roten Backsteinen (man bedenke, im Jura !) stand ein abgelaugtes Holzkreuz. Alles äußerst schmucklos bis auf die Schimmel Bildungen an den Wänden, die wucherten üppig. Wie soll nun der Raum farblich gestaltet werden? Die Landeskirche schickte einen favorisierten Kunstmaler.

Als ich nach der Schule wieder nach Brunn schaue, sitzt der Herr Künstler mit übergeschlagenem Bein oben auf der Empore und betrachtet prüfend seine Farbproben. Kanzel und Empore hat er in helles Eisblau getaucht und mit einem finstersten Blauschwarz umrahmt.

Ich kann nicht an mich halten und sage zu dem ehrwürdigen Meister: „Da friert mich ja beim bloßen Hinschauen. Man meint, man wäre in einem Eissschrank." Worauf der Mann verärgert abzieht. Doch es müssen Farben gefunden werden!

Wenige Tage später lösen Herr Georg Friedrich, der Vertrauensmann und ich, ein Brett zwischen Orgel und Wand. Und siehe da! Die ganze Palette der alten, stilvollen Bemalung ist wie neu hier erhalten. Die Denkmalpflege ist begeistert und stellt uns hohe Zuschüsse in Aussicht. Eine italienische Firma, die sich noch auf Schablonen-Malerei versteht, wird ausfindig gemacht. Auch die Landeskirche stimmt zu. Im Dorf wird eine alte Postkarte gefunden. Sie zeigt den ganzen Chorraum, zwar nur in Sepiabraun. Aber die reichen Ornamente sind so gut zu erkennen, dass die Italiener ihre ersten Schablonen danach schneiden können und finden auch die passenden Farben nach dem Befund hinter der Orgel dazu.

Wenn jetzt die älteren Frauen zum Gießen auf den Friedhof gehen, stecken sie neugierig ihre Köpfe zur Kirchentüre herein, um zu sehen, wie es voran geht und sagen: „Etz krieng'mer wieder a Kerng - denn weißen kömmer unnern Stool salber." und „Etz werds wieder unner Kerng, grod su woar'sa." - Und auch die Spenden der Gemeinde für ihre Kirche stiegen merklich an.

Leider ist das Verhältnis zwischen mir und den beiden Italienern mit ihrer Gehilfin etwas angespannt. Sie fühlen sich zu sehr beaufsichtigt. Als ich eines Morgens in die Kirche komme, hängt über dem Kanzelhimmel die grün-weiß-rote Fahne Italiens mit der Aufschrift: „Contra la tirannia tedesca"(gegen die deutsche Tyrannei). Ich muss lachen und denke: meinetwegen, wenn ihr nur eure Arbeit gut macht. Das haben sie auch, bis auf die Grundfarbe der tragenden Holzteile und des Gestühls. Da sollte ein sattes Olivgrün hinkommen. Aber sie haben zu viel Ocker hinein gerührt. So kam ein schmutziges Nato-Braun heraus - und einmal lasiert, lässt sich die Farbe nicht mehr ändern.

Etwas rein Privates hat unser Verhältnis zusätzlich getrübt. Ihr Chefmaler versprach, mir einen 25-Liter-Ballon besten Chianti vom Weingut seines Vaters in Italien. Als der Wein kam, hatten sie gerade etwas zu feiern gehabt. Als ich anderntags den Wein holen will, ist er geöffnet, der Plastikkorb außen voller Rotweinflecken – doch der Glasballon ist bis oben gefüllt! Womit, frage ich mich und sage: „Wenn ihr schon daraus getrunken habt, das ginge in Ordnung. Aber womit habt ihr dann aufgefüllt ?" Verlegen bleiben sie mir die Anwort schuldig. Und ich kaufe den Wein nicht, so leid es mir tut um den Chianti.

Nun fehlt unserer Kirche immer noch ein Altar!
Wir bekommen den Rat, im Fränkischen Freilandmuseum in Bad Windsheim nachzufragen, dort seien Altäre im Archiv, die nicht alle ausgestellt werden können.
Wir, d.h. die Kirchenvorstände und ich, fahren dort hin und werden fündig. Wir können aber den Altar nicht gleich mitnehmen. Also fahre ich noch einmal allein mit meinem NSU RO 80 hin und bringe den „neuen" Altar über den Dachträger gespannt und die Kleinteile in Kartons verpackt, unversehrt nach Brunn. Wir zahlen nur „300 DM Bergungskosten" ans Museum - das ist fast geschenkt. Der Altar stammt aus der Gemeinde Humbrechtsau. Einen Restaurator, der die zerbrochenen Teile ergänzen und die neue Farbgebung und Vergoldung ausführen kann, finden wir schnell. Nur das beschädigte Altarbild (ein billiger Öldruck) gefällt uns gar nicht. Sein scharfes Rot und Blau, würde im neuen erdfarbenen Kirchenraum wie ein Fremdkörper wirken. Auch erscheint uns die sensible, wolkige Ausführung des verklärten Christus, als zu kitschig.
Tollkühn verspreche ich, das neue Altarbild für Brunn

selber zu malen. Ganz unbeleckt bin ich in diesem Handwerk nicht. - So stelle ich mich im Frühling bei Sonnenaufgang in den Westen von Brunn, skizziere den Ort und halte die Farben auf Diafilm fest. Zuhause muss Wolfram, mein Jüngster, Modell stehen, wegen der Anatomie des Heilands. So entsteht ein frisches „Verklärungs-Auferstehungs-Himmelfahrts-Bild", wo der schwebende Christus mit dem Zeigefinger auf die Kirchturmspitze von Brunn zeigt.

Die kirchlichen Aufsichtsbeamten wollen spötteln, doch die Kirchenvorstände haben das letzte Wort und ihnen gefällt mein Bild „von unnerm Pfaarer mit unnerm Dorf", sagen sie.

Aus alten Teilen eines früheren Altars, die auf dem Kirchenboden lagen, hat uns ein tüchtiger Schreiner einen neuen Altartisch gefertigt. Von Hand getriebene Wandleuchten (nach meiner Handskizze) und einen schweren Bronze-Kronleuchter bestelle ich bei einer alten Gießerei in Gränna in Schweden und hole ihn dort selber ab (wie schon den für Schernau). Drei neue Kirchenparamente, grün, violett und weiß entwerfe ich und sticke sie selbst. Nach langem Suchen finde ich einen passenden, echten Teppich für den Altarraum (Heute zerstört ein ordinär roter, maschinell gewebter Teppich die Harmonie des gesamten Kirchenraumes !).

Zur feierlichen Wiedereinweihung der St. Stephanuskirche von Brunn, am 6. Oktober, dem Erntedankfest 1985, spielt noch der Posaunenchor Aufseß (der neu gegründete Brunner Posaunenchor hatte erst an Weihnachten seinen ersten Auftritt). Dekan Manfred Erstling versteigt sich in seiner Predigt zu der Aussage, dass alles gut gelaufen sei bei dieser Kirchenrenovierung „lag auch daran, dass der richtige Mann, zur richtigen Zeit, am richtigen Ort war." Er muss es wissen.

Beim anschließenden großen Festmahl in der Brunner Feldscheune, die von den Frauen und Mädchen so zauberhaft in blau und weiß geschmückt worden war (dass ich sie heute noch vor mir sehe) und dem fröhlichen Zusammensein danach, spielte der italienische Kunstmaler mit seinem Akkordeon auf. Da haben wir beide uns auch wieder vertragen.

So ging es uns Heutigen besser, als in jener uralten Sage von Brunn, von der wir zur Zeit der Renovierung noch nichts wussten (Herr Lehrer Büttner hat sie erst später in seinem Buch „Die Sagen der Fränkischen Schweiz" veröffentlicht). Diese uralte Sage gibt den Charakter der Brunner Dorfgemeinschaft so wieder, wie ich sie und jedermann heute noch erleben kann:

„In früheren Zeiten säten die Brunner neben Hafer auch Hirse an. Getreide, das auch auf schwachen Böden wächst. Und sie taten alles gemeinsam. Nach der gemeinsamen Ernte wurde für alle Einwohner, groß wie klein, in einem mächtigen Hafen Hirsebrei gekocht. Jeder Hungrige erhielt in seinen Teller einen Schöpflöffel voll. Es durfte aber nicht mit gewöhnlichem Löffel, sondern musste mit einem hölzernen Steckel gegessen werden. Am Abend gab es dann einen fröhlichen Tanz. Das Essen und den Tanz mit zu erleben, kamen viele Gäste in das sonst stille Dörflein. Als die fremden Besucher über Hirsetopf und Essstäbchen spotteten, kam es zum Streit. Die Gäste wurden vertrieben. Den Brunnern aber blieb der Spottname „Hirsehäfen".

Der unwissende Volksmund hat leider "Hirschhäfen", oder gar "Hirschen" daraus gemacht. Das gemeinsame, festliche Hirse-Essen ist eben schon sehr, sehr lange Zeit her und deshalb in Vergessenheit geraten. Beim nächsten Besuch eines Landrates, oder anderer Honoratioren, werden die Brünner sicher mit einem urigen Hirsebrei ihre Gäste bewirten und Ehre für sich einlegen.

Das Rehlein

An einem strahlend hellen Sonntagmorgen im jungen Sommer fahre ich von der Hochfläche des fränkischen Jura abwärts ins Tal der Aufseß. Rechts eine steile Böschung, ein bunter Steingarten. Nach der Rechtskurve springt mir von oben ein Rehlein vorn auf die Kühlerhaube, landet mit eingeknickten Läufen auf der Straße und schleppt sich links in die Fichtenschonung hinunter.

Wanderer könnten das Tier aufgescheucht haben - ich konnte weder anhalten noch ausweichen, so schnell ging das Unheil vor sich. Das schwer verletzte Tier kann nicht weit gekommen sein.

Im Dorf will ich dem Jagdaufseher Meldung machen, doch der ist nicht daheim, nur sein ältester Sohn. Auch er ist Jagd-befugt, sagt er, und fährt gleich mit mir zu der Unglücksstelle. Keine 20 Meter von der Straße, im dunklen Grund der Fichtenschonung, liegt das verletzte Tier. Es sieht uns kommen, zuckt, kann aber nicht flüchten. Der junge Mann geht ein paar Schritte zurück, reißt einen der schwarz-weißen Straßen Begrenzung Pfosten heraus und geht auf das zitternde Tier zu. Ich sage: „Das Plastikding ist doch viel zu leicht." Er meint: „Dann müssen wir das eben anders machen" und will ins Dorf zurück gebracht werden. Mit dem eigenen Auto kommt er wieder.

Jetzt hat er einen Revolver dabei. Das verletzte Reh, mit untergeschlagenen Läufen, hoch aufgerecktem Hals, aufgestellten Lauschern und großen Augen, liegt noch immer an der gleichen Stelle. Zweimal schießt er daneben - auch weil er sich nicht näher hin zu gehen traut. Ich habe genug gesehen. Ratlos und angewidert entferne ich mich.

(Es war mein erstes und bis heute einziges Reh, das ich angefahren habe. Es tut mir sehr leid. Entsprechend langsam und vorsichtig fahre ich durch unsere Wälder, besonders in unübersichtlichen Kurven und in der Nacht).

Die Hand durchs Gitter

Mitte November 1989 wurde ich beruflich nach Coburg versetzt. Obwohl weitgereist, hatte ich diese Stadt, mit der hoch aufragenden Veste Coburg, die niemals erobert oder zerstört wurde, zuvor noch nicht betreten.

Jetzt war ich hier eingebunden in die Krisensitzungen im Rathaus zur Bewältigung des erwarteten Ansturms der Menschen aus dem sowjetisch besetzten Deutschland, hier Thüringen - der dann auch mächtig einsetzte.

Vorher mussten die Grenzübergänge noch völlig geöffnet werden, damit die Freizügigkeit ohne Einschränkungen wieder in Kraft treten kann. Das war noch nicht geschehen. Als ich hörte, dass von Erfurt bis Coburg eine Menschenkette gebildet werden soll, um den Freiheitswillen der Menschen durchzusetzen, schien mir das ein unglaubliches Unterfangen und ich wollte unbedingt dabei sein.

Es war der 3. Dezember 1989, der erste Sonntag im Advent. Ich hatte frei und Zeit. Also fuhr ich mit meinem roten Passat in Richtung Eisfeld. Kam aber nur bis dort hin, wo mächtige Grenzanlagen die Straße nach Eisfeld versperrten. Zuvörderst glotzte mich ein breites Tor mit starken Gitterstäben aus glänzendem Stahl an, dahinter sah ich Winkelwände aus Beton als Geschwindigkeitsfallen und im Hintergrund einen hohen, massiven Wachtturm mit Beobachtungsfenstern nach allen Richtungen. Soldaten mit geschulterter Waffe waren nur wenige zu sehen. Noch nie stand ich so dicht vor einer solchen Grenzanlage, die sich mir sauber und perfekt präsentierte. - So sieht das also aus, wenn eine Ideologie sich einigelt, wenn die "Guten" von den "Bösen" getrennt werden sollen, wenn unerwartet der Schutzwall aus Streckmetallzaun, Stahl, Beton und Minenstreifen, zum Gefängnis für einen ganzen Volksteil werden soll.

In solchen Gedanken gehe ich mit den zahlreichen Menschen, die aus dem Coburger Land zu der Menschenkette aus Erfurt gekommen sind, auf das mächtige Tor zu. Auch innerhalb der Absperrungen erscheinen jetzt Menschen und bewegen sich auf uns zu. Die wenigen Soldaten lassen sie gewähren. Dann merke ich, dass ich unversehens in die vorderste Reihe direkt vor das bedrohliche Tor gekommen bin.

Ein Unbekannter nähert sich von Drüben. Wir sehen uns durch die Gitterstäbe an, noch
unschlüssig, was wir tun sollen - am Tor rütteln? Was wäre, wenn jetzt Lautsprecher aufbrüllten, Warnschüsse knallten? Ich fühle mich sehr allein da vorne.

Wir strecken uns die Hände entgegen - kalt spüre ich das Eisen der Gitterstäbe an meinem Handgelenk - doch der nahe stehende Grenzsoldat lächelt. Schon hält mich die Hand des unbekannten Menschen fest. Wir drücken uns herzhaft die Hände und lächeln uns an. Doch wir kommen nicht dazu, ein Wort miteinander zu wechseln. Von unsichtbarer Hand wird das gewaltige Tor zur Seite gezogen und wir müssen uns loslassen. Schon strömen Menschen neben mir durch diese Lücke und drängen mich beiseite. Den Unbekannten, der mit mir soeben die Menschenkette von Erfurt nach Coburg geschlossen hat, verliere ich aus den Augen. Gern hätte ich ihn kennen gelernt, kann ihn aber nicht mehr finden.

Die Menschen von Hüben und Drüben gehen aufeinander zu, sie mischen sich unter einander, sie schütteln sich die Hände, sie umarmen sich, sie sind so voller Freude, sie erleben den Frieden. Da höre ich Musik. Mein Freund Bringfried Dietzel ist auch gekommen (mein einziger Bekannter in dieser ebenso 40 Jahre lang abgeschnittenen Ecke Bayerns). Er spielt Volkslieder auf seinem Schifferklavier, solche die in Franken wie in Thüringen bekannt sind - er ist Thüringer. Und die Leute singen mit, sie singen miteinander. Es ist ein Fest, ein Friedensfest ! Wir lachen und weinen in einem.

Ein junges Pärchen spricht mich an. Die beiden sind neugierig und möchten erfahren, wie es wirklich ist im Westen. Gerne bin ich ihnen behilflich. Ich lade sie ein, mit nach Seßlach zu kommen. Ich könnte ihnen meine Bude zeigen und wir könnten den gestern eröffneten historischen Seßlacher Adventsmarkt besuchen - und gern wäre ich auch einmal in einem Trabbi mit gefahren. Mein Vorschlag gefällt ihnen. Ich lasse meinen roten Passat stehen und zwänge mich in den hellblauen, kalten Trabant. Wie die lange, junge Frau hinten hineinpasst, weiß ich nicht, auch der junge Mann muss den Kopf einziehen. Wir heulen los. Meine Bude ist schnell gezeigt. Mit meiner teuren Leica-Ausrüstung habe ich den jungen Mann, vielleicht etwas zu viel beeindruckt. Es dunkelt schon, als wir das mit frischen Fichtenzweigen grün und dicht geschmückte Geviert der Buden betreten. Die beiden sind sprachlos vor Staunen in dieser Fülle von schönen Dingen, in der anheimelnden Stimmung dieses winterlichen Abends - ihrem ersten Erlebnis in der neu gewonnenen Freiheit.

Ich habe mir geschworen, die tief erlebte Freude über das Wunder der friedlichen Wiedervereinigung unseres Volkes, niemals zu vergessen, sondern mein Leben lang wach zu halten und wenn es nötig sein sollte, auch andere daran zu erinnern. Es ist das größte Geschenk in unserer Zeit, für die so schwer belastete deutsche Geschichte.

Meine jungen Freunde brachten mich mit ihrem Trabbi zurück zu meinem Auto vor die Grenzstation Eisfeld - und das Tor war offen.

Was die Tiere im Stall einander zu sagen hatten

„Mmuh, muh," brummte der Ochse. Da wusste der Esel, dass der Ochse ein wenig mit ihm plaudern wollte. Seltsame Dinge sind in letzter Zeit passiert - man muss darüber reden. So leise er kann, antwortet ihm der Esel „i-ah, i-ah", denn es ist still geworden im Stall, nachdem die Hirten gegangen waren.

Das Kindlein schläft im Heu in einer Futterkrippe. Auch die junge Mutter ist ermüdet eingeschlafen und dem sonst so aufmerksamen Vater sind die Augen zugefallen. Da flüstern der Ochs und der Esel in ihrer Sprache miteinander. Für unsere Ohren hätte ihre Unterhaltung nur wie heimliches Gebrummel geklungen.

Am Heiligen Abend aber war das anders:

„Muh, schön, dass wir heute Besuch bekommen haben.

Unser Wirt ist doch ein feiner Kerl, dass er die beiden zu uns hereingelassen hat. Hier ist es warm und ruhig und sicher," beginnt der Ochse und der Esel antwortet ihm: „I-ah, i-ah, und jetzt sind sie schon zu dritt – und was für ein besonderes Kind das ist ! Bald wird es mit mir auf der Flucht nach Ägypten reisen. Später werde ich es nach Nazareth tragen, wo es aufwachsen wird. Dann, wenn es ein junger Mann geworden ist und viele Freunde für seine neue Botschaft von Gottes Reich gefunden hat, werde ich mit ihm nach Jerusalem hinauf ziehen. Seine Freunde werden ihm zujubeln, als dem König von Israel." weissagt der Esel.

Und der Ochse fährt fort: „Mmuh, muh – und zuletzt werden die Menschen mir schwere Balken aufladen, die ich in den Burghof von Jerusalem hinauftragen muss, damit sie Kreuze daraus machen." „I-ah, i-ah, reden wir nicht davon," unterbricht ihn der Esel „die Menschen sind schon schlimm." Und der Ochse sagt: „Mmuh, muh, manche von ihnen sind richtig böse, oder auch dumm, denn sie wissen nicht, was sie tun, auch nicht, dass heute ihr Heiland hier geboren ist."

Der Esel sagt: „I-ah, i-ah, wir dummen Tiere, wie sie uns oft nennen, wir wissen, was die Stunde geschlagen hat." Und der Ochse antwortet: „Mmuh, aber leider können sie uns nicht verstehen."- „ I-ah - muh, i-ah - muh..."

So redeten die Tiere noch vieles miteinander in dieser heiligen Nacht, was klüger war, als viele Menschenworte.

Da raschelt es ein wenig in der alten Futterkrippe, wo Maria und Josef ihr Kindlein zum Schlafen hineingelegt haben. Das ist aufgewacht, hat sein Köpfchen zu den beiden Tieren hingedreht und zwischen die Stäbe der Krippe hindurch sie allerliebst angelächelt.„Mmuh, i-ah, psss" schnaubten die Tiere und ihre Augen strahlten. Sie schauten sich an, rieben die Köpfe aneinander und waren unsäglich glücklich, dass sie so nahe bei ihrem Heiland sein durften.

Noch einmal raschelte das Stroh etwas lauter, bis Ochs und Esel sich zur Ruhe gelegt hatten. Dann schliefen auch sie friedlich kauend, endlich ein.

(Andacht mit Behinderten, die Tiere gestaltet haben in der WEFA in Ahorn bei Coburg)

Die rote Kuna

Wir sitzen beim Frühstück im Schatten eines Olivenbaumes vor unserem Zelt, als ein junges Kätzchen die Äste hinauf und hinunter, uns ihre Kunststücke vorführt. Wir bieten ihr etwas zu fressen an und sie nimmt es gern.

Dann fahren wir, Adelheid, Joni und „Haime", unsere Schafhündin, mit unserer „Gummibanane", einem alten Metzeler Katamaran, auf eine Tagestour. Als wir zurück kommen, ist das junge Kätzchen wieder da. Wir füttern es und gehen zum Abendessen ins Lokal neben dem Campingplatz. Der nächste Tag verläuft ähnlich; Frühstück mit morgenlichen Turnübungen des Kätzchens, Ausfahrt, Heimkehr, Essen und Schlafengehen.

Wir waren bereits eingeschlafen, als „Haime" mächtig anschlägt. Jemand rüttelt am Zelt. Als ich öffne, hält man mir etwas Kleines, Nasses mit den Worten hin: „Wir haben das Kätzchen aus dem Wasser gefischt. Jemand muss es ins Meer geworfen haben. Wir dachten, es könnte eures sein, weil wir es oft bei euch gesehen haben." „Es gehört uns zwar nicht", sage ich schlaftrunken „aber tut es nur her !" Ich fasse das kleine, nasse Wesen beim Kopf, streife mit der andern Hand, so gut es geht, das Wasser von dem dürren Körper und stecke das kalte Bündel zu meinen Füßen in den Schlafsack.

Am Morgen habe ich das Kätzchen vergessen, als sich unten etwas regt. Blinzelnd kommt es gekrochen und wir jubeln über unser neues Kätzchen. Unserer Hündin muss ich einschärfen, dass auch sie es, als neues Familienmitglied dulden soll. Es roch ja schon nach uns - Haime akzeptierte, und das kleine, rote Kätzchen blieb bei uns.

Der Urlaub ging zu ende. Klar, wir werden es mitnehmen. Vor der Abreise stecke ich es in ein Leinensäckchen und muss dazu etwas Gewalt anwenden, denn zuerst tobt es darin und schreit so laut, dass wir das Autoradio aufdrehen, wenn Leute vorbei kommen. Irgend wann beruhigt es sich aber - Luft bekommt es ja im Stoffsäckchen - zu unseren Füßen liegend, ergibt es sich in sein Schicksal.

Unterwegs taucht natürlich die Frage auf: Wie soll das Kätzchen heißen?

Die neue kroatische Währung heißt Kuna. „Das passt doch" sage ich „Kuna bedeutet 'Füchse' und da sie ein fuchsrotes Kätzchen ist, werden wir sie Kuna nennen." Und alle sind einverstanden. Ungestoppt passieren wir die vielen Grenzen und bringen Kuna gesund mit nach Hause.

Sie lebte sich problemlos ein. Nur ich bekomme etwas Schwierigkeiten wegen meiner Katzenallergie. So geben wir sie zu meinem Bruder, bei dem seit kurzem mein kleines Töchterlein - zusammen mit meiner zweiten

Frau - lebt.

Sie haben einen langen Flur in ihrer neuen Wohnung am Ammersee. Da spielt die Kuna ein seltsames Spiel. In vollem Galopp rennt sie auf das Krabbelkind zu. Das duckt sich, um nicht umgerannt zu werden und die Katze springt im hohen Bogen über das Kind. So haben beide großen Spaß. Bald ziehen sie um und bringen Kuna wieder zu uns nach Sülzfeld.

Kuna ist eine liebe Katze. Meine Allergie hat sich auch schon an sie gewöhnt. Doch wir haben einen gelben Kanarienvogel, der im geräumigen Käfig auf einem hohem Ständer fleißig singt, unerreichbar für die junge Katze. Wir leben in Harmonie zusammen bis zu dem Tag, als ich nach einer kleinen Reise heimkomme.

Da liegt der Käfig offen auf dem Fußboden, Futter und Wasser sind verschüttet und vom Vogel ist nichts weiter übrig, als ein paar gelbe Federchen.

„Kuna, das bist du gewesen !" schreie ich „du hast den Kanarienvogel gefressen!"

Kuna hustet etwas und rennt davon. Ich würdige sie keines Blickes mehr.

Kaum 14 Tage später ist unsere rote Kuna verstorben.

Starb sie an Liebesentzug, oder am Katzenschnupfen?

Wir werden es nie mehr erfahren, nachdem sie nun schon lange unter der Erde liegt.

Stell dir vor
wer du denkst
dass du bist
bist du gar nicht.

Stell dir vor
was du denkst
dass du denkst
denkst du gar nicht.

Stell dir vor
nichts von dem
das du denkst oder tust
ist dein Wille.

Stell dir vor
was du willst
oder tust, stellst
du dir nur vor.

Stell dir vor
dich steuert Chemie,
ein uraltes Hirn in dir
dich steuert ein Tier

Stell dir vor

Betty

Ich hoffe, sie lebt noch, während ich hier schreibe – und ich hoffe auch, dass ich ihr gerecht werden kann mit meiner Erinnerung.

Für mich und meine Freunde war sie eine Institution,

ein Freudenquell, wenn wir im uralten Ort, am östlichen Abhang der mächtigen prähistorischen Bergfestung „Staffelberg", fast regelmäßig zum Ausklang der Sonntage, am dampfenden Misthaufen vorbei, wenige Stufen hinauf, in die dicken Mauern ihrer Wirtsstube eintraten und der Duft von Bier und Sauerkraut und - das Wichtigste - die appetitanregenden Schwaden bruzzelnder Bratwürste uns umwogten. Ungelogen, die besten Bratwürste der Welt, gab es bei Betty!

Die früh verwitwete Wirtin hat diese Bratwürste selbst kultiviert, vom eigenhändig gefütterten Ferkel bis zur zarten Sau im schlachtreifen Alter. Wie sie sagte: „All's nach eignem Rezept. Dou kummt mir ka fremder Metzger ins Haus."

Und wir durften ihr kleines Reich zu allen Jahreszeiten erleben, an heißen Sommernachmittagen laut und schweißtreibend, gefüllt mit Kirchweihgästen oder fremden Touristen, ebenso, wie an kalten Winterabenden, wenn nur noch drei, vier Männlein aus der näheren Umgebung vor dem dunkelbraunen Kachelofen mit ihr am Stammtisch saßen - und Betty schälte sich einen Apfel (!) - Zur Kirchweihzeit, Anfang August war immer ihre Schwester aus Amerika zu Besuch, sie ging ihr bei der vielen Arbeit helfend zur Hand. Wir hörten sie gerne reden mit ihrem spaßigen amerikanischen Deutsch.

Während wir ungeduldig und sehnsüchtig unsere Bratwürste in der Küche bruzzeln hörten, schauten wir uns natürlich im Gastzimmer um. Hier war alles echt. Auch das wenige Neue musste sich dem Alten einfügen, wie etwa das Lobgedicht einer norddeutschen Bierrunde, das hier als Gastgeschenk an der Wand hängen durfte. Über der Türe stand auf schwarzem Schiefertäfelchen mit Kreide frisch geschrieben der Vor-Vorkriegsbierpreis „10 Pfennige die Maß" und an der Türe der Spruch

„Wegen übergroßen Reichtums ist die Wirtschaft nur gelegentlich geöffnet."

Die Unterschiede der Geschlechter wurden von Betty, die eine fleißige katholische Kirchgängerin war, augenfällig in der Weise beachtet, dass sie den Männern das Bier in steinernen Halbliter Krügen mit Deckel, den Frauen aber nur im Glas ohne Deckel hinstellte. Sie war eine gestrenge Wirtin; hatte einer, nach seinem seligen Schluck des braunen, würzigen Bieres, den Deckel offen stehen lassen, war Betty sofort zur Stelle, um den Krug nachzufüllen. Aber wehe, wenn er dann noch nicht leer war! Mit barscher Bewegung klappte sie lautstark den Deckel zu und murmelte etwas wie „man soll sie net zum Narrn halten!" Wenn sie aber kam, um die heiß ersehnten Bratwürste mit dem unvergleichlich zubereiteten Sauerkraut mit viel Kümmel und süß, und um das köstlich duftende fränkische Gewürzbrot auf unseren Tisch zu schieben, lief uns das Wasser im Mund zusammen – wahrhaftig, das waren sie: Die besten Bratwürste der Welt!

Später beim Bezahlen waren wir vor Überraschungen nie sicher. Sie rechnete im Kopf und ohne Quittung ab. Einmal war es sagenhaft billig, ein andermal unerwartet teuer. Einspruch hätte sie nicht geduldet – wir auch nicht gewagt. Sie heischte Vertrauen. Es gelang uns nie, den exakten Bratwurstpreis festzustellen. Das hinderte uns aber nicht, Betty's Wirtschaft und ihre sagenhaften Bratwürste bei allen Verwandten und Bekannten über alles zu loben und manchen Abstinenzler haben wir dazu bekehrt.

Wolfram, mein Jüngster aus erster Ehe, hatte noch keine Bekanntschaft mit Betty gemacht. So schwärmten wir ihm von ihren Qualitäten in höchsten Tönen vor. Wir verstiegen uns zu Aussagen wie „eine rassige Frau, eine

Schönheit ! Du musst sie gesehen haben und erst ihre Bratwürste !" So dass seine damalige Braut, eine etwas zickige Hamburgerin, richtig Anflüge von Eifersucht bekam.

Endlich hatte Wolfram einmal Zeit, um mit uns zu Betty zu fahren. Seine Erwartungen hatten wir vorher noch richtig in die Höhe getrieben. Dann kam die erste Begegnung.

Erst war er noch ungläubig, schaute uns hilflos an, behielt aber die Fassung, als die gedrungene, gut gerundete Frau, etwas altersstiff schwankend, mit rot glänzendem Gesicht, ihm den Bierkrug hinstellte. Natürlich war er enttäuscht. Aber - während er seinen Bratwurstteller leerte, kehrte seine Bewunderung für Betty voll zurück – und er bestellte eine zweite Portion. Zu unserer besonderen Belustigung hat ihn dann doch noch Bettys Rüge ereilt: Er hatte den Deckel seines halb leeren Bierkruges offen stehen lassen -

Schließlich drängten wir gesättigt und beschwingt vom Bier aus der wohligen Wärme der Gaststube hinaus in die kühle Frühlingsnacht. Bei Betty hatte es Wolfram so gut gefallen, dass er im nächtlichen Uetzing noch eine Sondernummer zum Besten gab. Hurtig bestieg er den Dorfbrunnen, um nahe dem dünnen Wasserstrahl eine unmissverständliche Handlung zu imitieren - wobei er durch kräftiges Abschütteln und gespieltes Schließen und Hochziehen der Hose, es an Lebensechtheit nicht fehlen ließ. Wir krümmten uns vor Lachen.

Heute, ist das alles lange her. Nachdem es bei Betty immer öfter dunkel und geschlossen blieb, gaben wir es auf, zu ihr zu fahren und konnten doch keinen Ersatz für sie finden. Durch Zufall erfuhren wir, was geschehen war.

Adelheid ist Krankenschwester und Betty ist ihr in der

Reha-Klinik begegnet. Sie hatte einen Herzinfarkt erlitten. So kam die traurige Nachricht zu uns, und noch schlimmer, dass sie die Wirtschaft nicht mehr weiterführen werde. Betty sagte: „Ich konn's nimmer machn. Mei ganz Leem lang hob ich für di andern gärbert. Ich muß a ämol mei Ruh hoom."

Für immer auf sie und ihre unübertrefflichen Bratwürste verzichten zu müssen, traf uns hart, damit haben wir auch ein Stück unseres Lebens und unserer Heimat verloren. Doch wir müssen zugeben: Betty, du hast recht, genieße deinen Feierabend, du hast ihn verdient! Wir wollen dir, edle Wirtin, unseren Dank sagen: Du hast uns reichlich beschenkt mit deinem Leben, mit deiner so vortrefflich getanen Arbeit, von der wir nur das Allerbeste erfahren durften.

Gnadenlos im Recht

Wir können ruhig den Wanderweg nehmen und mit dem Motorrad bis hinauf fahren, sagt Friedel Auer, der Grabungstechniker für Archäologie, er habe sein Auto auch oben, nahe bei der Grabungsstelle, unterhalb der Kapelle.

Mir ist diese Nordseite des Staffelberges und die Wege hier noch unbekannt. Mit großer Vorsicht fahren wir langsam tuckernd neben den wenigen Fußgängern bergauf. Die Leute machen uns mit einem leicht erstaunten Lächeln Platz und wir bedanken uns durch freundliches Grüßen und Kopfnicken. Noch sind wir nass vom Nebel im Tal, das jetzt bereits unter uns liegt, wie zu gestrichen mit einer weißen Wolkenschicht. Schon wärmt uns die Sonne. Im kleinen Wäldchen wird der steinige Weg unerwartet steil, sehr steil - ich darf nicht zu viel Gas geben wegen eines Querweges oben, dort könnten Leute laufen, doch da stirbt mir der Motor ab. Trotz angezogener Handbremse rutschen wir haltlos rückwärts auf dem losen Kalkschotter. Bis das Fahrzeug nach rechts einschwenkt, sich seitlich aufstellt und uns in hohem Bogen in die Büsche wirft.

Ich spüre im Rücken wie die Zweige mich auffangen und sanft nachgeben. Rasch komme ich wieder auf die Beine. Das Motorrad liegt seitlich mit dem Tank bergab. Benzin sprüht in feinem Strahl aus dem Tankdeckel. Sofort beginne ich, es hoch zu heben. Adelheid kommt mir zu Hilfe, so gut sie kann. Sie ist härter gefallen, als ich und klagt über heftige Schmerzen am linken Beckenrand. Es ist so steil hier, das wir uns kaum bewegen können. Mit größter Anstrengung bringen wir die 650iger wieder auf die Räder und ich führe sie mit eingelegtem Gang und schleifender Kupplung schrittweise abwärts. Zum Glück sind im Moment keine Fußgänger hier. Vor einer Ruhebank finden wir ein ebenes Fleckchen. Dort stelle ich die Maschine ab und Adelheid kann sich setzen. Sie kämpft mit heftigen Schmerzen.

Plötzlich steht da ein großer, hagerer Mensch mit einer Frau. Sie beschimpfen uns auf Norddeutsch und drohen uns mit einer Anzeige. Der Mann stürmt mit gezückter Kamera auf mich zu. Ich sage: „Lassen sie das! Ich will das nicht !" Doch er rückt immer näher, bis ich ihm das kleine Ding vor meinem Gesicht aus der Hand schlage. Er muss sich bücken und schreit: „So, handgreiflich werden sie auch noch!" Er sieht das Nummernschild: „Aha, aus Coburg sind sie. Dort gibt es doch auch zivilisierte Menschen, aber sie benehmen sich barbarisch hier. Leute wie sie gehören angezeigt." Adelheid auf der Bank windet sich vor Schmerzen. Ich sage darauf etwas heftig: „Gehen sie bitte weiter ! Lassen sie uns in Ruhe! Gehen sie einfach weiter ! Wir haben uns hier verfahren."

„Was heißt hier verfahren?Die Verbotsschilder sind deutlich genug angebracht."

„Ja, ich weiß, aber wir werden oben bei den Ausgrabungen erwartet, wir sind eingeladen."

„Ach was eingeladen, sie dürfen hier nicht fahren!" Auch die Frau redet auf uns ein: „Wir sind hier an geheiligter Stätte und sie benehmen sich so!"

„Fahren mit ihrer Höllenmaschine hier herauf", ergänzt er und will uns wieder fotografieren. Ein anders Ehepaar ist dazu gekommen. Der freundliche Bayer mischt sich ein: „Do hot er scho recht, wenn er net will, dass sie ihn fotografiern, dann dürfen's ihn auch net fotografiern." Darauf nestelt der eifernde Norddeutsche einen Zettel heraus und seine Frau aus ihrer Tasche einen Stift. Er notiert sich unser Nummernschild. Dabei zitiert er wörtlich Kant's kategorischen Imperativ - dem ich voll zu stimme. Doch ich wiederhole: „Wir sind eingeladen hier oben, wir haben uns nur verfahren."

„Was verfahren, so Leute wie sie gehören bestraft. Wenn wir wieder unten sind, gehen wir zur Polizei und sie bekommen ihre Anzeige. Das wird sie teuer zu stehen kommen !"

Und fotografiert uns doch. – Ich gebe auf. Adelheid sitzt blass auf der Bank. Endlich entfernen sich diese seltsamen Menschen.

Was sollen wir jetzt machen? Wir sind ganz verstört.

„Adelheid, kannst du wieder auf 's Motorrad ?"

„Ja, es wird schon gehen." Denn auf unseren Besuch oben auf dem Berg wollen wir nicht verzichten. Zuerst gilt es, diesen Fußweg zu verlassen. Ohne den Motor einzuschalten rolle ich abwärts. Wieder grüßen uns freundliche Wanderer, manche etwas erstaunt. Dann finden wir den richtigen Weg. Oben, neben dem Auto des Freundes, stellen wir unser Motorrad ab. Die Grabungsstätte ist ein tiefes, schwarzes Loch. Unten steht Friedel Auer, der Ausgrabungsleiter mit einem großen Blatt Millimeterpapier und zeichnet die freigelegten Steine: die Reste einer keltischen Mauer. Noch außer Atem erzählen wir ihm von unserem Sturz und dem Streit mit diesen Leuten. Er sagt uns seine Hilfe zu. Adelheid fühlt sich etwas besser, sie möchte ein paar Schritte gehen. Ich stütze sie. Ganz langsam umrunden wir das Plateau. Herrliche Ausblicke werden uns auf das spät sommerlich grüne Land gewährt und rote Ziegeldächer schmücken das Gelb der abgeernteten Felder. Nachdem die Septembersonne die weißen Nebelwolken restlos weg geleckt hat, leuchtet erstes Gelb und Rot, erste Herbstfarben, dazwischen,

War es hier oben, wo Joseph Viktor von Scheffel die Idee zu seinem „Lied der Franken" bekam?

Unser Problem bleibt: Ob uns diese Leute wirklich anzeigen? Weiter unten sehen wir sie noch laufen. Ich halte an, suche ein Gespräch. Aber sie gehen stur weiter, sie antworten uns nicht. Bedrückt fahren wir nach Hause. - Täglich kann die schlimme Post eintreffen.

Es war Ende Oktober, als ich einen Anruf von der Polizeistation Staffelstein erhalte. Bei ihnen ist eine Postkarte eingegangen, „...aber gar nicht von hier, sondern von ziemlich weit her", sagt der Beamte und teilt mir den Inhalt der Anzeige mit. Er fordert mich auf, ihm meine Sicht der Vorgänge zu erklären. Das tue ich gern. Dann sagt er feierlich, er müsse mir nun eine „fernmündliche Verwarnung aussprechen". Das tut er, doch sein Schmunzeln dabei, war unmissverständlich durch 's Telefon heraus zu hören.

Mir fiel ein Stein vom Herzen - und Adelheid's blaue Flecken sind mit der Zeit auch wieder vergangen.
Oktober 2002

Malta

Zum Wundern, wie schnell wir von Nürnberg aus mit Air Malta über unser grünes Land fliegen und schon über den Alpen schweben, Wolkenschwaden ziehen unter uns durch. Den Stiefel hinunter ist es bereits Nacht und hui - schon landen wir in Malta - und werden zum Hotel gebracht.

Dem Stadtplan von Valletta folgend haben wir uns für das Osborne-Hotel entschieden. Es liegt zentral, noch in der Altstadt und nicht weit vom Bus Terminus.

Unser geräumiges Zimmer, Nr. 301, überrascht uns mit freiem Ausblick über Fort Manoel auf das offene Meer und den Rücken von Valletta. Wir sind froh, nicht in eine der engen Gassen schauen zu müssen.

Im „Osborne" ist nichts modern, alles ist gediegen, rotes Holz mit Messing im Stil eines englischen Passagierschiffes. Wir haben Halbpension gebucht, essen aber auch mittags mit, wenn wir in der Nähe sind; es schmeckt uns und ist preiswert.

Frau Anne Schleicher wird uns gleich besuchen, die Archäologin, wir haben sie bei Ausgrabungen auf der

Ehrenbürg bei Forchheim kennen gelernt haben. Sie lebt vom Erbe ihres Vaters und verbringt die Winter auf Malta. Unser Mitbringsel, eine Flasche Dessertwein, hat sie bei unserm Treffen auf der Dachterrasse des Hotels schon fast geleert. Wir verabreden für Montag eine Inselbesichtigung unter ihrer Führung.

Vorerst gehen wir selber los, erleben ein starkes Frühlingsblühen in den Hastings Garden und bekommen erste Eindrücke von der weit zurückreichenden Geschichte der Insel im Archäologischen Nationalmuseum. Die Fruchtbarkeit des Lebens in den Formen des weiblichen Körpers wurde an erster Stelle verehrt.

Wir buchen eine Hafenrundfahrt, um uns zu orientieren und merken, dass wir in Valletta, wie in einer einzigen, vielgestaltigen Festung wohnen. Es ist Sonntag, wir nehmen den Bus zum großen Fischmarkt nach Marsaxlokks, wo alle Schiffe Augen haben und eines bunter,

als das andere ist. Von vorne bis hinten durchwandern wir das Markttreiben und müssen uns sehr zurückhalten, keine „Schönerle" zu kaufen. Auf der Rückfahrt steigen wir bei Tarxien aus, suchen und finden die für uns erste Tempelanlage. Ich bin beeindruckt von den kraftvollen pflanzlichen Ornamenten, die den dargestellten Stieren bestens entsprechen. - Leider ist das Hypogäum, die größte, unterirdische, mehrstöckige und unzerstörte Tempelanlage aus der Jungsteinzeit (5000 Jahre v. Chr.) nicht mehr zu besichtigen. Am Abend erkunden wir unser Viertel um das Hotel, steigen hinunter in den kleinen Hafen, am schwarzen Wasser. Es ist menschenleer, dunkel und fast gruselig hier.

Umso belebter ist der Omnibusplatz am Montag Morgen. Wir nehmen den Bus nach Qrendi, wo unsere ortskundige Führerin auf uns wartet. Sie zeigt uns, wo die ältesten und schönsten Tempel Maltas: Mnejdra und Hagar Qim, hoch über der südlichen Steilküste liegen. Obwohl zerstört, blicken sie immer noch stolz und geheimnisvoll über das Meer. Wir rasten bei Wasserlöchern, die sich mitten im blanken Fels auftun, wo ich keinem rate, bei Nacht hier hineinzufallen. Dann sehen wir tief unter uns die Einfahrt zu Maltas blauer Grotte. - Wie so oft denke ich: Wenn wir doch unseren aufblasbaren Katamaran hier hätten, wir würden die ganze Insel umrunden und seltsamste Entdeckungen machen. Wenig später stehen wir am Eingang eines von senkrechten Felsen umgebenen kleinen Tales. Hier sollen die ältesten Spuren menschlicher Besiedlung liegen – heute ein undurchdringliches Schlangenparadies. Wir gehen nicht hinein.

Dann fahren wir lange im Omnibus durch dicht aufeinander folgende Orte ins westliche Zentrum der Insel bis Mosta. Nach einem beschwerlichen Fußweg durch ein fast trockenes Flusstal steigen wir zu jener Felsenkirche auf, die der ursprünglichen Höhle vorgebaut ist. Leider ist sie verschlossen. Für die Menschen der Vorzeit muss hier ein idealer Lebensraum gewesen sein und noch immer fließt hier Wasser. Auf dem Rückweg sehen wir echte Kapern wachsen, wie bei uns Unkraut. Vor der protzigen Kuppel-Kirche von Mosta bezahlen wir unsere Führerin und verabschieden wir uns von ihr.

Anderntags suchen wir „Albert's Motocicles" in Gzira auf, um ein Motorrad zu mieten und wir haben auch unsere eigenen Helme dabei, wie die Motorrad-Zeitschrift in Deutschland es empfohlen hat,. Wir wollen auf eigene Faust die Insel erkunden. Aber die Auswahl ist mager: Nur kleine Roller sind da und ein Yamaha-Veteran von 1975. Doch ich nehme das Motorrad. Seine Fußbremse ist links, die Gänge vom Leerlauf ganz unten nur aufwärts. Zum ungewohnten Gefährt kommt noch, dass die

Briten der Insel den Linksverkehr beschert haben. Außerdem tauchen ohne Vorwarnung tiefe Löcher im Asphalt auf, weshalb ich keinen Roller wollte. Mit äußerster Konzentration fahre ich – und das Museumsstück schafft maximal 60 Stundenkilometer.

Als erstes Ziel steuern wir die berühmten Dingli-Cliff's an. Schmale, steil angelegte Terrassen werden über schwindelerregender Tiefe landwirtschaftlich genützt. Auch Dingli's Garden mit exotischen Bäumen ist in der Nähe. Wir aber wollen zum höchsten Punkt der Insel. Von weitem sehen wir ein riesiges Kreuz aufgerichtet - eine fromme Insel. Wir tuckern auf steinigem Feldweg hinauf. Phantastisch ist die Aussicht ! - Bei der Abfahrt lässt sich das Motorrad plötzlich nicht mehr steuern, wir schaukeln hin und her – beim Balancieren trete ich Adelheid auf den Fuß und verstauche mir dabei den linken Knöchel. Gerade noch kann ich einen Sturz verhindern. Wir haben einen Platten im Vorderrad!

Was machen wir jetzt ? Weit und breit keine Ortschaft. Ich schiebe das Motorrädchen etwas abwärts. Da liegt ein Steinbruch ! Alles voller Staub, umringt mit hohem Drahtzaun. Ich gehe durchs offene Tor. Da ist ein Häuschen. Ich klopfe an. Tatsächlich ist jemand da. Die Verständigung ist schwierig. Ich halte dem Mann die Telefonnummer des Motorrad-Verleihs hin – jetzt versteht er, und telefoniert.

Wir warten lange in der Mittagshitze, im Staub, ohne Schatten. Endlich kommt ein Kleintransporter. Der Fahrer schüttelt den Kopf und schimpft mich aus, was wir hier oben zu suchen hätten, das ist doch nichts für Touristen. Eingeladen das Ding! Verschwitzt sitzen neben dem verschwitzten Fahrer und holpern zu Tal. Missmutig muss der Chef die Reparatur auf Garantie annehmen – aber so eine alte Reifengröße hat er nicht vorrätig. Wir sollen in zwei Stunden wieder kommen. Wir gehen hinunter ans Wasser und ich hänge meinen verstauchten Fuß hinein:

Am schönen blauen Mittelmeer
am Kai von Msida auf Malta
kühlt mein verstauchter Knöchel
im grünen Wasser des Hafens.

Tausend junge Fischlein
spielen synchron unter uns
ziehen hin, glitzern her.
Ringsum sonniger Friede.

Wir müssen weiter. Doch
in der Sekunde, als ich
den Fuß aus dem Wasser ziehe
zischt etwas Helles heran.

Schnelle wendige Räuber
glatte weiße Torpedos
stoßen in die Kinderschule
treiben, wirbeln, schlingen.

Der Schreck springt uns an
wir erleben das Töten
uns schütteln die Ängste
der fliehenden Fischlein

wie damals im Meer, als wir
noch kleine Fische waren –
bis silbern sinkende Schuppen
neuen Frieden verkünden.

Wir geben nicht auf. Als das erbärmliche Motorrädchen wieder fahrbereit ist, steuern wir die Golden Bay im Westen der Insel an und kommen bei sinkender Sonne noch zu unserem ersten Bad im Mittelmeer.

Danach bummeln wir über die St. Paul's Bay auf glattem Asphalt, vorbei an den schrecklichen Bettenkäfigen für Pauschalurlauber und durch die abendlich erwachende Betriebsamkeit der vielen Geschäfte, Bars und Gaststätten längs der Vororte, bis wir in Valletta ankommen, unser Motorrädchen an die Wand lehen, wo im „Osborne" ein prächtiges Abendessen auf uns wartet.

Am Mittwoch fahren wir zur Nordwestspitze von Malta und nehmen die Fähre zur Nachbarinsel Gozo. Zunächst steuern wir Viktoria an und wenden uns bald nach Xaghra, wo wir im „Oleander" einkehren. Adelheid ist immer begierig auf Fischgerichte - die gibt es hier reichlich, während mir meine Fischallergie solche Genüsse verbietet.

Ggantija kommt in Sicht. Der besterhaltene Doppeltempel der Jungsteinzeit beeindruckt auch uns. Innerhalb der, wie von Giganten errichteten Mauern, lassen die vielen Rundnischen und Altäre eine Vorstellung von Kultus, Opfern und Festen aufkommen.

Wir fahren weiter zu jener Höhle, wo die schöne Kalypso den Odysseus festgehalten haben soll. So einladend war es dort wirklich nicht. Aber großartig ist der Blick auf die Bucht davor, die heute Ramla Bay heißt. Wir steigen hinunter und nehmen unser zweites Bad im Mittelmeer, das dort eigenartige Strömungen hat.

Doch dieser Eindruck wird weit überboten, als wir vor dem Azure Window an der Westküste von Gozo stehen. In großer Höhe spannt sich eine natürliche Brücke über zwei Felsentürme, wo sich das Meer unten schäumend hindurch zwängt. Während wir davor herumstreichen, sehen wir, wie ein paar Wagemutige, oder Übermütige, den Felsenbogen oben überqueren, sie sehen winzig aus gegen die haushohen Brandungswellen unter ihnen. Wir fahren zurück und sehen von der Fähre aus mit erschrockenem Blick die Insel Comino, völlig vegetationslos in der Sonne liegen.

An einem der letzten Tage besuchen wir die alte Hauptstadt von Malta: Mdina und Rabat. Von der Geschichte dieser Stadt, will nicht auch noch ich, anfangen zu erzählen. Phönizier, Römer, Araber, Normannen, Türken, Ordensritter, und wieder Türken, Napoleons Truppen, die Briten und Italiener meinten dort erobern zu müssen. Heute ist Mdina ein beschauliches, katholisches Kleinstädtchen - der Inquisitoren-Palast ist nicht weit - mit selbstverständlich bewundernswerter Architektur.

Die Universität wurde längst aufgelöst. Aber die alten Adelsfamilien haben noch ihre Wohnungen dort. Rabat hat Mdina wirtschaftlich überholt. Wir besuchen eine Mdina Experience Show und erfreuen uns noch an der Ruhe zwischen den gepflegten alten Bauten - und über die Orangen im Stadtgraben, die zugleich Blüten und Früchte tragen.

Noch einmal fahren wir zur Steilküste im Süden und versuchen das Geheimnis der rätselhaften Schleifspuren aus der Bronzezeit zu lüften, die wie Schienen, aber unregelmäßig parallel laufend, sich sogar überschneiden und verzweigen. Manche enden abrupt am Steilhang zum Meer. - Es ist nichts Natürliches, es sind menschliche Spuren, aber wie und wozu? Auch wir können dieses Rätsel nicht lösen. „Clapham Junction", nennen die Engländer eine besonders dichte Stelle, nach einem Rangierbahnhof Gelände bei London.

Auf der Rückfahrt schreckt mich das Wappenschild

der Stadt Msida. Ich wende, um es zu fotografieren: Absolut die gleiche Blason wie mein altes Familienwappen der Seemann von Mangern und Seemann von Seemannshausen, nur der Grund ist grün statt schwarz. (Ein später geführter Schriftwechsel mit dem Rathaus von Msida bringt die profane Erklärung: Ihr Wappen soll die zwei Bäche darstellen, die die Stadt begrünen und begründen.) Wir geben das Motorrad zurück, kaufen noch Wein als Mitbringsel und kehren zurück in unser „Osborne Hotel". Bei einem nächtlichen Spaziergang bei Hastings Garden und an den Festungen der Ordensritter vorbei erscheint uns Malta bereits anheimelnd.

Unser letzter Tag ist angebrochen. Wir möchten von Valletta noch etwas mehr sehen, auf deren Türme und Kuppeln wir vom Hotelzimmer aus jeden Tag blicken.

Wir besuchen den Palast des Großmeisters; exotische Bäume aus den Tropen gedeihen im Hof. Wir erleben eine Platz füllende Militär-Musik-Parade, deren erste Trompetenstimmen ausschließlich mit Cornetts besetzt sind, was diese weiche, stimmhafte Melodieführung ergibt. - Wir zwängen uns durch festlich gekleidete Menschenmengen zur „Valletta Experience Show" danach verweilen wir kurz in zwei gepflegten Gärten, stehen noch einmal vor den uneinnehmbaren Steinfestungen des St. James und St. John's Chevalier. Valletta ist eine einzige Festung – aber für vergangene Kriege. Geblieben ist ihr faszinierend, romantischer Charme. Der Abschied fängt an, uns schwer zu fallen.

Bei der Passagierkontrolle wird in unserer Obsttüte mein Taschenmesser entdeckt – das ist peinlich - extra in einem Couvert verpackt wird es dem Kapitän ins Cockpit hinaufgereicht.

Doch im Flughafen-Nürnberg erscheint mein „pen knife" als erstes Stück auf dem Förderband - alles o.k.

Malta, wann sehen wir Dich wieder?

Idylle

Auf meinem Grundstück oben an der kleinen ansteigenden Straße stehe ich und hacke mit meinem Buschmesser die dicke Rinde von den Meterstücken Holz, die ich mit Adelheid, meiner Gefährtin im Wald gefällt, gesägt und heimgefahren habe.

Warm ist es hier vor der oberen Scheune. Ich arbeite ohne Hemd, nur in kurzer Hose, was mich eindeutig als Zugezogenen ausweist, denn die einheimischen Männer bevorzugen ihr Blauzeug. Von Zeit zu Zeit höre ich auf mit dem Hacken, um es besser hören zu können: das Lied in den Bäumen, das der warme Wind über mir im jungen Grün der Linden und Eichen entfacht. Ich schüttle den Kopf, - unglaublich erscheint mir soviel Glück: dass ich mich hier, satt und wohlig, müde arbeiten darf, an diesem stillen Ort im singenden Sommerwind.

Eine Bäuerin kommt vorbei: Sie spricht mich an, als ich dabei bin, die fertigen Meterstücke an der überdachten Scheunenwand in mannshohe Reihen zum Trocknen zu schlichten. „So ordentlich macht er das", sagt sie. „Und die Rinde hat er auch abgeschält. Meine Mutter sagte immer: 'Wenn nur ein Streifen von der Rinde weg ist, kann das Holz gleich viel besser trocknen.'"

Ich freue mich über ihr Lob und lächle verlegen. Unerwartet fährt sie fort: „Heute wollen die jungen Leute alles fertig kaufen. Aber was ist, wenn sie ihre Arbeit verlieren?" - Ich weiß, dass sie an die jungen Leute denkt, die erst neu gebaut haben in der Stadt, doch nun zuhause sitzen, bis sie wieder Arbeit finden. Mit einem deutlichen Kopfnicken stimme ich ihr zu. Mehr zu reden ist im Moment nicht nötig. Wortlos geht sie weiter, dreht sich aber noch einmal um und sagt: „Ich bin die Gretel, gelt."

Der fünfte Flug

Begeistert von der Sonne über einer Landschaft in voller Blüte, bummeln wir auf unserer Kawasaki W 650 aus einem schmucken, fränkischen Dorf und nehmen Fahrt auf.

Draußen etwas erhöht grüßt uns rechts ein Obelisk. Ich wende den Kopf – zu spät! Wir balancieren auf dem Grünstreifen, ein weißer Leitpfosten steht im Weg, wir fliegen krachend in den Graben, dann prescht die Maschine unsteuerbar die Böschung hinauf, bis sie uns oben abwirft (die genaue Flugbahn wird für immer ihr Geheimnis bleiben). Jetzt, jetzt, bange ich – nein, die Maschine ist nicht auf mich gefallen.

Schrecklich still ist es nach dem Aufprall. Ich bin kurzatmig, dann kommen die Schmerzen, zuerst in der linken Brustseite, dann in Hals und Nacken. Es riecht nach Benzin. Das Motorrad liegt still wie eine Brücke über dem spitzen Graben. Dann meldet sich schmerzhaft mein linkes Knie und die Zehen im eingedrückten rechten Schuh. Von der Nase tropft es rot. Ich möchte den Helm vom Kopf haben.

Doch wo ist Adelheid? Nicht lange her, hat sie eine schwere Operation durchgemacht. Ich kann sie nicht sehen, nur schwach hören. Sie kriecht zu mir her und löst mir den Helm (was sie später nicht mehr weiß). Während ich in Selbstvorwürfen laut mit mir hadere. „Adelheid, wie geht es Dir?" Wie es scheint, ist sie nicht so tief gefallen und besser weggekommen als ich. Die extrem schräge Böschung hat für uns beide den Aufprall gemildert.

Ein, zwei, drei hilfsbereite Menschen halten an, legen uns zurecht, geben uns zu trinken und rufen Hilfe herbei. Ein dünner Strahl Benzin sprüht aus dem Tank. Ich rieche es und sage: „Bitte nicht Rauchen !" Einer der Hilfsbereiten stellt das Motorrad aufrecht in den Graben. Oh, es hat kein Gesicht mehr! Lampe, Lenkstange, Rückspiegel und Tachometer fehlen ganz.

Schon kommen zwei rot-weiße Sanitäter. Aber ich kann nicht aufstehen. Vier Männer müssen mich über den Graben heben. - Im Sanitätswagen ist Ruhe: Wenn da nicht diese Polizisten wären, mit ihren vielen Fragen und der Androhung einer Anzeige halten sie uns auf. „Wie geht es Adelheid im vorderen Wagen ?" Ist das Einzige, was ich von ihnen wissen will. Sie haben sie schon verhört - „Sehr gut" antworten der Unfallarzt und der Sanitäter für die Polizisten. Das sind die perfekten Helfer. Sie hängen mir einen Tropfer an „mit gleich was drin gegen die Schmerzen". Endlich können wir fahren. Hell blühende Zweige auf kräftig blauem Himmel eilen über mir vorüber. Mehr will ich gar nicht sehen.

Im Krankenhaus angekommen wird an mir herumgeklopft, wiederholt geröngtgt und als ich schon im Bett liege, immer noch etwas gefragt. Anderntags muss ich schier endlos in die Röhre (CT). Sogar als mein Freund Walter, den ich von der ersten Klasse Volksschule an kenne (er hat ein Wochenendhaus in der Nähe) schon bereit steht, um uns heimzufahren, kommt wieder ein Arzt gesprungen: Ich soll noch einmal in die Röhre. Da sage ich: „Nein, auch wenn an meinen Knochen irgend was verbogen wäre, am Ende muss ich mich doch selber heilen."

Walter holt uns mit seinem großen Auto ab. Wir machen den kleinen Umweg zur Unfallstelle, schauen ein wenig herum und finden einen abgebrochen Rückspiegel ganz oben in der Erde stecken, das ist unerklärlich. Er bringt uns nach Sülzfeld zurück. Inzwischen ist meine

Motorradleiche auch schon von einer Spedition gebracht worden.

Im Krankenhaus haben wir eine herzliche, freundliche Krankenschwester kennengelernt. Sie hat sogar schicke Kleider, die ihr selbst nicht mehr passen für Adelheid besorgt. Und wir haben die Bekanntschaft lieber Zimmergenossen machen dürfen, zu denen wir noch Kontakt halten.

Unsere Prellungen, Stauchungen, Blutergüsse und mein Rippenbruch werden wieder heilen. Wer aber mein verbeultes Motorrad anschaut, kann nicht glauben, dass wir noch am Leben sind - auch uns kommt es wundersam vor.

Am 15. April 2007, das war der Tag des Unfalls, hatte ich meinen Motorradführerschein seit 50 Jahren. Genau gezählt war dieses letzte unfreiwillige Absitzen „mein fünfter Flug" vom Motorrad. Ist das zu viel in 50 Jahren? (wobei nur zwei davon selbst verschuldet waren)

Hätte mich eine weiße Begrenzungslinie gewarnt, welche die Fahrbahn von der Ausbuchtung der asphaltierten Parkfläche unterhalb des Obelisken markiert und trennt, wäre ich nicht von der Straße abgekommen und dieser Flug ins Grüne wäre uns erspart geblieben.

Jedenfalls die Rechnung für den schwarz-weißen Straßenbegrenzungspfosten, den wir umgerissen haben, lag schon im Briefkasten: „10,- € plus 15,- € Verwaltungskosten, macht zusammen 25,- €". Ist doch billig, oder ?

p.s. Bei einer späteren Besichtigung der Unfallstelle musste ich zu meiner Beschämung feststellen, dass ich wahrscheinlich doch schneller war, als ich dachte. Zu dem ist oben auf dem Obelisk, der an eine hier gestandene Kapelle erinnert, eine Hexe abgebildet, die auf einem

Besen durch die Lüfte reitet.
Ich sehe da keinen Zusammenhang.

In der Provence

Mit einem Buch fing alles an: „Die Kinder des Bösen". Der Titel mag reißerisch klingen, aber die Bewunderung des Autors, Wolf von Niebelschütz und seine Begeisterung für die Provence in geschichtlich schwierigen Zeiten haben mich angesteckt. Mir war klar, dass wir die von ihm entworfene romantische Landschaft nicht finden können, trotzdem wollen wir unsere erste große, gemeinsame Urlaubsfahrt in die Provence unternehmen.

Bilder über Bilder drängen sich mir auf. Ich muss sie ordnen, um sie erzählen zu können.

Das Leben läuft in der Zeit nicht durcheinander, nur unsere Gefühle dafür.

Mit Sohn Joni und Hündin Haime, und zwei Zelten im Auto, fahren Adelheid und ich nach Südfrankreich; mit im Gepäck der besagte Roman als Reiseführer.

So schnell wir können, kommen sind wir per Autobahn bis Cluny. Den Ort, von dem einmal so wichtige Kirchenreformen ausgegangen sind, möchte ich einmal sehen. Doch gegenüber, wo wir übernachten tobt es aus einer Diskothek bis in die Morgenstunden. Die gigantischen Säulen der Ruine der ehemaligen Abtei beeindrucken uns trotzdem. Dann finden wir in einer Bäckerei dunklen Schokoladenbruch mit Mandeln von allerfeinstem Geschmack (vergeblich wir ihn zuhause nachzuahmen). Wir reisen zwar offenen Auges, wollen aber so schnell wie möglich in die Provence.

Am Fuß des Mont Ventoux bei Bedoin finden wir einen Camp naturel, der uns gefällt. Gleich am ersten Tag fahren wir hinauf auf den Gipfel. Es bläst der Mistral mit solcher Wucht, dass mir der Spruch aus den Nürnberger Straßenbahnen einfällt: „Suche beim Gehen und Stehen festen Halt." Aber wir können weder gehen noch stehen hier oben, sondern handeln uns an Zäunen und Mauern entlang und unser Hund steht schräg gegen den Wind. Wir wählen eine andere Abfahrt, die uns, wie ich meine, zu einem heiligen Ort führt: überall springen Quellen aus den Felsen, glucksen und plätschern, sammeln sich in kleinen Becken und Bächlein umwachsen mit frischgrünem Moos. - Welch ein Kontrast zum kahl gefegten Gipfel des Mont Ventoux. Wir sind nicht die Einzigen, die staunend hier umher gegen.

Danach finden wir den Weg in die Dentelles de Montmirail, eine kleine Bergkette. Wie wirklich eine Reihe von weiße Zähnchen, so ragen spitze Kalkberge in den tief blauen Himmel. Eine kleine Fußwanderung führt uns hinauf und mitten hinein in die wunderlich, steilen Felsen, wo unterhalb der gelbe Ginster in höchster Blüte steht. Oben vor einem Felsentor mit Ausblick auf die Lavendel bepflanzte Ebene, halten wir unsere Mittagspause und erleben erstmals, dass unsere Haime, die grau getigerte, nimmermüde Schafhündin, auch einmal müde ist und zusammengerollt auf einem Steinbett schläft. Durch uralte Olivenhaine kehren wir nach Bedoin zurück. Mit unserm schwedischen Spirituskocher bruzzeln wir uns etwas Gutes und der Wirt hat uns Rotwein zum Probieren mitgebracht – so sind wir bestens in der Provence angekommen. Joni nimmt wieder die Haime mit in ein Zelt, die beiden vertragen sich wunderbar.

Am andern Morgen wollen wir einen Blick über das Tälchen auf unseren Zeltplatz werfen, als Adelheid eine weiße Schlange, zusammengerollt im Gras neben der Straße liegen sieht. Adelheid will sich neugierig und viel zu zutraulich, über das Tier beugen – ich kann sie gerade noch davon abhalten, die Schlange zu berühren.
Ein paar Meter weiter lockt uns eine phantastische Aussicht. Wir blicken in eine weite Ebene hinaus, grün bis zur dunklen Wand der Montagne du Lubéron. Da glänzt neben meinem Fuß ein Stein auffällig gelblich im sonst weißen Kalkboden – und noch einer. Ich hebe sie auf und erkenne: Zwei früh-steinzeitliche Werkzeuge aus Feuerstein, die von Wind und Regen freigelegt worden sind.
So wie wir, mögen die steinzeitlichen Jäger hier oben gestanden und die Tierherden in der Ebene beobachtet haben. Im Scherz bezeichne ich die beiden Klingen als „Schweizer-Mehrzweck-Taschen-Messer der Steinzeit", denn sie sind so behauen, dass man mit ihnen schaben, bohren, schlichten, in zwei Größen schäften und natürlich auch schneiden kann.

Heute wollen wir die Fontaine de Vancluse besichtigen. Ist auffällig schön ist es, wo das klare Wasser unterm starken Felsen hervorquillt – aber nur ein langer, staubiger Fußmarsch führt dort hin. Heute ist er überlaufen und viel zu heiß. - Danach suchen wir, die von Wolf von Niebelschütz mit Bewunderung geschilderte „Le Partage des Eaux"- die Teilung der Wasser, aber leider vergeblich. Stattdessen halten wir an einem unbekannten Fluss eine wunderbar stille Mittagspause. Dann entdecken wir Oppide Vieux (die sehr alte Stadt). Kein Auto passt hinein. Wir steigen ein Sträßchen hoch, immer höher, da sind viele ruinierte Häuser, bis wir in eine Burgruine eintreten, wo ganz zuoberst eine leere Türöffnung direkt in den Abgrund gähnt. Romantischer geht es nicht. Auf einem Felskegel errichtet, wäre diese alte Stadt uns Heutigen viel zu anstrengend.

Am Tag darauf steuern wir Roussillon an, den Ort der puren Okerfelsen, Rötelfelsen. Mitten darinnen, fühlt man sich, wie in einer anderen Welt. Oker, zum Schminken und Malen ist seit Urzeiten bei uns Menschen beliebt und begehrt; hier findet man ihn, in solcher Totalität, wie nirgends mehr in Europa. - Danach nehmen wir die längere Fahrt zum Kloster von Ganagobie auf uns, um die frühen romanischen Steinmetzarbeiten dort zu sehen, die das Seelenleben, die Höllenängste und Hoffnungen der Menschen um das Jahr 900 zeigen sollen. Aber es drängen sich so viele Besucher an der kleinen Pforte der Klosterkirche, dass wir lieber einen Rundgang auf den Klippen über der Durance machen, mit freien Blicken auf diesen wichtigsten Fluss der Provence.

Wieder genießen wir die Fahrt zu und von unserem Standort auf immer anderen Wegen. Heute wollen wir die Burg Les Baux de Provence besteigen, den Ort wonach der Rohstoff für Aluminium benannt ist, weil er dort unter der Erde abgebaut wird, das Bauxit.

Diese Burg war uneinnehmbar. Wir steigen lang und breit darin herum. Oben hat sie ein großes, freies Plateau, dort ist der funktionierende Nachbau einer historischen Steinkugel-schleuder aufgestellt. Wir steigen viele schmale, heiße Treppen hinauf und hinunter.

Unterwegs in L'Isle sur la Sorque heben wir Geld ab (wir hätten es nicht tun sollen). Endlich kommen wir zum Höhepunkt unserer Fahrt, zur Kapelle St. Sixte nahe Eygalheres. Wir stellen den roten Passat am Straßenrand ab, wo der Schatten eines Apfelbaumes über den Graben reicht, und weil es sehr heiß ist, lassen wir unsern Hund nicht im Auto, sondern nehmen ihn mit bei unserem Besuch der alten Kapelle. Ein älterer Herr rastet mit seiner jugendlichen Begleiterin dort im Schatten – ich meine, das könnte der Autor, Herr von Niebelschütz, auf einer Erinnerungsfahrt sein, aber ich frage ihn nicht.

Die Kapelle ist verschlossen. Allein der Vorraum ist schon anheimelnd.

Als wir zum Auto zurückkehren fällt uns auf, dass das Handschuhfach offen steht und die Türe ist nicht abgeschlossen. Es fehlt meine schwarze Herrentasche mit Inhalt – wir sind ausgeraubt worden ! Wir sind ratlos. Ein älteres Paar hält Mittagsruhe in der Nähe. Sie haben nichts bemerkt. Die Frau spricht Provencial, dazu macht mein Portugiesisch wenigsten etwas Sinn. Sie begleiten uns nach Orgon zur Polizeistation. Dort ist es voll - wir sind nicht die einzigen, die heute ausgeraubt wurden. Erst als der Beamte mit mir zum Auto geht, sehe ich das kleine Loch unter dem rechten Türschloss. Sehr wahrscheinlich haben sich die Diebe im Straßengraben angeschlichen und mit einem geschickten Stich das Schloss geknackt. Ein Protokoll wird angefertigt, uns fehlen: 1400,- Franc Bargeld, unsere drei Pässe, meine Autopapiere plus Impfpass, ein Fernglas, eine Taschenlampe, meine teure Schweizer Kompassuhr und 10 Euroschecks mit Karte. Dabei hat unser Jonathan von weitem gesehen, wie ein kleiner, roter Fiat vor unseren Auto geparkt hat, dem aber nichts Schlechtes beigemessen und hat auch nichts zu uns gesagt. Wir hätten wenigsten den Hund hinschicken und vielleicht den Raub verhindern können. - Der Herr aus Orange lieh uns Geld für die Heimfahrt; wir tauschten unsere Adressen und zogen mit hängenden Ohren ab.

Zurück in Bedoin entdeckt Adelheid, dass ihr Geldbeutel und Euroschecks, die im Kofferraum verstaut waren, von den Dieben nicht gefunden wurden. Hurra, wir können unsere Urlaubsfahrt fortsetzen!
Immer noch auf den Spuren des Romans, fahren wir am andern Morgen in Richtung Süden, durchqueren das Land und die Stadt Arles - und denken an Vincent van Gogh.
Wir kommen nach St. Gilles, das sich als eine weitere überlaufene Sehenswürdigkeit herausstellt. Kurzerhand rollen wir vor Vauvert in einen einladenden Campingplatz ein, der sich Belle-Vue nennt.
Am andern Morgen, bei heißem Sonnenschein, erreichen wir Aigues Mortes. Unseren Einkauf benutzen wir zu einer kleinen Stadtbesichtigung, schauen in die Kapelle, wo der erste Kreuzzug zu seiner (unheiligen) Ausfahrt gesegnet wurde - das Meer ging damals noch bis an die Stadtmauern. Wir blicken mit Schaudern zu dem Turm, wo Frauen der Albigenser Hugenotten gefangen gehalten wurden, bis sie widerriefen - oder starben.
Dann aber, wollen wir das Meer sehen!
Sete, wenn ein Ort den Namen 'Sitz' verdient, dann ist es Sete. Doch wir halten uns darin nicht auf. Der 15 km lange Damm zwischen Meer und Binnensee erfüllt alle unsere Wünsche (bis auf einen -). Wir halten an, springen aus dem heißen Fahrzeug, reißen uns die Kleider vom Leib und stürzen uns ins blaue Meer, auch unser Hund nimmt ein Bad. Wir kommen gerade aus dem Was-

ser, da hält ein Auto an, zwei Beamte springen auf uns zu und fordern, wir sollen uns unverzüglich etwas anziehen ! Nackt baden ist hier verboten !

Zähneknirschend gehorchen wir dem scheinheiligen Gebot. Nach diesem Dämpfer unserer Badelust, bleiben wir doch noch den ganzen Tag, bis wir ins Belle-Vue zurückkehren. Am Abend treibt uns Vier ein heftiges Gewitter in das eine, kleine Zelt, das warme Abendessen muss ausfallen.

Im Regen fahren wir anderntags davon und besuchen auf dem Heimweg nochmals St. Sixt – aber die Räuber sind längst weiter. Als wir in Bedoin ankommen, ist unser altes Quelle-Zelt innen immer noch trocken. Adelheid baut mit Joni dessen Zelt auf, während ich unter dem kleinen Überdach vor der Toilette, die drei Tage und Nächte lang spazieren gefahrenen Hühnerschenkel brate. Die sind zwar nicht mehr frisch, aber unser Trangia-Spirituskocher verwandelt sie in ein leckeres Abendessen, das uns schmeckt und gut bekommt. Der Zeltplatzbesitzer hat wieder offenen Rotwein aus Bedoin dabei, es geht uns bestens.

Ein Belgier mit seinem großen, schwarzen Hund, der auch hier Ferien macht, muss ein wahres Sprachgenie sein; mit mir unterhält er sich auf Portugiesisch, ebenso wie auf Deutsch und mit dem Wirt spricht er Französisch.

Plötzlich ist unser Auspuff laut. Am Montag suchen wir eine Werkstatt in Bedoin, aber der Meister will uns nicht helfen. Dafür entdecken wir ein putziges Musik-Automaten-Museum mit alten, wohltönenden Drehorgeln und erleben noch einen kunstvollen Wochen-Markt. Vom Postamt aus, rufen wir eine Nachbarin in Sülzfeld an, die uns die Telefonnummer der Sparkasse durchgibt, um unser Konto sperren zu lassen. So wiegen wir uns in Sicherheit. Kaufen noch Wein vom Winzer für zuhause und befestigen unsern Auspufftopf provisorisch mit starkem Draht.

Mit einem gemütlichen Abendspaziergang nehmen wir Abschied von der Provence.

Mit donnerndem Auspuff röhren wir durch Frankreich, nehmen die Autobahn links des Rheins und werden zum Glück nirgends angehalten. Mit 3307, in diesem Urlaub gefahrenen Kilometern, kommen wir um 11 Uhr nachts in Sülzfeld an und sind sehr zufrieden.

Die Anzeige des Diebstahls bei der Polizei in Bad Rodach bringt aber nichts. Die teuren Gegenstände sind sowieso verloren. Ebenso wenig bringt die Meldung bei der Sparkasse. Man sagt uns frech, ein Auto sei eben kein Tresor und Euroschecks können nicht gesperrt werden. In den folgenden Tagen muss ich mit ansehen, wie meine 9 Euroschecks, jeweils mit dem Höchstbetrag von 440,- DM und den abenteuerlichsten Unterschriften meines Namens, einer nach dem andern abgehoben werden, die meisten aus der Schweiz.

Der gesamte Schaden summiert sich auf mehr als 6000,- DM, der mir noch Jahre lang anhängt.

Leute, die so etwas tun - das sind die heutigen „Kinder der Finsternis" in unserem Lebensroman.

Mein Weg

Wege werden getreten, begangen, befahren und - so viele es auch sind, jeder ist einmalig.
Den meinen duze ich, weil wir uns berühren und kennen. Auch wenn er nicht Deutsch mit mir spricht, ist er doch viel wandlungsfähiger als ich.

An dreihundertundfünfundsechzig Tagen bist du, mein Weg, ein anderer. Allein bei Nässe, du seist benebelt, oder überströmt, wiederholst du dich nicht. Erst recht nicht bei Sonne und Trockenheit, dann bist du bunt, staubig, gelb bis blau glänzend.

Auch im Winter bei Schnee und Eis überrascht du mich mit vielen neuen Gesichtern, bist düster, oder strahlend weiß, nur von Fußstapfen gezeichnet, oder Brillanten übersät im starkem Frost, nur in der Schneeschmelze bist du glitschig und braun.

Natürlich sind deine Wandlungen nicht von dir allein gemacht. Du bist ein Spielball der Natur, die dich umgibt. Sonne und Frost, Wind und Regen setzten dir zu. In jeder Jahres- und und Tageszeit stehst du in einem andern Licht, in anderen Farben, wie unter einem anderen Himmel. Tau und Nebel nässen dich, Wolken peitschen dich, Tageshitze flimmert auf und die Welt der Sterne glitzert nachts über dir. Du wirst nicht wiederholt und wiederholst dich nicht. Jeden Tag im Jahr bist du ein anderer, ein neues Gemälde.

Und was alles auf dir liegt: Erdbrocken, Schwemmsand, Grashalme, Heufetzen, Stroh, Mistfladen, Nacktschnecken, Hundekot, neuerdings auch Zigarrettenkippen, und doch bist du immer wieder sauber. Dir wird von oben und von unten zugesetzt. Traktoren brechen Steine aus dir heraus. Weiße, gelbe, rote Flechten und dunkelgrüne, gallertartige Moose schmarotzen auf dir. Ameisen unterhöhlen dich. Besonders von den Seiten her wirst du angegriffen. Dornen bewehrte Bogen der Wildrosen greifen nach dir. Von links und rechts bedrängt dich angeschwemmtes Erdreich und schmälert dich. Eifriger Graswuchs sprießt darauf, sein Grün rückt näher und weiter in dich hinein. Weil der Boden an manchen Stellen einsinkt, bekommst du lange, kurvige Risse, die die Ameisen mögen, Spalten in denen sich Gras- und Blumenbüschel festsetzen, schon so groß, dass sie mich nachts zum Stolpern bringen.

Niemals wirst du mir langweilig, mein Weg. Wir teilen uns alles, was uns umgibt: Die weißen Schwarzdorn- und Kirschblüten, den duftenden Weißdorn und Holunder, die gelben Blumen längs, Veilchen, Schlüsselblume, Wegwarte bis zur stolzen Lupine, die bescheidenen Früchte im Herbst, süße Zwetschgen, gelbe und rote Holzäpfel, Weißdorn Beeren und Hagebutten.

Dazwischen ist das Reich der Fliegen, der Bienen und Schmetterlinge, sie eröffnen den Reigen im Jahr, später die Wespen, die Schwebfliegen, die Grashüpfer mittags, die Stechmücken am Abend und die seltenen Glühwürmchen in den warmen Sommernächten. Über uns schwirrt und gleitet das musikliebende Vogelvolk und über allem kreisen Bussard oder Gabelweihe - aber auch den Krähen entgeht nichts, neuerdings sind Falken hier, sie üben mit ihren vier Jungen bereits das Fliegen.

Jedoch die kleinen Tierchen, die heimlich in deinen Gräben und Böschungen wohnen, Mäuschen und Iltis, Wiesel und Marder, zeigst du mir selten. Nur im Neuschnee erzählen ihre zarten Spuren mehr von ihnen. Die ganz kleine Welt aber, die Mikroorganismen, die uns bedingen, hältst du völlig vor mir völlig verborgen.

Wie du dich in sanfter Kurve mit leichter Steigung

über das Dorf erhebst, gerade so, dass du mich nicht ermüdest, sondern stärkst. So möchte ich noch 100 Jahre mit dir gehen – was natürlich nicht sein kann, denn wir sind vergänglich. Obwohl nur kurzfristig können meine vielen Schritte auf dir, nicht ganz spurlos vergangen sein, denn wie oft, habe ich mit meinen Fußtritten dich von Erdklumpen und Steinen befreit und dich dadurch mit geformt.

Im Grunde bin ich schon froh, dass ich auf dir gehen darf, auch wenn es ein fortwährendes Weggehen sein muss.

Grüne Kaskade

Aus der Ecke meines Weges
fällt ein grüner Wasserfall
aus Heckenrosen, schäumenden
Holunderblüten, quillt er zu Tal.

Treibt unaufhaltsam abwärts
auf unser kleines Häuschen zu,
schaut in die Küche, die Fenster
und ohne zu rasten – auch Du

Spürst ihn quellen und fließen,
er sickert in unser Blut,
treibt neues Lieben herein,
wie nur der Frühling es tut.

08. 05. 2014   für Adelheid

Curiosa

Ab hier, liebe Leserinnen und Leser, begeben Sie sich in die Reihe meiner 7 CURIOSA.
Noch können Sie aussteigen.

1. Vom König, der die Hosen voll hatte

Im großen Schloss zu London herrscht Unruhe. Geschenke werden umgeräumt und neue in Empfang genommen. Alle Zimmer werden dazu benötigt, sogar die Toiletten und die Badezimmer. Die Königin selbst organisiert das mit ihren Hofdamen und Dienern, Künstlern und Handwerkern.
Der König trägt so früh am Morgen nur einen schlichten, grauen Anzug. Heute muss er die Beine heben, um nicht auf Geschenke zu treten, die sogar auf dem Fußboden stehen. Willkürlich greift er nach einem Messer mit Horn-Griff, worin gegenseitig eine zwei gezinkte Gabel steckt. „Guter Stahl" murmelt er und sein Sekretär ergänzt „ein Geschenk des großen Friedrich - und echt!"
Der König begrüßt diesen und jenen, regelt hier und dort rasch ein Anliegen und eilt weiter durch die immer voller werdenden Räume. Er sucht sein Badezimmer. Doch was ist das ? Alles ausgeräumt - und voller Geschenke, auf Tischen, Regalen und Vitrinen, Goldenes in allen Tönen und ebenso Silber. Die Wände mit bunten Dekorationsstoffen behangen - aber keine Toilette ! Und statt eines brauchbaren Riegels, nur diese zerbrechlichen, emaillierten Hebelchen, farblich sehr gelungen, aber nicht geeignet, wofür der König sie jetzt bräuchte.

Er eilt ins nächste Bad - dasselbe Bild. Einen Handwerker, der gerade dabei ist, den normalen Riegel gegen eines der zierlichen Emaille-Hebelchen auszutauschen, herrscht der König an „Lass er das, sofort !" Aber der Bursche gehorcht nicht, sondern beruft sich auf die Anordnungen der Königin.

In seiner Bedrängnis sucht der König nach anderen Toiletten, gerät aber wieder unter mehrere Gäste. Dabei muss er sich bücken, um deren prunkvolles Geschenk ab zu stellen. Da passiert es - dem König geht etwas in die Hose.

Hastig, geradewegs unhöflich, entfernt er sich, um im anderen Flügel des Palastes Erleichterung zu finden. Aber auch hier sucht er vergeblich. Wiederholt laufen ihm Hofdamen über den Weg. Die mit den großen Kulleraugen ist besonders zutraulich und scherzt „Sie geben wohl nie auf, Sir ?" Nein, der König ist unermüdlich - „Ich habe die Hosen voll", antwortet er mit ungewohnter Offenheit. Doch sie lacht nur.

Schließlich verlässt er unbemerkt das Schloss, um in einem Gasthaus fündig zu werden. Er betritt das nächstbeste Lokal. Noch sind keine Gäste da. Aber der Besitzer verweigert ihm den Zutritt - in diesem schlichten, grauen Straßenanzug erkennt er ihn nicht - und verlangt Geld für die Toilette. Gerade das hat der König nicht bei sich. „Ich bin der König !" ruft er laut. Aber der Besitzer und sein Kumpan lachen ihn aus und weisen ihm die Straße. „Das soll er mir büßen ! Ihn, mit seinen Wasseraugen, habe ich mir gemerkt !" ruft der König zornig, eilt über einen großen Platz voller Menschen. Und niemand erkennt ihn.

In seiner Not sucht er die Themse - dort am Fluss muss doch ein ruhiges Fleckchen zu finden sein, wo er sich reinigen könnte - und er findet ein solches. Doch plötzlich springen Kinder daher, auch Spaziergänger kommen und wärmen sich im Sonnenlicht des jungen Tages. Ein Aufseher mit blau-roter Mütze und Trillerpfeife im Mundwinkel passt gut auf. Der König ist verzweifelt. Er weiß nicht mehr weiter.

Da werde ich wach und muss dringend auf die Toilette.

2. Halt, Polizei!

Mit den Worten „Halt Polizei" springt am Kanalweg ein Polizist hinter einem Baum hervor und verlangt fünf DM von mir, weil ich mit dem Fahrrad hier fahre.

Damals, kurz nach der Währungsreform, war das viel Geld. - Heute ist dort ein Radweg!
Richtig unliebsame Begegnungen mit den öffentlichen Ordnungshütern (abgesehen von dem Fall mit Ida) hatte ich erst in meiner Coburger Zeit. Vorher war nur die folgende Kleinigkeit:

Mit Frau und unseren drei Kindern im orangefarbenen NSU RO 80 fahre ich von Verwandtenbesuchen in Nürnberg heim in Richtung Fränkische Schweiz, als wir vor Forchheim gestoppt werden: „Ihre Papiere bitte!" Es ist Winter und kurz vor Mitternacht. „Woher kommen Sie? Wohin wollen Sie?" und andere übliche Fragen.

Erst später erfahre ich, dass die Baader-Meinhof-Gruppe gerne auch diesen RO 80 fuhr. Auch sie schätzten den turbinenartigen Antrieb und die hervorragende Straßenlage, womit man „fast um die Ecke hüpfen" konnte. Hatten wir deshalb die mitternächtliche Fahrzeugkontrolle?

In Coburg - ich fahre inzwischen VW Passat - morgens auf dem Weg zur Arbeit, nach dem Callenberg Tunnel rechts, bremst ein Wagen vor mir so scharf ab, dass ich auffahren musste. Doch weit und breit ist kein Fußgänger zu sehen, wie die junge Frau behauptet. Sie ruft die Polizei. Schau, schau, die beiden kennen sich und sie duzen sich und - wer auffährt ist immer schuld, basta.

Kurz vor Feierabend kaufe ich ein Stück Ofenrohr in Übergröße, wie ich es nur bei dieser Firma bekommen kann. Ein blauer Lkw der Firma wird gerade beladen. Ich parke vor der Halle gegenüber.

Die Abendsonne blendet mich, als ich wieder in meinen roten Passat steige. Erst zuhause sehe ich, dass das Dach am Heck eingedrückt ist und Schlieren von blauer Farbe weisen eindeutig auf einen blauen Lkw hin. Die offene Heckklappe des blauen Firmenautos, das ich noch sah, muss sich beim rückwärts Fahren auf meinen roten Passat geschoben haben. Sofort fahre ich zurück. Aber niemand ist mehr da - es ist Feierabend.

Am andern Morgen bitte ich die Polizei dort hin. Herr B., der Leiter des Fuhrparks der Firma, spricht bereits mit den Beamten - und wieder dasselbe: Man kennt sich, man duzt sich. Meine lange Blonde und ich werden belehrt: „Autos mit blauer Farbe gibt es viele. Das müssten sie erst einmal beweisen, dass die blauen Spuren auf ihrem Auto von einem Fahrzeug dieser Firma sind."

Der beleibte Angestellte rennt los in Richtung Bürohaus, um dem Chef Meldung zu machen. Wir hinterher. Die Treppen hoch, bleibe ich zurück. Doch meine lange Blonde ist schneller, sie stellt den Fuß in die Tür und spricht als erste mit dem Chef. Da sie in einer großen Firma für Büroeinrichtungen im Einkauf arbeitet, droht sie frech, ihre Firma werde eben in Zukunft ihren Bedarf bei anderen Firmen decken. - Diese Sprache versteht der junge Chef. Plötzlich leuchtet ihm auch der Sachverhalt zwischen seinen blauen Lkws und unserem Passat völlig ein. Er bittet darum, nach erfolgter Reparatur, ihm die Rechnung zu schicken: „Wir kommen selbstverständlich für den Schaden auf." - Hallo, Polizei ! Was wäre geworden, wenn wir diese „Beziehung" nicht gehabt hätten?

3. Jagszenen

Nachträglich wird mir klar, es muss die schwarzhaarige Bibliothekarin der kleinen Filiale der Nürnberger Stadtbibliothek in der Ecke des Regenbogen-Schulhauses gewesen sein muss, die mich als Jungen im Alter von 11-14 Jahren, angefangen mit „Die Biene Maja" reichlich mit „Jägerlatein" versorgt hat (bis ich es fast beherrschte), so dass mir der Wunsch aufkam, Förster zu werden. Mein Vater sagte: „Dazu fehlt uns das nötige Vitamin B" (die Beziehungen) - so bin ich weder Förster noch Jäger geworden.

Spätere Erlebnisse, von denen ich nur sechs hier aufbewahre, haben mein Vertrauen zur deutschen Jägerschaft nachhaltig getrübt.

I. Szene

Rosi Vogel, die liebe Schwäbin aus Echterdingen, hatte mich, den „Bazi Bayer", wie mich die Kollegen in Stuttgart nannten, zu einer Sonntagsausflug ins schöne Sieben Mühlen Tal eingeladen.

Es war ein leuchtender, warmer Maien-Tag. Im zartgrünen Tal, einem beliebten Ausflugsziel, herrsche reges Männlein-Laufen. Ein kleiner Mairegen geht nieder. Wir flüchten schnell in ein schützendes Wäldchen – und Rosi hat einen Schirm dabei. Unter seinem Schutz sind wir uns näher gekommen. Die frisch entdeckte Liebe verzaubert uns. Bei der letzten Mühle kehren wir ein. An meiner Jacke baumelt ein Knopf am letzten Faden – und Rosi hat Nähzeug dabei. Auf dem Heimweg wählt sie einen anderen Weg. Wir wollen uns ausruhen - und Rosi weiß einen schönen Platz.

In einer sonnig warmen Lichtung sitzen wir und spüren mächtig den ersten Frühlingsdrang. - Plötzlich ertönt unsichtbar aus der dicht verwachsenen Kiefer im Gegenlicht eine raue Männerstimme: „Wenn ihr net glei' vo do verschwendet, schieß i'euch so uff de Ranze na, dass ihr'sch euch merket !". Erschreckt, stumm, verschämt und wütend rappeln wir uns auf und entfernen uns wortlos. Wir haben uns nur geküsst - doch wer die Waffe in der Hand hat, hat auch das Recht.

Bald erreichen wir die ersten Häuser, wo Rosi mich ihren Freundinnen vorstellt. Zu frisch sitzt mir der Schreck in den Knochen, ich kann dort jetzt nicht auf ihre Zärtlichkeiten eingehen. - Da hat dieser sogenannte „Jäger" tatsächlich Schicksal bei uns gespielt.

II. Szene

Bernhard Dietzel ist zu Besuch gekommen. Schon im Winter hat uns sein Vater große Kaninchen gebracht „zur Abwechslung für die Küche", wie er sagte.

Am Nachmittag will Bernhard noch etwas von unserer Umgebung sehen, den Main, die Weinberge und überhaupt das schöne Land um die Mainschleife bei Volkach. Praktisch, wie sein Vater, will Bernhard gleich Grünfutter für die Kaninchen mit heim bringen.

Als wir bei sinkender Sonne im lockeren Gespräch ahnungslos unseren Korb mit saftigem Löwenzahn füllen, ertönt eine scharfe Stimme aus einem freistehenden Baumgestrüpp. Wir sollen sofort von hier verschwinden, „sonst kracht's!"

Wir protestieren, wir hätten das Recht uns hier frei zu bewegen und Ringelbüsche zu sammeln. Doch der im dichtem Laub Versteckte, bleibt bei seiner harten Meinung, wiederholt seine Drohung, auf uns zu schießen, wenn wir nicht sofort verschwänden. Ohnmächtig, voller Wut müssen wir abziehen.

Wir wollen ihn anzuzeigen. Doch Bernhard muss anderntags schon früh abreisen, ich wäre dann ohne Zeugen dagestanden. Also blieb uns nur der Ärger, ohne Buße für diesen gewaltbereiten „Jäger."

III. Szene

Eberhard Trumler, der Tierverhaltens- und Hundeforscher, mein Freund, dem in seiner oberbayerischen Forschungsstelle nach jahrelangen, vergeblichen Versuchen, eine Kreuzung zwischen Wolf und Schakal gelungen ist, war mit seinen Hunden nach Sulzfeld bei Bad Königshofen umgezogen.

Dort besuchte ich ihn mit Freunden aus Schweden, wobei wir ihm eine schwedische Elchhündin übergeben konnten. Es war tiefer Winter in den Haßbergen. Als der Weg zu den Gehegen steil anstieg, mussten wir Schneeketten aufziehen.

Ein Jahr später erfuhr ich von dem schrecklichen Unglück, das sich inzwischen dort ereignet hat: Der Jagdpächter aus Westfalen (!) mit seinen Jagdfreunden, haben die Elektrozäune zerschossen und dann die frei flüchtenden Tiere abgeknallt. Dabei wurde auch das besondere Tier, jene einmalige Kreuzung zwischen dem nördlichstem und südlichstem Hund der Erde getötet. - Der Zeitungsartikel liegt vor mir: Eine vergnügte Jägerschar auf dem Jeep und einer reckt den erlegten „Wolf" stolz den Fotografen hin. Na dann, „Waidmanns Heil"!

IV. Szene

Das Folgende hätte im doppelten Sinne nicht sein dürfen. Andrerseits, wohin hätten wir uns verkriechen können beim ersten, heimlichen Rendezvous, in der kalten, lauten Stadt, als in den Wald meiner Kindheit, am einsam murmelnden Hembach.

Heute herrscht hier tiefer Winter. So kenne ich die Gegend noch nicht; wir waren nur im Sommer da.

Wunderlich geformte Eisgebilde säumen das wispernde Bächlein, umrahmt von mächtigen Fichten. Alles Grün ist weiß überzuckert, eine Winteridylle. Aber wohin mit uns? Wir finden eine winzige Grube mit trockenem Gras und Laub. Dort rollen wir uns zusammen und halten uns eng umschlungen, nur notdürftig mit meiner Jacke zugedeckt. Doch bald wird uns kalt. Wir erheben uns und wollen weiter. Da steht er da, mit geiferndem Hund, das Gewehr im Anschlag; das hebt in meine Richtung ein wenig an, als er mit biederer Stimme fragt: „Was suchen wir denn hier im Wald?"- Schwer zu erklären, aber leicht zu erraten - meine lange Blonde wird weiß wie der Schnee ringsum. Mir fällt nichts Besseres ein, als: „Wir gehen spazieren." „Wieso hier ?" fragt er. „Weil ich diese Ecke von Kind auf kenne und liebe"sage ich. Er darauf: „Hier haben sie nichts zu suchen. Im Wald müssen sie sich an die ausgewiesenen Wege halten. Es ist verboten, frei durch den Wald zu laufen." Das ist mir neu und kommt mir lächerlich vor. Schon als Kind sind meine Eltern mit mir jeden Sommer frei durch diese Wälder gegangen. Hier am murmelnden Bach haben wir gezeltet - vielleicht wurde ich hier sogar gezeugt. Als ich älter war, bin ich mit meinem Vater Pilze suchend hier umher gestreift. „Der freie Zugang zur Natur ist doch im Grundgesetz garantiert, oder nicht ?" Auf diesen schüchternen Einwand hebt er mit süß saurem Grinsen nur wieder seinen Drilling etwas an. Er geht so weit, uns zu zwingen, ihm etwas vorzulügen, ehe er uns gnädig gehen lässt.

V. Szene

Im kleinen Dorf, im mageren Sand- und Waldland südlich von Nürnberg, hat Rike eine erste Unterkunft gefunden, nachdem sie von zuhause ausgezogen war. Ich fahre zu ihr, zu einem Nachmittagsausflug. Es ist Vorfrühling trocken und mild. Am Abend sitzen wir mitten im „Nermbercher Steckerlaswald" (der heißt hier so) still vor einem kleinen Weiher und ich aquarelliere das Spiel des Abendrots darin.

Gerade, als wir uns hinlegen wollen, bemerken wir hinter uns zwischen den Kiefernstämmen auf dem kleinen Sträßchen einen grünen Jeep. Jemand steigt aus und wieder ein, um etwas zu holen - Gewehr oder Fernglas ? Diese Typen halten sich für die Herren des Waldes und sind immer frustriert, wenn sie nichts zum Schießen haben. Ich erwarte nichts Gutes von einer solchen Begegnung. Wir lassen uns augenblicklich umkippen, rutschen in einen Graben und schleichen geduckt davon. Dann hasten wir durch den Wald, woher wir gekommen sind.

Kurz sehen wir einmal den Jeep, der umgekehrt ist und uns verfolgt. Doch wir finden den kleinen Bachtunnel wieder, der unter der Autobahn hindurch führt. Hierher kann er uns nicht folgen. Außer Atem erreichen wir unseren roten Passat. Es dunkelt schon im Wald, doch wir finden das kleine Sträßchen, wo der Jeep gehalten und gewendet hat und kommen an das erste Haus von Harras, einem kleinen Dorf mitten im Wald. Tatsächlich - da steht der Jeep und es brennt Licht im Jägerhaus.

Wir sind noch wütend, weil er uns verfolgt hat. Langsam fahre ich vorbei, unschlüssig und bedrohlich halte in kurzer Entfernung. Jetzt geht im Jägerhaus das Licht aus. Aha - er geht in Deckung, um nicht gesehen zu werden. Wir warten. Alles bleibt still, niemand kommt heraus.

Ach, was soll' s ? Uns bleibt die klitzekleine Genugtuung, unsere Entschlossenheit gezeigt zu haben. Dann wir fahren heim. Zum Glück war mein Aquarell fertig gemalt, bevor der Tanz mit dem übereifrigen „Jägersmann" begann.

VI. Szene

Wir stehen kurz davor, hier im kleinen Dorf, ins noch nicht fertig instandgesetzte Häuschen einzuziehen. Schnell ein paar Pilze zum Abendessen geholt ! - Hinauf zu laufen in den Wald, wird die Zeit zu knapp, es dunkelt schon. Wir nehmen das Auto. Als wir das ehemalige Grenzsträßchen hinunterfahren, springt eine Frau mit fuchtelnden Armen vor unseren roten Passat: „Halt, stopp ! Hier dürfen sie nicht fahren. Das ist nur für Einheimische erlaubt." „Wir wohnen aber hier" erwidere ich. Sie ruft zu ihrem jagdgrün gekleideten Gefährten ins Feld: „Sie wohnen hier, haben aber, soviel ich weiß, kein eigenes Feld. Was sollen wir jetzt mit ihnen machen ?" Bedächtig kommt der Mann aus dem Acker. Das Gewehr geschultert und fasst daran. "Am besten gleich erschießen" antworte ich für ihn. Sie schauen sich eine Weile wortlos an, dann geben sie den Weg frei.

Wir haben noch Pilze gefunden. Doch anderntags liegt eine Anzeige der Polizei über "25,- DM Verwarnungsgebühr, wegen unerlaubten Befahrens eines nicht öffentlichen Weges" im Briefkasten. Nur, wir haben keine Polizei gesehen – und die Polizei uns auch nicht.

In den folgenden Jahren finden wir beim Spazierengehen mit dem Hund wiederholt nackte, Paprika gewürzte Poularden, stinkende Fische und andere Speisereste neben dem Weg nur wenige Meter vom Hochsitz besagter "Jägersleute". Soweit ich mich informieren konnte, sind das keine „waidgerechten Lockmittel". Leider ist noch ein kleines Ereignis dazu gekommen

VII. Szene

Den jungen, weißen Spitz „Bubi" habe ich zum Pilzsuchen mit ins Auto genommen. Wie schon öfter freue ich mich, das schmale Sträßchen in den Wald nehmen zu können und finde reichlich Pilze, auch Bubi ist glücklich dabei. Doch als ich zum Auto zurück gehe und ihn wieder an die Leine nehmen will, fängt er an mit mir Fangen zu spielen. Ich rufe, ich drohe, ich flöte. Doch Bubi lässt mich höchstens einen Meter an sich herankommen, dann verkriecht er sich tiefer ins Unterholz. Ich stolpere über einen Haufen leere Gläser und Flaschen, die jemand hier „entsorgt" hat und entschließe mich, mit dem Auto das Sträßchen heimwärts zu fahren, in der Hoffnung, er wird mir dann folgen. Aber er lässt sich nicht beeindrucken. Weiter unten stelle ich das Auto ab und haste den Weg zurück. Aha, da oben kommt er.

In dem Augenblick stellt sich ein Jeep neben meinen weißen Mercedes, ein grün Gewandeter steigt aus und ruft herauf:„Kommen sie einmal her!" Ich bin nicht gewillt noch länger in die Irre zu gehen und rufe zurück: „Was wollen sie denn von mir?" Er darauf: „Das sag ich ihnen, wenn sie hier sind." Ich rufe zurück: „Ich lass mich doch nicht herum kommandieren." Und gehe weiter nach meinem Hund. Endlich lässt der sich anleinen. Als wir friedlich zum Auto laufen, kommt der Forstbeamte schon gefahren, dreht die Scheibe herunter und sagt spöttisch:

"Sie werden es schon noch merken: In Thüringen müssen die Waldwege nicht extra gekennzeichnet sein. Schauen sie einmal ins Internet! Und Hunde müssen im Wald, an der Leine geführt werden, das wollte ich Ihnen nur noch sagen."

Nein, sie hat mich nicht vergessen, die „Frei gemeinnützige Behörde Wald" nach einem langen Monat kommt die Anzeige mit 25,- € Mahngebühren und den schrecklichsten Drohungen. Ich fühle mich kriminalisiert; woher soll ich wissen, dass dieses kleine, gut befestigte Sträßchen nur Forstweg sein soll? Immer bin ich mit dem besten Gewissen der Welt hier gefahren, denn kein Verkehrsschild hat mir die Einfahrt verwehrt.

Vorläufiges Schlusswort zu den Jagdszenen

Noch habe ich die Hoffnung nicht aufgegeben, eines Tages einem freundlichen und friedfertigen Jägersmann begegnen zu dürfen. Es kann doch nicht sein, dass alle Jägersleute und Jagdpächter derartige Rüpel sind. Mich würde es sehr freuen, wenn meine Erfahrung mit dieser Gattung Mensch eines Tages wieder in die Waage käme.

Doch wer weiß? Vielleicht ist mir das mit Dr. Volker Zahn, dem Herrn des Arche-Noah-Hofes in Kreut bei Peiting bereits passiert?

4. Moto-Brief an Gisa

Lieber Werner,

habe heute früh mit Herma telefoniert. Sie hat gesagt, ihr habt 40 Grad Hitze ! Das ist ja wie in Phoenix ! Wie haltet ihr das aus ?
Stay cool !
Deine Gisa

Liebe Gisa,

soeben wollte ich Dir schreiben, dass wir heute 39 Grad im Schatten haben, da war Dein Brief schon da. Ob Deine Schwester nicht etwas übertreibt mit 40 Grad - aber wegen einem Grad hin oder her feilschen wir nicht. Adelheid hat heute frei, da habe ich zu einer Motorradfahrt eingeladen. Es war schön warm und ich hatte nur ein Hemdchen an.

Wir sind schmale Waldwege im 1. und 2. Gang gefahren, haben einen Waldsee zum Baden gesucht, ihn aber nicht gefunden; dabei wurde das Maschinchen zu heiß, der Ventilator hat nicht gekühlt.

Wieder auf der Straße, fahren wir durch den Hasswald über Königsberg nach Unfinden. Doch die Wirtschaft, wo wir uns erfrischen wollen, war wegen Urlaubs geschlossen. Also fahren wir zur zweiten, die wir gut kennen; die hatten ihren Ruhetag - immer mittwochs. Enttäuscht fahren wir zurück, da hat unser Metzgerladen schon geschlossen - wie immer Mittwoch nachmittags. Zuletzt bekommen wir in einem kleinen Supermarkt doch noch Thüringer Bratwürste und einen Kartoffelsalat.

Über blauen Asphalt fahren wir flott heimwärts. Da liegt etwas im Schatten auf der Straße, wie ein krummes Stück Baumrinde, ich kann nicht mehr ausweichen und fahre darüber - da war das Ding aus Eisen und kracht unten ins Motorrad, bevor es zur Seite fliegt.
Ich fahre einfach weiter.

Als wir nach Sülzfeld kommen, zeigt die Bäuerin Gretl auf unser Motorrad. Was will Sie?

Ich stelle die Maschine am Haus ab - da: grüne Flüssigkeit tropft unten heraus - das Kühlmittel läuft aus. Adelheid legt einen Karton unter und verbrennt sich den Arm am heißen Auspuff. Ich stelle eine leere Konservenbüchse unter und die läuft über. Dieses Ding auf der Straße hat den Schlauch zum Kühler aufgeschlitzt. Ich telefoniere mit der Kawasaki-Werkstatt in Hildburghausen - "Ja, wir können die Maschine bringen, nur keineswegs damit fahren!" Aber unser Autoanhänger, den wir zum Transport bräuchten, steht voller Gartenabfälle in der Scheune. Zum Bratwurst braten braten, ist es jetzt zu heiß.

So fahren wir die Gartenabfälle zur Kompostsammelstelle nach Elsa. Wieder zurück, nehmen wir ein starkes Brett und bugsieren das schwere Motorrad, das von der Sonne so heiß ist, dass man es kaum anfassen kann, mit nachbarschaftlicher Hilfe auf den Hänger. Adelheid will nicht mit - sie hat in zwei Stunden einen Tanzauftritt in Bad Colberg. Also nimmt sie meinen Mercedes und ich ihren Passat, weil der die Anhängerkupplung hat.

Ich habe das Motorrad gut festgezurrt und fahre es in die Werkstatt nach Hildburghausen. Natürlich brauchen die Leute den Zündschlüssel zur Reparatur, der aber hängt am Mercedesschlüssel mit dran - und den hat Adelheid.

Also werde ich Morgen den Kawa-Schlüssel nach Hildburghausen fahren und von dort weiter zum Literarischen Treffen in Nürnberg, um zu dem bevorstehenden Lyrikseminar noch einmal persönlich einzuladen, während Adelheid zum Geburtstag ihrer Schwester Gabi nach Kleinlangheim fährt.
Na, wenn das auch keine tolle Geschichte ist, dann ist es doch wenigstens ein abwechslungsreiches Leben. Und das bei 39 Grad im Schatten - letzte Woche hatten wir früh nur 8 Grad am Haus ! - Das halten die alten Schrumpfgermanen schon aus !

Und die Coburger Bratwürste ? - Die braten wir morgen.

Herzlich grüßt Dich,
Dein alter Werner

An den Deutschen Verkehrsminister (wer immer es gerade ist)

Sehr geehrter Herr Minister ...,

mit ihrem löblichen Anliegen, schnellen, zukunftsorientierten Verkehrsfluss auf deutschen Autobahnen garantieren zu wollen, bewegen Sie mich, Ihnen meinen persönlichen Dank dafür auszusprechen !

Das europäische Ausland nötigt mich teilweise, mit Licht am helllichten Tag und einer Höchstgeschwindigkeit von 130 km/h zu fahren. Solches beleuchtete Dahinkriechen macht mich unkonzentriert und müde. Erst wenn ich mit anderen, schnellen D-Nummern wieder der Heimat näher komme, wittere ich Morgenluft: Hinein in die sportlich aufregende und an Überraschungen reiche Welt deutscher Autobahnen!

Mit unbegrenzter Geschwindigkeit kann der deutsche Autobahnfahrer zeigen, was in ihm steckt: Eine ganze Nation von Schumachern und Vetteln sind hier am Steuer. „Richtgeschwindigkeit" ist nur ein frommes Wort. Haben Sie tausend Dank im Voraus für Ihr Verständnis, Herr Minister!

Was gelegentliche Crashs betrifft, verstehe ich das so: Hier testen Automobil-Hersteller ihre Fahrzeuge, wie auch wir Fahrer und Fahrerinnen unsere Qualitäten am Steuer erproben können. Sollten diese Tests wirklich mit hohem Risiko für Mensch und Maschine verbunden sein, tragen sie doch wesentlich zur Verbesserung des Produktes Auto bei, wie ebenso die individuelle Leistungsbereitschaft der Menschen am Lenkrad gesteigert wird. Hier herrscht ein gewaltiger Anreiz zu menschlichem und technischem Fortschritt, was sich letztendlich auch positiv auf die Arbeitsplätze auswirken wird.
Noch andere Vorteile sind offenkundig, z. B. verbessern höhere Umdrehungszahlen die Verbrennung in den modernen Motoren derart, dass mehr Leistung und deutlich weniger Stickstoffausstoß anfällt, was wiederum der Umwelt zugute kommt. Ein verträumter 130-Fahrer, wird bei uns bald merken, dass er noch 100 zulegen muss, um nicht zum Verkehrshindernis zu werden. Stillstand wäre Rückschritt, Herr Minister! Aber wem sag ich das?

Für genügend Erholungspausen ist ohnehin gesorgt. Die gelegentlichen Staus können vorzüglich als Ruhephasen zur kurzzeitigen Entspannung genutzt werden. Wir haben ein rundherum überzeugendes und vernünftiges Ver-

kehrsprogramm!

Sie sehen, Herr Minister, wie sehr ich - und ich nehme an - die Mehrzahl der Bürger in Deutschland, ihre Autobahnen lieben und schätzen; sind sie doch auch eine deutsche Erfindung!

In diesem Sinne möchte ich Ihnen zurufen: Lassen Sie sich durch nichts und niemanden von Ihrem Konzept der Freiheit grenzenloser Raserei auf deutschen Autobahnen abbringen! Das entspricht der deutschen Seele und wäre, im Namen des Fortschritts, durch nichts zu ersetzen. Es erfüllt uns mit Stolz, wie unser kleines Land dem Rest der Welt zeigt, was Autofahren heißt: Freie Fahrt für freie Bürger!

Deshalb wiederhole ich meine eindringliche Bitte: Bleiben Sie hart, Herr Minister, hören Sie auf keinen noch so vernünftigen Einwand! Erhöhen Sie die Steuern, erheben Sie Maut, aber lassen Sie niemals Geschwindigkeitsbegrenzungen auf deutschen Autobahnen zu!

Wir wollen kein sparsames, sicheres Fahren, wir wollen Spaß haben auf unseren Autobahnen, denn wir sind Siegertypen. Aus Liebe zum Automobil lässt sich der deutsche Mann, die deutsche Frau, den letzten Euro aus der Tasche ziehen, denn sparen können wir woanders. Nur in einer Fahrt mit vollem Rohr, sehen wir die Zukunft - und wenn es sein soll mit leerem Geldbeutel - aber dann nur mit Vollgas gegen die Wand!

Hochachtungsvoll,
Ihr sehr ergebener
Wernher von Schnellmann

Karls Thron zu Aaachen

Ich habe einen eisernen Lampenfuß über Ebay gekauft. Von dort, wo wir ihn abholen, waren es nur noch 40 Kilometer Autobahn bis Aachen. Das schaffen wir noch, sagten wir uns und fuhren hin. Wir sollten es nicht bereuen.

Ein gläsernes Parkhaus, ein kleiner Bummel durch Verkaufsstraßen - und schon sind wir am Dom. Alles beschaulich hier. Die nächste Führung ist erst in einer Stunde. Wir sehen uns um im frei begehbaren Oktogon. Immer wieder wird mein Blick von dem Raum beherrschenden Kronleuchter angezogen: Das himmlische Jerusalem. Ich fotografiere es, auch den Hauptaltar und den goldenen Schrein, der Karls Gebeine enthalten soll. Doch erst bei der Domführung gehen uns die Augen auf.

Als das achteckige Kirchengebäude vor dem Jahr 800 errichtet wurde, war es das größte überdachte Bauwerk nördlich der Alpen. Wir staunen. Ein engagierter junger Mann malt uns vor Augen, welche Pracht allein von dem golden glänzenden Bronzegitter rings um die Empore auf die damaligen Besucher ausgegangen sein muss. Kahle Treppen werden wir hinaufgeführt. Unerwartet stehen wir vor Karls Thron. Großflächig, bescheiden und schmucklos steht er da, gar nicht zentral, doch mit dem Blick nach Osten. Wir erfahren mehr über das Denken jener Zeit um 800. Damals hielt man es für selbstverständlich, dass auch materielle Dinge, wie Steinplatten und Säulen, Träger geistiger Inhalte sein können (erst die Quantenphysik unserer Tage lässt uns solche Gedanken wenigstens plausibler erscheinen). Was nicht heißen soll, dass wir den ganzen Wust abergläubischer Vorstellungen, mit denen auch Karl aufwuchs, mitsamt dem

Reliquienkult, auch heute noch für gut und richtig halten müssten.

Karls Thron sollte echt sein. Deshalb ließ er große Marmorplatten aus Jerusalem vom berühmten Hochpflaster, dem Gabbatha, vor dem Prätorium des Pilatus - worauf auch Jesus gegangen ist - nach Aachen schaffen. Noch ist darauf, ein antikes Mühlespiel eingeritzt, womit sich römische Soldaten die Langeweile vertrieben haben. Auch eine Marmorsäule ließ Karl nach Aachen bringen - war Jesus an dieser gefesselt, als er ausgepeitscht wurde?

Die Marmorplatten, teils abgerundet, als Sitz-, Rücken- und Seitenteile, wurden nur mit vier bronzenen Klammern zusammengehalten, die Säule der Länge nach zersägt und aus ihren Teilen die sechs Stufen gebildet, die zum Thronsitz führen. Der steht auf vier rechteckigen Kalksteinpfeilern. - Noch im späten Mittelalter sind die Besucher darunter hindurchgekrochen – natürlich um mit der Heiligkeit des Thrones körperlich in Kontakt zu kommen - die glatt geschliffenen Innenseiten zeugen bis heute davon.

Das Erstaunlichste aber, das wir durch den jungen Domführer erfahren (was noch in keinem Buch zu lesen ist). Man sprach und spricht landläufig von Kaiser Karls Thron; dreißig deutsche Könige wurden feierlich darauf gekrönt. Doch die Überlieferung am Anfang spricht eindeutig von zwei Sitzen: einem Thron im Atrium, dem anderen auf der oberen Galerie. Die neuere Forschung muss erkennen, dass es mit diesem oberen Thron eine ganz andere Bewandtnis hatte.

„Wir müssen heute annehmen" sagt der junge Domführer, „dass sich Kaiser Karl niemals auf diesen Thron gesetzt hat, weder öffentlich noch heimlich. Er hätte sich gescheut."

Wozu dann dieser Aufwand, fragen wir Heutige? Wozu hat der große Karl Marmorplatten und Marmorsäulen aus Jerusalem herschleppen lassen, wenn nicht für sich?

Zwei äußere Zeichen weisen uns den Weg zu einem ganz anderen, neuen Verständnis:

Zum Einen, vor diesem Thron ist sehr wenig Platz. Es ist kein Meter von der untersten Stufe bis zum bronzenen Gitter. Sie müssen sich schwer getan haben bei den späteren Inthronisationen mit prunkvollen Gewändern, vielen Beteiligten und großem Gefolge.

Zum Andern, unauffällig und leicht gearbeitet trennt nur ein kleines Türchen im Gitter mit einem einfachen Hebelchen gesichert, vor dem Sturz in die Tiefe des Kirchenraumes.

Was soll das Türchen dort?

Einhard, der Schreiber Karls, notierte, der Kaiser habe unermüdlich die Gottesdienste besucht und dafür gesorgt, dass alles in großer Feierlichkeit geschah. - Manche Forscher vermuten: deshalb das Türchen – aber so weit weg vom Altar? Was könnte er von da oben aus gesehen haben? - Wie gesagt, frühe Berichterstatter, sprechen von zwei Thronen.

Der große Karl war ein frommer Mann und als solcher ein Kind seiner Zeit, der hier im fränkischen Großreich, neben seiner Pfalz zu Aachen, zur Verehrung Gottes dieses „Haus" errichten ließ. „Er wollte damit dem wiederkommenden Christus einen Ehrensitz bereitstellen, wenn dieser bei seiner Wiederkunft, hier irgendwie einschwebt", so formulierte es der junge Domführer „und kein Gitter soll ihn abhalten, sich auf seinen Thron zu setzen - an dessen Marmor er sich vielleicht erinnern könnte ? Wir müssen annehmen, dass sich Karl niemals auf diesem Thron feiern hat lassen. Ob er wollte, dass es andere nach ihm tun, das ist sehr fraglich."

Schon als Kaiser Karl, seinen ältesten Sohn Ludwig eigenhändig zu seinem Nachfolger krönte, erwähnt Einhard der Schreiber keinerlei Thronbesteigung. - Bruchstücke eines Thrones aus karolingischer Zeit wurden jüngst in Mainz gefunden - der untere Sitz ?

Das Vorbild für „seinen Bereitstellungsthron" hat Kaiser Karl im Deckenmosaik des Baptisteriums der Arianer in Ravenna gesehen. Auch die heilige Form des Oktogon (worin sich Quadrat und Kreis vereinen), das Achteck der Pfalzkapelle, stammt von dort.

Im Allerhöchsten, im Deckenmosaik des Domes, sitzt Christus schon auf seinem Thron im Regenbogen - damit ist der Zweck für „Karls Thron" in Aachen eindeutig vorgegeben.

p.s.

Berührt und bewegt von der Größe Karls und dem Ort, der von ihm erzählt, machen wir uns auf den Heimweg. Wollen aber noch den Kölner Dom besuchen. Doch, nach dem Glanz von Aachen, erscheint uns der mächtige Bau nur groß und schwarz.

Gegenüber, im Römisch-Germanischen Museum, suchen wir noch nach einem Kupfer-Ringlein, das in Schernau (wo Adelheid her ist) aus einer Wohnschicht, älter als 5000 Jahre, gefunden wurde - und somit der älteste Kupferfund nördlich der Alpen ist (!) Wir nerven die Museumsleitung. Aber sie haben den Fund nicht in Köln. - Wie wir später in der Grabungs-Beschreibung lesen, wird das kupferne Ringlein zusammen mit einem kleinen Kupfermeißel im Magazin des Mainfränkische Museums in Würzburg aufbewahrt.

Traumbestimmt

Ich bin wütend auf die kleine rote Katze, die nicht aufhören will, ein jüngeres graues Kätzchen anzugreifen und zu quälen, bis es quiekt vor Angst und Schmerz.

Ich springe auf und versetzte der roten Teufelin einen Schlenker mit dem flachen Fuß und weil sie wieder angreift, einen zweiten. Aber sie hört nicht auf, das kleine, graue Tierchen anzuspringen, zu kratzen und zu beißen. Also gebe ich ihr einen dritten und einen vierten Schlag.

Dann erst sinkt sie schwankend zusammen, kauert verdreht und schwer atmend, jetzt selbst, als ein jämmerliches Häufchen Elend am Boden.

Das ging mir im Traum durchs Herz. Ich erkannte, wie hilflos dieses kleine Wesen seiner eigenen Aggressivität ausgeliefert ist - und ist dennoch selbst ein erbarmenswürdiges Geschöpf.

Dieses Traumbild vom kleinen, verdrehten, selbst hilfsbedürftigen Häufchen Elend, bestimmt von da an mein Verhalten zu unserer roten Katze.

Sie kann nicht anders, sie muss! Ich könnte anders, ich muss nicht – nur deshalb bin ich Mensch und sie ein Tier.

Seit diesem Traum kommen wir sehr gut miteinander aus, meine rote Katze und ich. Und es scheint, ihr zur Pflicht geworden zu sein, dass sie mich dreimal täglich zusammen mit meinem weißen Spitz begleitet - bei unseren Spaziergängen bei jedem Wetter auf "meinem" Weg.

Momente

Die Schlange

Früh um sieben ist im großen FKK-Gelände „Baldarin" die Welt noch in Ordnung. es ist Ende September - die Zahl der Camper hat abgenommen -

Ich habe meinen Außenbordmotor aus dem Auto gehoben, um ihn für unsere Tagesausfahrt schon an den Strand zu bringen. In der kleinen Bucht hat man einen gemauerten Weg zum Strandlokal herüber gezogen und die Fläche zum Meer hin neuerdings mit feinem Kies bedeckt und verschönert. Alles ist fertig gereinigt und gerecht, als ich mit meinem Motor dort ankomme.

Aber was ist das? Unten auf dem glatt gerechten Kies bewegt sich eine große Schlange mit mächtigen weiten Schwüngen direkt auf mich zu. Mir ist, als fülle sie die ganze Bucht aus. Nach kurzem Schreck, ich bin nur noch erstaunt, lege den Motor ab und weiß nicht, was das seltsame Tier vorhat? Sucht es einen Weg ins Wasser, oder möchte es über die Wegmauer herauf ins Gestrüpp kriechen? Ich gehe zur Seite, um ihr nicht den Weg zu versperren und beobachte die Szene hinter der Wegmauer von der Mitte der Bucht aus.

Doch was sehe ich? Die Schlange hat ihren Kopf in einen Spalt am Fuß des Mauerwerks gesteckt und ist bemüht, ihren langen, schwarz-gelb-grün gemusterten Körper mit heftigen Bewegungen nach zu ziehen. Eine gefährliche Situation für das große Tier. Doch sie schafft es. Die lange, kraftvolle Schlange verschwindet völlig in der Mauer. Unglaublich - sind dort, wo wir täglich gehen,

Motor und Bootssachen abstellen, Kinder spielen, Menschen laufen, sich aufhalten und auf Decken sonnen, solche Hohlräume darunter ? Nur noch wenige halbrunde Druckstellen im Kies zeugen vom Vorhandensein der Äskulapnatter.

Ich habe kein Aufsehen gemacht, als wir nahe am Einschlupf der Schlange unser Boot zu Wasser brachten und wir sind hinausgefahren, um einen der letzten Tage unseres Urlaubs, draußen in „unserer Bucht" zu genießen.

Als wir spät am frühen Abend zurückkehren, ist der kleine, künstliche Strand noch belebt von sonnenhungrigen Menschen. Möglich, dass welche uns beneiden, denn sie machen nur widerwillig Platz, wenn wir zwischen Badenden und Liegenden anlanden und unseren leichten Katamaran über die Wegmauer an Land tragen. Links neben dem schmalen Schlupfloch der Schlange liegt eng umschlungen ein junges Liebespaar; rechts daneben und davor spielen Kinder, andere sitzen auf der Mauer und lassen die Füße baumeln. Tagsüber haben sie die glatten Flächen der Kalksteine mit Farbkreiden über und über bunt bemalt, auch um das Schlupfloch der Schlange herum. Niemand ahnt etwas von der Nähe und Größe dieses herrlichen Tieres, das hier zuhause ist - und ich werde mich hüten, die Schlange zu verraten.

Überschallte Nacht

Ein warmer Abend lässt die Jugend aufschäumen am Kinderspielplatz im Camping Gelände „Baldarin". Die neue, gemütliche Abendlaterne, die wir in Betrieb nehmen, wird uns von den Stechmücken vergrault. Wir begeben uns in unser Zelt. Endlich ist Nachtruhe.

Aber nein, der Wind trägt etwas zu uns her: Discomusik, leise erst, dann aber laut, und noch lauter: bumm bumm bumm bumm, Stille - nein, b'dumm bumm bumm bumm, dazwischen eine helle aufpeitschende Stimme. Alle anderen abendlichen Geräusche sind verstummt. Es scheint, die Menschen liegen in ihren Zelten und Campingwagen und horchen gebannt auf dieses Gedröhne. An Schlafen ist nicht zu denken.

„Das kommt vom Nachbarn dort hinten", sage ich „Das stell' ich ab!" Mit Lampe und Opinel Nr.13 krieche ich aus dem Zelt, dem Krach entgegen. Ich muss die engen Wege zwischen den steinernen Mauern hindurch nehmen, Büsche zerkratzen mich. Aber nix Nachbarn! Von viel weiter draußen, von außerhalb der Campingzone kommt der Lärm. Dort schimmern sechs Schiffe in der Baldarin-Bucht. Ich muss gar nicht bis zum Strand vorgehen. Es kreischt von dort zu mir her, brüllt mich direkt an.

Hell erleuchtet stampft und brodelt eine unheimliche Seeparty. Schrille Schreie voll Lust und Alkohol übertönen zwischendurch sogar den Lärm der röhrenden Lautsprecher.

Ich kehre um, den langen, beschwerlichen Weg zurück mit meiner schwachen Taschenlampe. Als ich ins Zelt schlüpfe, sage ich nur: „Das kann ich nicht abstellen - habe keine Bombe bei mir" und versuche zu schlafen.

Es klimpert, lockt, stampft, brüllt, wumm, bumm,

bumm, bumm, b'dumm, bumm, bumm, bumm ! - bis morgens um Vier. Das ganze Ferienareal wird beschallt und gequält mit dieser Techno-Party von sechs unbekannten Schiffen in dieser Nacht

Wir hoffen, dass sich viele Gäste wirkungsvoll beschwert haben. Uns war die Nacht verdorben, das war uns Beschwernis genug.

Cres, 09.07.2013

In Seenot

Nach dem langgezogenen Fauchen der Böen durch Busch und Bucht in der Nacht, bricht ein sonniger Tag an. Der frisch gestärkte Nordwind schiebt uns rasch hinaus aufs offene Meer. Leicht startet unser neues Motörchen. Wir wollen den Tag draußen in „unserer kleinen Bucht" zubringen.

Aber der Wind wirft sich uns entgegen. Unerschrocken erklimmt unser leichter Katamaran Krone um Krone. Weil wir vom FKK-Campingplatz kommen, sind wir splitternackt. Wasser überschütten uns wieder und wieder. Da verschluckt sich das Motörchen. Zuversichtlich starte ich neu, tuck-tuck-tuck - und wieder verstummt es. Wieder und wieder dasselbe Spiel. Steuerlos treiben uns Wind und Wellen vor sich her in Richtung Süden auf Veli Losinji zu.

Was können wir tun? Noch einen Startversuch. Ich reiße am Startergriff, ein paar kurze Tuckser, dann bringt eine große Welle unser Motörchen endgültig zum

Schweigen. Ich knie auf allen Vieren vor dem Motor, bin ratlos und mir wird übel. Schwall um Schwall Erbrochenes stößt mein Magen hervor. Der Wind reißt es mir vom Mund weg und gießt es über das arme Motörchen. Die nächste Welle spült es zwar wieder weg, aber ich bin seekrank - hilflos sind wir diesen Wellen ausgeliefert.

In dem Augenblick schreit Adelheid: „Da kommt ein Boot!" Tief unten in einem Wellental, kann ich es nicht gleich sehen. Doch, da ist es: ein schönes gelbes Boot tanzt auf uns zu im tosenden Auf und Ab, umrundet uns mit starkem Motor und versucht längsseits zu kommen.

Ein junger, sonnengebräunter Mann fährt es sicher. Seine junge, blonde Frau knüpft ein Seil und wirft es uns zu. Adelheid setzt den Knoten am Mastfuß, wie es sein muss. Das Boot ruckt an. Doch unser Katamaran läuft quer. Das Seil muss wieder los und ganz vorne an der Querstange der Fock befestigt werden! Dem jungen Mann gelingt es, sehr nah an uns heran zu steuern. Schon scheuert unser Boot an seinem neuen, dunkelblau glänzenden Motor. Vornübergebeugt müht sich die junge Frau – doch endlich gelingt ihr der Knoten.

Stark zieht uns das gelbe Boot gegen den Wind. Wir klammern uns fest, zwei Klumpen nacktes, schutzloses Fleisch. Adelheid sichert die Paddel. Ich liege halb auf unserm Seesack, nur mit der linken Hand kann ich mich festhalten. Lange darf das so nicht gehen. Hart stürzen die Brecher auf uns, doch wir lassen nicht los. Eimerweise schüttet es Meerwasser über uns und mit dem Fahrwind schlucken wir auch schon einmal davon.

Dann wird die wilde Fahrt langsamer. Wir kehren zurück in die Bucht beim Restaurant und landen ungeschickt an. Die Schaulustigen mit ihren Ferngläsern zerstreuen sich. Wir bedanken uns bei unseren Rettern. Der junge Mann meint nur noch: „Bei solchem Wetter fährt man doch nicht hinaus!" Aber er kennt uns nicht.

Am andern Morgen, bei klarem, ruhigen Wetter startet unser Motörchen, als wäre nichts gewesen.

Cres, den 06.07.2013

Frühlingsabend in Sülzfeld

Als die dunkelblaue Wetterwand vorbei gezogen ist und ein klarer Himmel die Abendsonne frei gibt - leuchtet das viele Grün, der aufblühenden Sträucher und die frisch ausgetriebenen Bäume ringsum noch stärker als sonst. Besonders das Grün eines gut bestellten Feldes lacht zu mir herüber. Die weiß-rosa Apfelblüten, die Brautsträußchen des Frühlings für seine junge Braut, brillieren im Gegenlicht vor den dunklen Ziegeldächern.

Meine noch ungeschorene Wiese, die mit weißen, lila bereiften Gänseblümchen, zartgelben Himmelsschlüsseln, Dotter farbigen Schmalz-Blümchen, zierlich blauer Männertreu und anderen Blümchen geschmückt ist, fühlt sich kalt an unter meinen nackten Füßen. Sie trägt die Abendkühle bereits in sich. Aus Furcht, auf eine verspätete Biene zu treten, umgehe ich die Blütennester, doch ich sehe und höre nirgends eine.

Unsichtbare Vögel in den Hecken zwitschern schon ihr Abendlied. Ein Amsel-Flöten mit langen, gewundenen Melodiebogen höre ich deutlicher. Auch mein weißer

Spitz lauscht gespannt in die vielen Geräusche des Abends. Nur die rote Katze sonnt sich ungerührt, zusammengerollt am Hang zu Füßen der hohen Lebensbaumhecke, als ein heller, oranger Fleck. Die untergehende Sonne bläst letzte Wärme herüber, bis der ferne Wald sie aufnimmt.

Krisentage

Im Krankenhaus

Unter dem Dach Deines Schweigens
befehligst Du die Armeen Deiner Diener,
die Du mir zugedacht hast.

Ich bin aus ihren Befehlen gefallen
durch meinen Schlaganfall.

Unterbrochen ist die Folge der erlernten Geistesblitze,
abgeschnitten verweigern sie ihre Dienste.
Der Geist ist willig, aber das Fleisch ist schwach.

18.01.2015

Nacht

Das war nicht eine, das waren zwölf Nächte.
Um bunte Blumen zu verkaufen, giftig bunte,
haben meine Freunde mich, ohne zu wissen,
mit den schlimmsten Feinden zusammen getan.
Verkabelt höre ich Glöckchen läuten,
doch es kommt kein Zug, der mich abholt,
in die Länge gezogen tropft die Verzweiflung
wie der Katheder brennt in meinem Blut,
liege ich in meinem Schweiß
in einer zwölf Nächte-Nacht, unterbrochen

von den schweren Geburten zäher Tropfen.
Dann muss ich die geduldige Schwester rufen,
dass sie mir wieder den Po putzt
und falle zurück in die verschwitzte Nässe
dieser endlos, schlaflosen Dunkelheit.

19.01.2015

Schiff ahoi!

Als Steuermann auf einem Schiff das kränkt,
schlägt man leicht einen falschen Kurs ein.
Erst muss richtig gelenzt werden,
dann der Kreiselkompass gerichtet,
damit das Schiff nicht mehr schlingert.
Herr Doktor Wachter an die Lenzpumpen!
Dann nehmen wir wieder Fahrt auf!

20.01.2015

(doch ich habe mir die Prostata nicht durchhobeln lassen)

Verlegt auf die Urologie

Der griesgrämige, neue Nachbar hätte mich schon schlafen lassen, aber bis nachts halb zwölf musste ich seine Lieblingssendung Dschungel-Camp mit ansehen.

Die Freude, wieder schmerzfrei Pinkeln zu können, währte nicht lange. Außerdem muss ich ein neuen muffeligen Zimmergenossen ertragen. Gleichzeitig mit dem ich das ersehnte Frühstück erhalte, klingelt das Telefon. Es ist Prof. Dr. Volker Zahn. Er hat meinen Brief noch nicht erhalten, worin ich ihn bitte, ein gutes Wort beim Chef der Urologie für mich einzulegen, doch die Freudentränen über den Anruf des Freundes tropfen auf mein Butterbrot.

Tagsüber ist die weiße Zimmerdecke sehr unruhig. Vom Fenster her strömt eine starke Dünung in die dunkle Ecke hinter dem Schrank. Wenn ich die Augen schließe taucht ein rot gesprenkelter Nachthimmel auf, unzählbare rote Sterne haben winzige Glitzer-Punkte, doch als Ganzes bilden sie eine wabernde rote Masse. Was soll das, ein roter Nachthimmel am helllichten Tag?

Sonntag, den 25.01.2015

Ein kleiner Schnee ist gefallen und bleibt liegen bei Sonne und klarem Himmel. Hier im Zimmer ist eine seltsame Sonntagsstille. Das Frühstück kam erst um dreiviertel Neun. Von der Visite ist nichts zu hören. Mein Zimmergenosse sitzt auf gepackten Taschen. Es ist schon 11 Uhr, das Haus scheint aus dem Tritt gekommen.

Die Visite war. Am Montag wollen sie noch eine Punktation meiner Prostata durchführen, danach raten sie mir eine Reha gegen die Schäden des Schlaganfalls. Volker hat wieder angerufen, er hat dasselbe gesagt, aber "nur jetzt kein Abhobeln der Prostata, sondern Reha in Bad Rodach!" Auch Sohn Jonathan hat sich gemeldet - sehr schön von ihm.

Ich bin in einen erholsamen Schlummer gesunken, denn nachts kann ich nicht schlafen. Und schon wieder treibt der schmerzhafte Urin mich heraus. Letzte Nacht habe ich mit krakeligen Bleistiftstrichen die Toilettengänge notiert, es waren zehn. Draußen ist alles weiß. Schwere Flocken füllen das Tal der Stadt. Mein Blick geht zum zierlichen Türmchen der Nikolauskapelle hinüber im ehemaligen Siechenfriedhof der Stadt Coburg.

Ihr lieben Menschen - die Mehrzahl der Ärzte ausgenommen, die glänzen mit ihrem Fachwissen, mit Maschinen von unglaublicher Präzision und mit ungeahnten Medikamenten, aber sie können nicht unterscheiden, wann eine Entzündung vom Körper selbst durch seine Milliarden Bakterien und symbiotischen Helfer besiegt und geheilt werden kann, oder nicht. Sie lassen dich nicht schwitzen. Hast du Fieber, träufeln sie Antibiotika literweise in dich hinein. Diese Lebens-Feinde töten deinen Kosmos hilfreicher Darmbakterien gleich mit.

Nach einer schrecklich langen zweiten Nacht, in der ich die Windelhose nicht mehr herunterbringe, bevor es läuft, liege ich entkräftet herum. Bei der Visite sage ich: "Ich fühle mich, als bestehe ich nur noch aus Gift und Gegengift. Alle Kraft ist mir genommen." Sie lächeln nur müde im Weggehen.

Ein hilfsbereiter, junger Pfleger weiß nicht mehr, dass man früher innere Entzündungen nur durch Schwitzen geheilt hat.

26.01.2015

Das war ein verrückter Tag

Nüchtern sollte ich bleiben, also kein Frühstück - doch dann, hoppla hopp!
Um 8 Uhr liege ich, weiß bestrumpft, ohne Ring und Uhr, abholbereit im frisch gemachten Bett. Es wurde 9, 10, 11 Uhr.

Da kommt eine ältere Dame von der Stadtbibliothek, wie sie sagt, mit einem Stößchen Bücher in den Händen, als Bücherdienst für die Patienten. "Was haben sie denn dabei?" frage ich. Sie nennt ein paar Namen. Als ich "Edgar Allen Poe" höre , sage ich: "Den nehme ich." Ich lese das Vorwort und beginne sofort mit der ersten seiner "Meistererzählungen", mit "Der Untergang des Hauses Usher".

Kunstvoll, bewundernswert, aber an vielen Stellen spüre ich das Gemachte, den hohlen Boden von nicht selbst Erlebtem; denn wer so gut und fesselnd erzählen kann, der findet für sein selbst Erlebtes passendere Wörter.

Eben, als ein junger Logopäde das Zimmer betritt, um mit mir Sprechen zu üben, kommt eine missgelaunte Schwester im blauen Kittel, um mich zur Gewebeentnahme abzuholen - und die war schlimm.

27.02.2015

Neue furchtbare Nächte

Heute kam der Chefarzt vorbei und sagte so nebenbei: "Wir haben ihnen leider die falschen Antibiotika gegeben."

Jetzt muss ich auf einen Nachtstuhl, weil ich auch noch schädliche Keime habe. Es ist sehr eng in der Toilette, die mein gut katholischer Nachbar benutzen darf. Der Nachtstuhl scheppert, wenn ich nicht richtige beikomme und stinkt peinlich, wenn er mit Papierschnippseln gefüllt herum steht, mit denen ich der rotbraunen Brühe Herr zu werden suche. Die Schwestern machen sich rar. Seit der Punktation haben die Schmerzen zugenommen. Ich bin ein Häufchen Elend. Ständig muss ich um Windeln bitten, schon beim geringsten Hüsteln sind sie schon wieder rotbraun verziert.

Ein junger Russe, deutscher Abstammung, ist jetzt mein Zimmernachbar. Wir habe gute Gespräche miteinander. Er darf bald wieder heim. Aber in der letzten Nacht spielt er mir einen schlimmen Streich: Da ihm zu heiß ist, hat er die Heizung abgedreht und das Oberlicht geöffnet. Ich friere bis auf die Knochen durch, bis ich es merke und habe am Morgen Schüttelfrost.

29.01.2015

Endlich raus aus Coburg

Um 11 Uhr sollten mich die Sani nach Bad Rodach bringen. Aber es hatte wieder geschneit im Coburger Land und gab deshalb viele Unfälle. Erst um 15:50 Uhr komme ich im Medical-Park bei Bad Rodach an.

Unterwegs im nagelneuen Transportfahrzeug für ansteckende Patienten, wie mich, hatte ich ein sehr konzentriertes Gespräch. Auch die junge Sanitäterin ist der

Meinung, dass es mit dem Pakt zwischen Medizin und Pharmaindustrie nicht mehr so weitergehen kann, dass die Ärzte mit ihrem vermehrten Einsatz von Anti Biotika den Karren noch gegen die Wand fahren, dass es ein Spiel mit dem Feuer ist, denn die Beteiligten unterschätzen die Vitalität der Mikroben.

Zuversichtlich betrete ich meine neue Unterkunft. Die Stations Schwestern freuen sich, einmal kein ganz hilfloses Wrack "Schlaganfall" zu bekommen, sondern einen, der schon wieder gehen und sprechen kann - nur wie, ist noch die Frage - denn das Ganze ereilt mich in meinem achzigsten Lebensjahr.

30.01.2015
Heute Nacht war die Krise

Der Feind hat sich gezeigt. Er sieht aus wie rotbraune Pasta chuta, stinkt furchtbar, wie Raubtierkäfig und ich knurre dazu vor Schmerzen mit geschlossenen Zähnen, wenn sich große Klumpen vom verletzten After losreissen.

Sie begann zuversichtlich, meine erste Nacht in Bad Rodach, voller Dankgebete legte ich mich schlafen - doch sie endete wie gehabt, kläglich und erbärmlich. Mehr als 10 mal schreckte mich ein Bätzchen Blut- und Kotgerinsel aus dem Schlaf. Am Morgen war ich so geschwächt, dass ich taumelte und wäre beinahe hingefallen.

Nach über 14tägiger Schlaflosigkeit - ich lebte nur im Wachbewusstsein - konnte ich erstmals wieder in einen kurzen Tiefschlaf fallen. Als ich wieder große Klumpen in der Windel sah, zog ich an der Schnur im Bad. Der Nachtdienst kam, zog Schutzkleidung an und konnte eine Probe mit dem Schieber entnehmen. (Es ist

Samstag Nacht - erst am Dienstag kam die Probe ins Labor - ist auch egal).

Danach konnte ich wieder etwas schlafen. Aber der Kampf mit den roten Keimen (Clostridien) um die Hygiene ging bis nach dem Frühstück - und geht weiter - bis ein anderes Antibiotikum greifen wird, das man mir jetzt alle sechs Stunden reicht, auch um Mitternacht. Das könnte man auch, den Teufel mit dem Beelzebub austreiben, nennen.

Von der Liebe

Ich ziehe hier zusammen, was mir in einer langen, nicht enden wollenden Nacht, zu diesem großen Thema in Erinnerung gekommen ist.

Mein frühestes Sehnen nach - ja, wonach? - begann im Nürnberg der 50iger Jahre. Ich war kein selbst verliebter Selbstbefriediger. Im CVJM sagte man, das sei Sünde, da der Mensch aus Mann und Frau besteht, daran hielt ich mich so gut es ging. Außerdem hatte ich in dieser Pubertätszeit besonders um Luft zu kämpfen, eine Atemnot die mein frühkindlich erworbenes Asthma mir bescherte.

Grete Huber, ein Nachbars Mädchen war es, die mir am Abend zwischen Tür und Angel einen ersten Kuss gab und gleich am Tag darauf küsste mich in meiner Lehrfirma das Lehrmädchen Gerti im Kohlenkeller. Ich war verwirrt, griff ihr unter den Rock. Aber das wollte sie nicht und damit hatte sie recht.

Ein Freund aus der Nachbarschaft zitierte seine Kollegen. Einer hat gesagt: "Kissen aufs Gesicht und drauf!" ein anderer: "Darüber stülpen und wegwerfen." (Ich bedauere, diese hässlichen Worte hier nennen zu müssen, um deutlich zu machen, wie ich da hineingeworfen wurde in diese Sexualität).

Der Hausmeister in meiner Lehrfirma war ein ganz schlimmer. Einmal, als ich mit ihm fuhr, lud er ein Mädchen auf der Straße ein, ihr Fahrrad in unseren Dienstwagen zu legen und mit uns zu fahren. Wir fuhren in ein einsames Waldstück und er schickte mich weg, für eine halbe Stunde - Als ich zurück kam, fuhren wir das Mädchen mit ihrem Fahrrad zur Stadtgrenze nach Fürth an ein großes Heim. Danach sagte er zu mir: "Sie ist taubstumm - und sie war noch Jungfrau." Brendl, was hast du getan, etwa geliebt? Von ihm könnte ich noch viele Geschichten erzählen, nur nichts von Liebe.

Diese Aufspaltung, zu der wir Menschen fähig sind, ist eine Quelle von unendlichem Irren, Gewalt, Verletzungen und Leid. Meistens sind es die Männer, die mit ihrer Macht zur Fortpflanzung einen niederträchtigen Krieg gegen die Frauen führen, bis hin zu Vergewaltigungen als Waffe, als Kriegsmittel.

Sprich mir nicht von sexueller Befreiung! Richtig ist, dass die Frauen das gleiche Recht haben, "etwas zu spüren", ihren Orgasmus zu erleben. Aber für Männer und Frauen darin das Ziel des Lebens zu sehen, oder gar von "göttlicher Erfahrung" zu sprechen, ist eine Illusion und Selbsttäuschung. Bei aller Sexualkultur ist sie nur die tierische Seite unserer Existenz, aber mit Verstand in Szene gesetzt brndgefährlich. Natürlich sind wir auch Tier; dürfen uns aber deswegen nicht allein daraus definieren, sonst stellen wir uns unter das Tier und landen in einer Welt, die kälter und brutaler ist, als Tiere sein könnten, landen in Sextourismus, Sado-Macho-Praktiken, Genitalverstümmelungen bei jungen Mädchen und Kinderpornos und, und, und -

Grundsätzlich habe ich erlebt, dass ich dem Sexualtrieb der Liebe einen viel zu großen Raum in meinem Leben eingeräumt habe und verantwortungslos damit umgegangen bin. Allgemein gesprochen: Schicksale geraten aus der Bahn, Freunde, sogar Verwandte, werden zu Feinden, die Kinder leiden. - Und doch bezieht die Unterhaltungsindustrie immer noch ihre Themen daraus. Ein verrücktes Beispiel, wie sich die Sexualität auch in meinem Leben vorgedrängt hat, so sehr, dass ich meinem pastoralem Dienst nicht so erfüllt habe, wie ich es hätte tun müssen, sondern mich oft nur mit halber Kraft eingebracht habe, war bei einer Konfirmanden Freizeit. Ein schönes, schwarzhaariges, älteres Mädchen ist zur Betreuung der Konfirmandinnen mitgefahren. Wir sehen uns gern. In einer Mittagspause in ihrem Zimmer, helfe ich ihr, die enge Jeans von ihrem jugendlich straffen Körper zu ziehen und gehe ohne Umschweife, vorsichtig in sie ein. Aber sie bleibt ganz ruhig, fast starr. Anstatt los zu legen, kriecht auch mir das Gewissen den Hals hoch und ich ziehe mich zurück. Wir sind verlegen. Doch wir können uns in die Augen schauen. Wir haben gewonnen, nicht verloren.

Mein Trieb hat doch eigentlich ein anderes, ein höheres Ziel, womit der Trieb verantwortet sein will. Damit kehre ich noch einmal zu den Erlebnissen im ersten Jahr meiner Lehrzeit zurück: Da war auch ein Fensterputzer, ein kleiner, einfacher Mann, der redete ganz anders als üblich. Er sprach voller Achtung von seiner Frau und wie wunderbar es ist, mit ihr zusammen zu sein. Ich höre ihn noch sagen: "Es ist das Höchste und Schönste, für uns beide." Und er sprach liebevoll von ihren gemeinsamen Kindern.

Dieses Glück, wovon der Fensterputzer redete, war auch mein Lebensziel. Nur, ich konnte es nicht völlig verwirklichen, doch es blieb immer meine Richtschnur.

Im einzigen Kuraufenthalt meines Lebens, damals in Bad Dürrheim, war ein gewisser Kurt mein Tischnachbar. Mein Kurschatten war jene "rote Ellen" (von der ich geschrieben habe). Wenn Kurt von sich und seiner Frau erzählte, waren Ellen und ich heimlich neidisch, denn er konnte sagen: "Wir haben beschlossen, miteinander alt werden."

Das ist das Höchste, was wir Menschen in der Liebe erreichen können: Mit der körperlichen Erfüllung auch die Verantwortung füreinander zu leben und die Sehnsucht nach Vertrauen und Geborgenheit einzulösen.

Niemand nenne das spöttisch "romantische Liebe"! Zum Glück haben wir in unserer deutschen Sprache nur dieses eine Wort, Liebe, als eine ungeteilte Herausforderung.

Was soll ich tun?

Was soll ich tun,
wenn die schmerzhafte Notdurft verrichtet,
der Kampf um Hygiene wieder einmal beendet,
soll ich mich langweilen?

Nein, ich sitze oder liege, so suche ich IHN,
den idealen Geist, meinen Gott
danke ihm, dass ich bin und bitte ihn,
auf mich zu schauen, mich neu zu beleben.

Aber auch dazu geht mir die Kraft aus
und ich schaue Mittags-Magazin im Zweiten
bis mich ekelt vor der Dummheit und Unfähigkeit
meiner Mitmenschen und mir selber.

4.2.2015

Der Blick hinaus durchs wandbreite Fensterglas
zeigt einen Innnenhof in freundlichem Gelb und Weiß
drei Stockwerke hoch
unten mit ausgesuchtem Bewuchs bepflanzt
liegt er zur Zeit in Froststarre.
Nur ein zierlicher Bambusstock
mit zarten, grünen Blättern

macht auch mir mir Hoffnung.

Ich kann nicht länger bleiben auf dem Balkon,
obwohl ich die frische Luft liebe
rückt mir die Kälte auf die Haut.
Es ist ein geschützter Raum, wie Klostermauern,
aber eben auch ein Gefängnis.
Noch habe ich kein Tier darin gesehen
nicht einen Vogel.

Erstmals

Erstmals streckt sich mein Körper am Morgen von selbst
erstmals wieder Freude am Waschen mit kaltem Wasser
erstmals eine lange Wurst - wie nicht von mir
erstmals alles aufgegessen und danach Bauchschmerzen
erstmals kann Adelheid nicht kommen
erstmals hat meine Verwandte Ellen angerufen
erstmals sitze ich in der Sonne
erstmals kann ich Pinkeln, ohne dass es hinten trielt

5.2.2015

Ich bekam ein anderes Zimmer - auch schön!

Wieder schaue ich in den Innenhof mit umlaufenden, weißen Balkonen und gelben Wandteilen. Heute leuchten sie vor dem wolkenlosen, blauen Himmel.

Als ich hinaustrete, um den tapferen Bambusstock wieder zu sehen, der zart und grün der Kälte trotzt, merke ich erst, dass es ein anderer Innenhof ist.

Adelheid kommt spät. Sie bringt einen großen Strauß gelbe Rosen mit und Faschingskrapfen und eine Kanne

Schachtelhalm-Tee. Vom Mittagessen bis zum Abendbrot ist es eine lange Zeit und ich werde mit der vegetarischen Kost einfach nicht satt. Heute war mein erster Tag ohne Windeln. Mal sehen, wie die Nacht wird?

7.2.2015

Die erste Nacht ohne Windeln - und sie blieb trocken! Ich musste zwar alle Stunde oder zwei raus, habe aber erstmals wieder Träume gehabt:

Es ist Nacht und ich habe Schwierigkeiten, mein Auto am Burgberg in Nürnberg abzustellen, weil die Bremsen schlecht halten. Ich gehe in ein Obdachlosen Männerheim - warum weiß ich nicht. Elende, schwache Menschen treiben sich dort herum. Einer sagt: Gib mir deinen Hut! Er sagt es wieder und wieder. Als er handgreiflich wird, gebe ich ihm einen Schlag auf die Nase. Da mischt sich ein großer Kerl ein. Ich denke: Au weh! - und biete ihm gleich meinen Hut an; da ist er auf meiner Seite. Es gibt mehrere Räume dort. Ich suche den Ausgang, denn hier ist keine Bleibe für mich, dabei irre ich in ein bewohntes Zimmer hinein, was die Leute erbost. Durch Gerümpel finde ich den Ausgang und bin froh, da wieder heraus zu sein.

Gegen Morgen habe ich einen zweiten Traum: Ich stelle ganz kurz mein schönes Motorrad dort ab, wo ich es gekauft habe und erwarte, dass es gewartet und voll getankt wird. Aber ich vergesse es dort und hole es gar nicht mehr ab.

Sa. 8. 2. 2015

   Neun Tage Quarantäne, ich sage "Einzelhaft", haben mich sehr zurück geworfen.
   Heute war mein erster Tag in Freiheit. Ich durfte selbst zu den Wartebereichen
   gehen und die Behandlungen, wie Hemimassage, Radfahren, Einzeltraining von der Physio-Therapeutin und Sprachtherapie durchführen lassen.
   Eine Armtrainingsgruppe wurde abgebrochen, weil ich die Muttern zu den Schrauben viel zu schnell fand.
   Heute bekomme ich das Essen noch aufs Zimmer, erst ab Morgen darf ich in den Speisesaal. Heute habe ich gelesen: "Bad Rodach 30. 01. 2015 ein,
   19.02.2015 aus." Das ist meine aktuelle Hoffnung. Als der Chefarzt mir Verlängerung anbietet, lehne ich dankend ab. - Wegen drei, maximal fünf
   Anwendungen pro Tag brauche ich mich nicht mehr hier herum zu quälen, das lohnt sich nicht.
   Und stell dir vor, Gisa aus den USA hat mich angerufen - aber auch schon
   viele andere Freunde !

Sonntag, 9. 2. 2015

REHA-Reimchen

Als habe mein Leben gar keine Eile
und was mir wichtig, sei nur zum Lachen.

Lässt sich aus dieser langen Langeweile

vielleicht noch ein Reimchen machen?
Diese Untätigkeit, sie macht mich mürb,
diese zäh abtropfende Zeit tut mir weh

im Herzen, im Kopf und im Gemüt
und auch vom Scheitel bis zur Zeh.

Meine Krankenhausgeschichte

Schmerz, Schweiß und Zeit verkleben
zu einer einzigen Verzweiflung.

In langen, frostkalten Tagen und Nächten
werden die Pausen zwischen
den Schmerzen der Entleerung
meiner gequälten Blase ffffffffff
immer kürzer.

Schlaflos liege ich Nacht und Tag
und schreie: "Hau ab Zeit! Geh' weiter!"
Aber sie hört nicht auf mich.

Endlich wird bei einer Visite
mir dieser Katheder gezogen.
Rot spritzt mein Blut auf das viele Weiß - oh!
Doch ein neuer Katheder muss sein - oh!
- und noch ein Krebstest,
war "negativ", das war mir klar.

Dann sagt der Chefarzt:
"Leider haben wir ihnen
das falsche Antibiotikum gegeben."

Und ich werde weiter gereicht
mit ansteckenden Keimen,
Durchfall und Windeln
und acht Tage und Nächte lang
in tödlicher Langeweile
isoliert gehalten.

Dabei hatte ich ursprünglich
                      doch nur einen Schlaganfall.

Vorbei die Zeit des Schreibens

Wenn mir noch etwas Leben gegönnt werde sollte, dann möchte ich es noch gerne nützen, aber hier, versteht sich, in der kleinen Welt von Sülzfeld, Franken und Thüringen, mit Hund und Holz, Haus und Garten und einiges ordnen, wie Heizung aufräumen, Papier- und Bücherberge reduzieren, E-Mails löschen und dann Bilder aufräumen, alte Dias sichten, vielleicht findet sich auch ein Besonderes darunter und probieren, ob ich meinem silbernen Kornett noch ein paar schöne Töne entlocken kann und ob die Finger der rechten Hand noch reagieren auf der Klarinette, doch vor allem Adelheid entlasten, die in den Tagen des starken Frostes schwer zu kämpfen hatte, neben ihrem Beruf das Haus warm zu halten - und mich zu besuchen.

Donnerstag, der 19. Februar ist mein Nahziel - ich bin ein hoffnungsvoller Mensch - auch wenn es mir schwer fällt.

Faschingsdienstag

Geht das schon wieder los? Kaum geht es mir besser, mache ich Pläne für dies und das und vergesse nach DIR zu fragen, DICH anzurufen, DIR zu danken. Der DU in und über Allem lebst und webst, Du absoluter Geist! Ich möchte doch immer mit Dir verbunden sein, nicht nur gelegentlich, sondern immer.

Soeben ist für mich der historische Moment eingetreten, dass ich die letzte "Heilmaßnahme" dieser Reha-Maßnahme absolviert habe.

Es waren kleine Holzdübel in ein gelochtes Brett zu stecken und immer das Hölzchen zu entfernen, das übersprungen werden konnte. - Ein krönender Abschluss meinen Hierseins (um nicht stärkere Worte zu gebrauchen).

Ein in seinem Rollstuhl zusammen gekrümmter Mensch, dessen laute, sonore, knarrende Stimme auf dem Flur, mir schon manche Mittagsruhe gestört hat, war ausgerechnet mit dabei. Und wie er ständig Frauen anquatscht, die in seine Nähe kommen und auch die Hände ausfährt, so verstand er es auch hier, die junge Ergotherapeutin ständig an seine Seite zu locken.

Vorher, in der wie endlosen Zeit von 11:30 Uhr bis 15:30 Uhr (mit fünfzehn Minuten Mittagessen dazwischen) habe ich mir ein Stück Schwarzwälder Torte mit einem Milchkaffee gegönnt. Aber dieses Stück Torte - wie das weiße Zeugs auf dem Kaffee auch - war von einer hausgemachten Schwarzwälder Torte so weit entfernt, wie der Schwarzwald vom Medical-Park in Bad Rodach. Alles nur zusammengerührte, künstlich angedickte Industrienahrung, ohne eine Spur von echter Schlagsahne - aber für 5,50 Euro hatte ich das Vergnügen.

Und Morgen bin ich wieder zuhause, das zählt!

Musische Abende in Sülzfeld

Adelheid und ich sitzen am Küchentisch und denken über unsere "Musischen Abende in Sülzfeld" nach, die wir schon veranstaltet haben und müssen feststellen, dass wir, so aus dem Kopf, nicht alle 15 auf die Reihe bringen.

In den folgenden Tagen mache ich mich an eine genaue Aufstellung. Die soll aber nicht in dieses Buch - sie wäre viel zu lang dafür. Wie wir aber auf die Idee dazu gekommen sind, das will ich kurz aufschreiben:

Mit einer großen Doppelscheune vor unserer Haustür fing alles an. Wir durften sie schon etwas nutzen, bevor die Familie Hildegard Eyermann und ihr Sohn Norbert sie uns verkauften. Immer begeisterte mich der Blick in den großen, Licht durchfluteten Raum, wenn die Sonne ihre Strahlen zwischen die sparrigen Bretter in den oberen Scheunenboden warf. Welch großartiger, lichter Saal! dachte ich mir. - Doch in seiner vollen Länge, war der obere Scheunenboden nicht zu erhalten. Die schwachen Fundamente erlaubten keinen Ausbau. Im März 2003 erfolgte der Abriss. Und im selben Jahr begannen wir mit dem Neubau.

Doch vorher ein Blick zurück. Im Archiv in Coburg liegt ein Dokument, das den Teil zwischen der alten Scheune und meinem Wohnhäuschen als "Alte Schmiede" bezeichnet. Aber es muss mehr gewesen sein, denn als der Bagger zu graben begann, kamen Schlacken zutage, Gusskuchen, die besagen: Hier wurde nicht nur geschmiedet, sondern Eisen verhüttet, geschmolzen. Erinnerungen daran sind in der Bevölkerung nicht mehr vorhanden, ebenso nicht über die geschichtliche Existenz zweier Motten (Gras überwachsene, frühe, befestigte

Wohnstätten), eine auf unserm Grundstück oben, die andere südlich gegenüber am Hang ist noch deutlich zu erkennen.

Der Neubau zog sich hin. Wir sind zuerst einem Hochstapler aufgesessen, der als schon 80.000,- € verbaut waren, bekannte, dass wir, das von ihm versprochene Darlehen, nicht bekommen werden. Auch andere bauliche Schwierigkeiten waren zu überwinden (die ich Ihnen lieber mündlich erkläre). Doch im Herbst, am 25. Oktober 2004, konnten wir das neue Gebäude mit seinem Saal, mit nahen und fernen Gästen, endlich einweihen; dazu spielte der Posaunenchor aus Elsa.

Zuerst gaben wir Annoncen auf und boten allen Künstlern den Saal als ihre Bühne mietfrei an. Doch niemand kam in unser kleines Dorf. Außer gelegentlichen kirchlichen Veranstaltungen, wenigen Tanz- und Chorproben, bleib unser "Kultursaal schwarz-weiß", wie wir ihn nach dem Wappen der alten Seemann von Mangern und Seemann von Seemannshausen benannten, ungenutzt. Wir haben zu lange hingewartet.

Zum 17. Mai 2008 dann, luden wir alle Freunde und Bekannte, Kunstfreunde des Stadt- und Landkreises Coburg und alle Dorfbewohner zu einem "Ersten Musischen Abend in Sülzfeld" ein. Peter Schnellhardt aus Mährenhausen zeigte seine humorvollen Bilder, Stefan Schäl aus Hildburghausen spielte und sang Lieder von Reinhard May zur Gitarre, dass man meinte, der wäre selbst im Raum. Doreen Kaul aus Gotha, Janka Hofmann aus Heldritt und ich teilten uns den Wortteil mit eigenen Texten. Das war sicher bescheiden, doch ein Anfang war gemacht.

Nun folgten Jahr für Jahr, zwei "Musische Abende", einer im Frühling und einer im Herbst. Das hat sich bewährt. Mehr wollen wir uns weder erfreuen noch antun,

auch unser Publikum, das sich bald bildete, soll nicht ermüdet werden. Denn bei unseren "Musischen Abenden in Sülzfeld" leisten wir uns immer den Luxus, dass wir gleich von drei Musen geküsst werden. Von Beginn an haben wir es uns zum Prinzip gemacht, dass immer
WORT - MUSIK - BILD
beisammen sind, aufeinander bezogen und miteinander verwoben werden. Es sind also jedes Mal mindestens drei verschiedene Künstler, die miteinander einzuladen harmonieren, und einen gemeinsamen Termin zu finden müssen; bei Chören und größeren Musikgruppen ist das nicht immer leicht. Oft ist es uns gelungen Wort, Musik und Bild so miteinander zu verschmelzen, dass ein Gesamtkunstwerk von nicht wiederholbarer Eindringlichkeit entstanden ist.

Ich denke dabei besonders an einen Wettstreit zwischen Alt und Jung, als uns vom "Autoren Verband Franken" die "Jungen Franken" aus Aschaffenburg besuchten, oder an den "Märchenabend" mit Harfe und mythischen Bildern, oder auch an unseren Abend mit Zigeunern aus Ungarn und der Slowakei, als die letzten Gäste zu tanzen anfingen, oder an den Abend, als der Zitherspieler aus Eisfeld in der Pause, spontan Volkslieder anstimmte und alle im Saal mitsangen, oder an den Engelsabend mit Ingo Cesáro und den wunderbaren Improvisationen des Marius Popp und, und, und - um nicht in eine Aufzählung zu verfallen.

Wir führen unsere "Musischen Abende in Sülzfeld" weiter. Wir wissen noch nicht, was uns der 16. Abend im Herbst 2015 bringen wird? -

Kommen Sie doch vorbei - der Eintritt ist frei!

Über den Autor

Werner Eduard Saemann, geboren am 30.12.1935 in Nürnberg, ist nach einem bewegten Leben in Sülzfeld im Landkreis Coburg sesshaft geworden.

Seine frühe Kindheit erlebt er in Wöhrd, östlicher Stadtteil von Nürnberg, bis zur Evakuierung nach Insingen bei Rothenburg ob der Tauber. Zweiklassige Dorfschule dort. Nach der Rückkehr, Hauptschulabschluss im Pestalozzi Schulhaus, lernt er Dekorateur und Graphiker in Nürnberg, dann Stuttgart.

1958 trat er in das Studium der Theologie in Neuendettelsau ein, zuletzt Erlangen, mit 1. Examen 1966 in Neuendettelsau und anschließendem Vikariat und Ordination in Tirschenreuth.

1967 wanderte die Familie zum Dienst in der "Evangelischen Kirche Lutherischen Bekenntnisses" nach Südbrasilien aus. 2. Theologischen Examen in Sao Leopoldo.

Wegen eines schweren Verkehrsunfalls mussten sie, mit ihren drei Kindern, gegen Ende 1972 nach Deutschland zurückkehren. Die weiteren Dienstjahre war er in Kirchengemeinden in Unter- und Oberfranken, zuletzt im Diakonischen Werk in Coburg, tätig. Heute lebt er in Sülzfeld bei Bad Rodach.

Sein erstes Buch: "DAS BUNTE LEBEN", ein Sammelsurium, das 44 Jahre seiner Liebe zu Poesie, Zeichnen, Malen und Musizieren umspannt, ist 2001 bei Helmut Seubert in Nürnberg erschienen.

Sein zweites Buch: "DER ERDE ENTRISSEN", ein reiner Gedichtband wurde im Jahr 2005 beim gleichen Verleger herausgegeben.

Sein drittes Buch: "SPIEGELLIEDER", ein weiterer Gedichtband, wurde beim Engelsdorfer Verlag in Leipzig im Jahr 2010 verlegt.

Werner E. Saemann ist in Ausgaben der Edition-L, in weiteren Anthologien, z. B. bei "Literaturpodium" (Lyrikpreis 2013) und einschlägigen Zeitschriften vertreten. Er war lange Jahre Mitglied der "Interessengemeinschaft deutschsprachiger Autoren" (IGdA) und 10 Jahre Schatzmeister des "Autoren-Verband-Franken e.V.", dessen aktives Mitglied er ist. Er hat sich dem "Südthüringischen Literaturverein e. V." in Suhl angeschlossen und ist Mitglied der "Gesellschaft der Lyrikfreunde" in Österreich.

Im Mai 2010 wurde Werner E. Saemann in den "Pegnesischen Blumenorden" in Nürnberg berufen.

Werner Saemann

Das bunte Leben

Helmut Seubert Verlag

ISBN 3-926849-26-6
€ 10,00

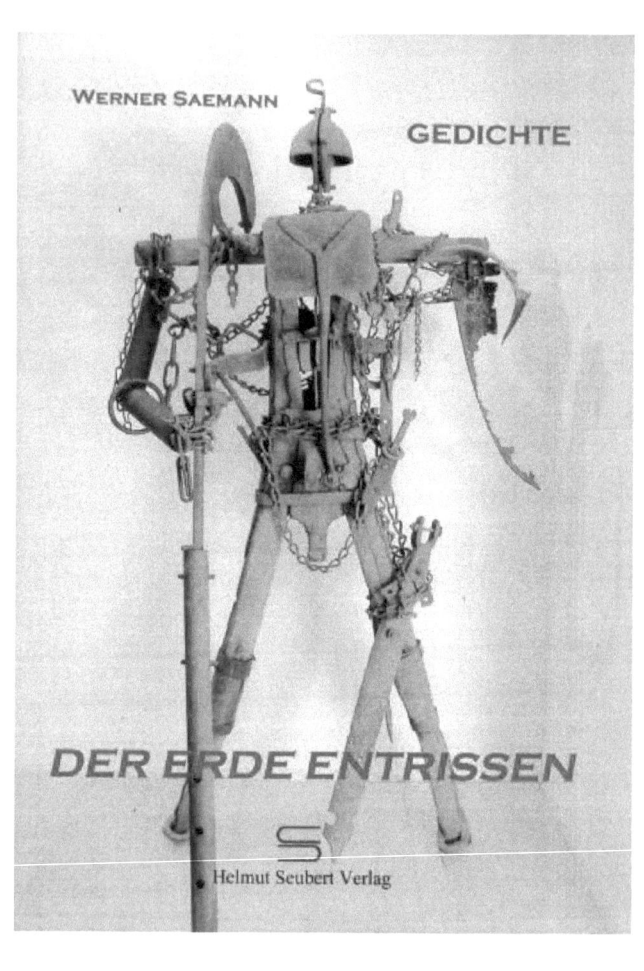

ISBN 3-926849-31-2
vergriffen

Werner Eduard Saemann

SPIEGELLIEDER
SPIEGELLIEDER

Lyrik

Engelsdorfer Verlag

ISBN 978-3-86268-014-6
€ 10,00

Wir machen gute Unterhaltung!

HML-MEDIA-EDITION
ist die Herausgeberplattform
der Literarischen Agentur HML Media Nürnberg
Hier publizieren unsere Autoren
Liebe – Heimat – Krimi – Erotik – Sachbuch